马/克/思/主/义/理/论/与/实/践/论/丛

华中科技大学"双一流"学科建设经费资助成果

笛卡尔论知识的确定性

李 扬 著

华中科技大学出版社
http://press.hust.edu.cn
中国·武汉

图书在版编目(CIP)数据

笛卡尔论知识的确定性/李扬著.—武汉:华中科技大学出版社,2023.5
(马克思主义理论与实践论丛)
ISBN 978-7-5680-7714-9

Ⅰ.①笛… Ⅱ.①李… Ⅲ.①笛卡尔(Descartes,Rene 1596—1650)-知识学-研究 Ⅳ.①B565.21 ②G302

中国国家版本馆 CIP 数据核字(2023)第 111031 号

笛卡尔论知识的确定性　　　　　　　　　　　　　　　　　李　扬　著
Dikaer Lun Zhishi de Quedingxing

策划编辑：杨　玲
责任编辑：庹北麟
封面设计：原色设计
责任校对：张汇娟
责任监印：周治超
出版发行：华中科技大学出版社(中国·武汉)　　电话：(027)81321913
　　　　　武汉市东湖新技术开发区华工科技园　　邮编：430223
录　　排：华中科技大学惠友文印中心
印　　刷：武汉科源印刷设计有限公司
开　　本：710mm×1000mm　1/16
印　　张：19　插页：2
字　　数：246 千字
版　　次：2023 年 5 月第 1 版第 1 次印刷
定　　价：78.00 元

本书若有印装质量问题,请向出版社营销中心调换
全国免费服务热线：400-6679-118　竭诚为您服务
版权所有　侵权必究

前　言

　　早在古希腊，亚里士多德便把人类活动分为两类，即理论活动和实践活动。理论活动是对某种实在的单纯认识，实践活动则会造成实在的某种变化。两类活动带来两类性质不同的知识。理论知识因其与固定不变的实在相符合，所以是必然的、确定的；实践知识因其与变化着的经验之物相关，所以是偶然的、不确定的。因其确定性，理论知识往往被看作真正的知识，即科学；因其不确定性，实践知识往往被看作意见、信念。此种区分一经做出，便产生了深远的影响。杜威曾指出："不管科学题材和方法已经有了多大的变化，不管实践活动借助于技艺和技术已经有了多大的扩充，西方文化的主要传统则仍保持着这种观念构架，始终未变。人所需要的是完善的确定性。实践动作找不到这种完善的确定性……"[①] 完善的确定性即知识的确定性，在杜威看来正是对此种确定性的追求，支配着一代又一代哲学家对形而上学和认识论的探究。

　　两千多年的西方哲学史，群星璀璨，笛卡尔无疑是其中最闪耀的星子之一。他关于知识确定性的论述极富革命性和创造性，并

---

① 约翰·杜威：《确定性的寻求：关于知行关系的研究》，傅统先译，童世骏校，华东师范大学出版社，2019年，第18页。

笛卡尔论知识的确定性
II

由此被黑格尔誉为"近代哲学真正的创始人"①。在笛卡尔之前,哲学家们或者把外部的物质世界当作确定性的来源,或者尝试从作为至上存在者的上帝之中寻求确定性,笛卡尔则不然。"他首先从思维本身开始,这是一个绝对的开端"②,凡属确定的东西,都是由思维直接确认的。因此,"从笛卡尔起,哲学一下转入了一个完全不同的范围,一个完全不同的观点,也就是转入主观性的领域,转入确定的东西"③。因此,全面系统地探讨笛卡尔关于知识确定性的理论,既有助于我们把握西方传统哲学的基本架构,又有助于我们理解近代哲学转向的深层意蕴。

笛卡尔哲学不仅有历史意义,而且还有当代价值。我们知道,胡塞尔曾将现象学的谱系追溯至笛卡尔,声称笛卡尔播下了先验哲学的种子,并通过系列沉思给先验现象学以推动,从而使"人们几乎可以把现象学称为新笛卡尔主义"④。然而,在对"笛卡尔式的主题"大加推崇的同时,胡塞尔又主张现象学"不得不摈弃其中几乎所有为人所知的教条"⑤。海德格尔的做法似乎与胡塞尔相反,他明面上不停地对抗笛卡尔,但是"对存在论和形而上学历史的拆解活动本身却又在不断地预设笛卡尔的立场"⑥。2017 年,法国著名现象学家马里翁(Jean-Luc Marion)来华做了一系列演讲,其中一讲的题目为"现象学在何种意义上能够或者不能依仗笛卡尔"。在该讲座中,他先是揭示出胡塞尔和海德格尔对待笛卡尔的上述

---

① 黑格尔:《哲学史讲演录》第四卷,贺麟译,商务印书馆,1978 年,第 63 页。
② 黑格尔:《哲学史讲演录》第四卷,贺麟译,商务印书馆,1978 年,第 66 页。
③ 黑格尔:《哲学史讲演录》第四卷,贺麟译,商务印书馆,1978 年,第 69 页。
④ 胡塞尔:《笛卡尔沉思与巴黎讲演》,张宪译,人民出版社,2008 年,第 38 页。
⑤ 胡塞尔:《笛卡尔沉思与巴黎讲演》,张宪译,人民出版社,2008 年,第 38 页。
⑥ 方向红、黄作主编:《笛卡尔与现象学:马里翁访华演讲集》,生活·读书·新知三联书店,2020 年,第 21 页。

矛盾态度,然后鲜明地指出,"既然胡塞尔和海德格尔都没有为了笛卡尔自身——尤其没有作为笛卡尔自身——来阅读他,则就笛卡尔与现象学或其计划的关系而言,他们对其思想的评价就几乎不能教导我们任何东西①"。笔者虽不一定同意马里翁对笛卡尔某些观点的具体解读,但完全赞成他对待笛卡尔哲学的总体态度,即无论阐发笛卡尔对何种哲学流派的影响,其前提都是先进行一番"为了笛卡尔自身"的阅读。否则,所得到的就只会是被某种哲学前见扭曲了的漫画版笛卡尔。笔者认为,"为了笛卡尔自身"的阅读,不仅要求尽可能把握笛卡尔文本的原意,还要求比笛卡尔更理解笛卡尔,即尽可能用笛卡尔自己的原理化解笛卡尔因表述不当所造成的一些表面上的矛盾,从而使其理论最大可能地达到内在一致。这样做并不意味着为笛卡尔辩护,恰恰相反,它是为了更加彻底地暴露笛卡尔哲学的真正矛盾之所在。

本书尝试对笛卡尔的知识确定性理论做全面系统的研究。知识确定性问题,是笛卡尔自有志于学以来就持续关注的问题。因此,他对该问题的思考就不只是在哪一本著作中进行的,而是散见于多个文献之中,从早期未发表的《指导心灵的规则》到晚期的《论灵魂的激情》,以及诸多书信,都涉及该问题。所谓"全面"研究,指的就是尽可能全方位地考察笛卡尔与该问题有关的文献材料。所谓"系统"研究,则指在对相关文献深入分析的基础上,梳理出它们的内在关联,从而尽可能将笛卡尔关于知识确定性的论述组织成富有层次的理论体系。这个体系共有四个层次,对应于本书的四章内容。

第一章探讨确定性的内涵与类型。本章首先揭示出,笛卡尔

---

① 方向红、黄作主编:《笛卡尔与现象学:马里翁访华演讲集》,生活·读书·新知三联书店,2020年,第21-22页。

在早期作品中便把认识的能力与范围问题当作哲学研究的首要问题,任何投身于真理的人都应最先解决该问题。确定性便由该问题引发,同时也包含着对它的解答。依照笛卡尔的观点,确定性是和思想、存在等一样的基础概念,它只能被描述,而不可被定义。每个人凭借直观,都可以领会到确定性的一些特征,它是"无疑的""反面是不可能的""清楚明白的"。确定性有不同的类型,依照程度之不同,可分为绝对的确定性和相对的确定性;依照对象之不同,可分为形而上学的确定性和行动的确定性;依照所涉能力之不同,可分为知识的确定性和意志的确定性。笛卡尔最关切的是知识的确定性,它是一种绝对的、形而上学意义上的确定性。人类的认识应该限定于具有确定性的知识,而能够获得此种知识的认识能力是理性。

第二章探讨获得知识确定性的方法。笛卡尔对确定性的思考包含三个逐级递进的层次,即方法论、认识论和本体论。无论从时间顺序还是从体系顺序来看,方法论的考察都是在先的。本章对笛卡尔方法的考察由三个方面构成。第一,《指导心灵的规则》中的方法理论,主要包括"方法及其必要性""直观和演绎""方法学""归纳"。方法是手段,它所欲达到的目的有两个:使知识具有确定性和使确定的知识具有整全性。直观和演绎,并不像人们通常以为的那样是方法,而是人类理智的两种活动方式,由于受到自然本能和传统的影响,它们被不当地运用后产生出各式各样的意见和信念。方法是一套规则体系,指导我们正确地运用直观和演绎,以形成真正的科学知识。关于如何理解笛卡尔的方法学以及演绎和归纳之间的关系,学界存在争论,笔者针对这两个问题提出了自己的看法。第二,《方法谈》中的方法理论,即"四规则说"。笔者先是比较了"四规则说"与《指导心灵的规则》的关系,然后阐明"四规则说"如何在一定意义上摆脱了哲学中寻求方法通常会陷入的循环,即既然需要一套方法才能获得确定的知识,那么方法本身就应该是确定的知识,而要获得关于方法的确定知识,就还需要方法的方法,以至于无穷。最后,笔者指出"四规则说"不再是普遍数学,而是普遍科学。第三,《第一哲学沉思集》中的方法理论,主要是分析法和综合法。它们是两种截然不同的方法,分析法主要关注确定的知识如何被发现,综合法关注确定的知识如何不断扩展自身。笛卡尔并不是像人们通常以为的那样,模仿几何学中的方法来研究形而上学。他认为几何学中所运用的主要是综合法,形而上学则应以分析法为主,迄今为止的形而上学之所以混乱不堪,皆源于分析法的缺席。

第三章探讨我思命题与知识确定性之间的关系。首先考察《第一哲学沉思集》中笛卡尔如何有序地进行全面怀疑,并与《方法谈》中的全面怀疑进行比较。其次考察笛卡尔如何得出我思命题,评论有关该命题的两种见解,即把我思和我在理解为从原因到结果的推理,或理解为同位关系。再次考察笛卡尔如何分三个层次探求"我是怎样的存在",证明我作为思维而存在比物体存在的观念更清楚明白,而我作为理智的精神性的存在者比我作为在感觉、在想象的存在者更为清楚明白,由此理智的精神性被判定为我区别于其他一切事物的本质。最后,考察真理总则的相关问题:确定性和真理性的三种可能关系中,哪一种更加合乎笛卡尔的意旨?思维有不同的样式,这些样式与真理有着怎样的关系?真理性与实在性密不可分,本章在对实在性的三种类型及其关系的考察基础上,揭示出笛卡尔的真理有两种类型,即质料之真和形式之真,以及错误的之所以可能的本体论条件和认识论条件。

第四章探讨至上存在者与知识确定性之间的关系。首先考察笛卡尔赋予上帝观念的意涵、我们领会上帝的方式,以及它在何种意义上是个真观念。其次考察笛卡尔对上帝存在所做的第一种证明。从表面上看,该证明与康德在《纯粹理性批判》中所勾画的宇宙论证明并不相同,但从内在结构上看,二者却是一致的,因此可被看作宇宙论证明的非典型形式。再次考察笛卡尔对上帝存在所做的第二种证明,并将之与安瑟伦的本体论证明进行比较,阐明二者的同与异,以及笛卡尔如何回应当时各方人士对其本体论证明所提出的反驳。最后考察笛卡尔哲学中的一个著名难题,即笛卡尔的循环论证,它涉及"确定性和真理性的标准"与"上帝存在及其属性"之间的关系。通过对《方法谈》和"六个沉思"中与循环有关的内容的剖析,笔者指出了笛卡尔逃避循环论证指责的几种可能。

第一章 确定性及其类型 / 1
一、人类的认识及其范围 / 2
二、确定性的内涵 / 15
三、确定性的类型 / 21

第二章 知识的确定性与方法 / 54
一、方法及其必要性 / 55
二、直观和演绎 / 63
三、方法学 / 77
四、归纳 / 94
五、四规则说 / 104
六、分析法和综合法 / 110

第三章 知识确定性与我思 / 125
一、全面怀疑 / 125
二、我思,所以我存在 / 136
三、思维与理智 / 143
四、确定性与真理性 / 150

第四章　知识确定性与上帝 / 183

　　一、上帝观念 / 183

　　二、上帝存在的宇宙论证明 / 194

　　三、上帝存在的本体论证明 / 209

　　四、反驳与回应 / 218

　　五、笛卡尔的循环 / 241

附录　论康德对本体论证明的批判 / 262

参考文献 / 289

第一章
确定性及其类型

在《哲学史演讲录》中,黑格尔指出,基督教在欧洲思想领域占据统治地位的时期,真正的哲学"已经不复存在,因为已经不需要了"①。在历经千年晦暗之后,哲学才通过笛卡尔回到自身,重见光明。因此,笛卡尔被黑格尔视作旧时代的终结者,视作推倒一切旧体系、带头重建哲学根基的"英雄人物"。依照黑格尔,中世纪的基督教神学之所以算不上真正的哲学,是因为它贬抑理性,以信仰为首要原则;笛卡尔之所以被视作新时代的开创者,是因为他首次明白地把哲学独立地建立在理性之上,他将自由地从自身出发的思维作为哲学的首要原则。笛卡尔之所以能够建立起这条革命性的原则,一个重要的缘由是他对确定性的执着寻求。本章将探讨与笛卡尔确定性概念相关的一些基本问题:他如何把认识及其范围看作哲学研究的首要问题,并进而把人类认识限定在确定性的领域?他认为确定性概念不可通过逻辑定义来把握,那么该如何揭示这个概念的丰富内涵?笛卡尔作品中涉及多种多样的确定性,该如何对它们进行合理分类,何种类型的确定性才是笛卡尔最关心的?

---

① 黑格尔:《哲学史讲演录》第四卷,贺麟译,商务印书馆,1978年,第60页。

一、人类的认识及其范围

众所周知,西方哲学发展到近代,尤其是随着培根和笛卡尔哲学的问世,出现了著名的认识论转向。但是,这并不意味着此前的哲学不关注认识论问题。早在古希腊,赫拉克利特和巴门尼德就将知识区分为感觉和思想、意见和真理,德谟克利特关于认识发生机制的流射影像说则是唯物主义反映论的首次明确表达。柏拉图的灵魂回忆说是欧洲哲学史上关于认识起源的唯心主义先验论的首次系统阐发,他还对知识的类型进行了更为细致的区分,意见被进一步区分为"想象"和"信念",真理则进一步被区分为"理智"和"理性"。亚里士多德提出了著名的蜡块说,蜡块喻指人的感性灵魂,它受到外物刺激而产生的感觉好比印章留在蜡块上的痕迹,一切知识,包括那些最普遍的原理,最终都由这些痕迹所触发,所以亚里士多德常常被看作经验主义路线的开创者。此外,亚里士多德还是逻辑学的奠基者。康德曾指出,在一切学科中,逻辑学最先走上了可靠的科学道路,"这从以下事实可以看出,它从亚里士多德以来就不允许作任何退步了"[①]。在亚里士多德看来,逻辑学的主要研究对象是证明,"我们无论如何都是通过证明获得知识的。我所谓的证明是指产生科学知识的三段论"[②]。因此,在亚里士多德这里,逻辑学尚不是纯粹形式化的东西,而是关于认识方法的科学。

在中世纪,不少基督教思想家也通过借鉴希腊哲学建造起了具有神学性质的认识论。其中,关于认识起源和机制的影响较大

[①] 康德:《纯粹理性批判》,邓晓芒译,杨祖陶校,人民出版社,2004年,第10页。

[②] 亚里士多德:《亚里士多德全集》第一卷,苗力田主编,中国人民大学出版社,1990年,第247页。

第一章
确定性及其类型

的理论是奥古斯丁的光照说,它上承柏拉图的回忆说,下启笛卡尔的天赋观念论,是哲学发展史上先验主义认识论的一个重要形态。① 托马斯·阿奎那则通过吸收柏拉图和亚里士多德的思想,提出了别具一格的符合论的真理观。他认为真理在于"理智与事物的一致(conformitatem)"②,而两者之所以能够一致或符合,是因为它们具有相同的"形式"。这"形式"先在上帝的理智之中,后在现存事物之中,再通过对事物的认识被人的理智获得。因此,真理可从三个方面来理解:第一,"真理,就其原初(primam)的方面看,是存在于理智之中的"③,这类似于柏拉图的理念和奥古斯丁的神圣观念;第二,"每一件事物,就其具有它的本性所特有的形式而言,都是真的"④,这来自亚里士多德的形式理论;第三,"作为在认识的理智,就其同所认识的事物的类似而言,也必定是真的"⑤。此外,邓·司各脱关于自然知识与启示性知识的区分在中世纪晚期产生

---

① 安东尼·肯尼(Anthony Kenny)直接把光照说说成是"奥古斯丁版的柏拉图'回忆说',或笛卡尔后期的'天赋观念论'"。他认为光照说有强弱两个版本,强版本主张一切人类知识都需要来自上帝的光照;弱版本则认为只有特定的人类知识,例如数学和几何学、价值等领域,才需要光照。就强版本而言,他还比较了奥古斯丁、柏拉图与笛卡尔的区别。对后两者而言,先天知识的对象都是间接地被把握到的。对柏拉图而言,直接被把握的是感性世界,在感性知识的刺激下才能回忆起前世的理念;对笛卡尔而言,直接被把握到的是我们心中的观念,而真正的对象是处在观念之外。但是,对奥古斯丁而言,"确定的知识是直接的知识,而非由表象得来的知识。……当我们拥有真实知识的时候,我们是与那种知识的理想对象直接接触的"。这些对象乃是上帝心中的思想,即各种各样的"神圣观念"。(参见安东尼·肯尼编:《牛津西方哲学史》,韩冬晖译,中国人民大学出版社,2014 年,第 92-94 页。)

② 托马斯·阿奎那:《神学大全》第一集第 1 卷,商务印书馆,2013 年,第 302 页。
③ 托马斯·阿奎那:《神学大全》第一集第 1 卷,商务印书馆,2013 年,第 302 页。
④ 托马斯·阿奎那:《神学大全》第一集第 1 卷,商务印书馆,2013 年,第 302 页。
⑤ 托马斯·阿奎那:《神学大全》第一集第 1 卷,商务印书馆,2013 年,第 302 页。

了较大的影响。他认为在现实状况之下，不需要借助来自上帝神圣光芒的照耀，不需要超自然的启示，人类单凭感觉和理性便能获得一些可靠的、纯粹的真理。然而，此类基于自然本性而获得的知识是有局限的，在关于人生终极目的的问题上，人类理智是无能为力的，必须依赖超自然的启示。司各脱不仅像过去哲学家那样关注认识的起源和类型，而且对人类的认识能力，尤其是理性能力的局限性和适用范围做了深入思考。①

尽管古代哲学家也关注认识论问题并提出了一些著名理论，但是他们探讨这些问题的方式和近代哲学家有实质性差异。古代哲学家关注的核心是本体论，对他们而言，"对于认识论的研究，通常是作为论证本体论的一种方式而隶属于本体论"②。例如，在《形而上学》中，亚里士多德把第一哲学看作三门理论学科之一，另外两门是物理学和数学。物理学研究那些"可独立而非不动变的事物"，数学研究那些"不动变而包含于物质之中不能脱离物质的事物"，第一哲学则研究那些"既是独立又不动变的事物"③。因此，相比于物理学和数学，第一哲学的研究对象是最基本的。唯有通过对此种对象的研究，才能获取关于最高原因或第一原因的原理，据此第一哲学又被称作神学。那么，亚里士多德所谓的最基本的东西是什么呢？是"存在本身"或"作为存在的存在"。物理学和数学都是截取存在的某个片段加以研究，由此所认识的就只是关于具体事物偶性的原因。最高原因则是普遍的，为一切物所具有，由此决不可能从研究某物的偶性中获得，而只有通过研究存在本身才能发现。所以，亚里士多德主张，先于物理学和数学的第一哲学，

---

① 参见黄裕生主编：《西方哲学史（学术版）》第三卷，人民出版社，2011年，第491—511页。
② 陈修斋主编：《欧洲哲学史上的经验主义和理性主义》，人民出版社，2007年，第53页。
③ 亚里士多德：《形而上学》，吴寿彭译，商务印书馆，1959年，第135页。

第一章
确定性及其类型

所要研究的乃是"实是之所以为实是——包括其怎是以及作为实是而具有的诸性质"[①]。在一切存在之中,实体是最根本的。从而,对"存在之为存在"的研究,主要体现为亚里士多德的实体理论,它涉及的问题主要有:实体是什么,应当通过何种方式来判定实体究竟是个体事物还是普遍事物;该如何描述实体,实体是最基本的范畴,其他范畴都依赖于实体,都是对实体的某个层面特征的描述,那么用于描述实体的范畴有哪些,该怎样发现它们;实体的原因有哪些,研究实体是为了发现最基本的原因,这些原因有着怎样的类型,它们各自对实体起到怎样的作用。据此可以看出,认识论的相关问题并不是亚里士多德第一哲学的核心关切。实际上,整本《形而上学》涉及认识论问题的地方相当少。

亚里士多德关于人类认识能力和认识发生机制的论述主要集中在《论灵魂》一文中。尽管在该文中亚里士多德主张"我们有理由把研究灵魂的学问放在第一重要的位置上",但这乃是就该类知识对象的"崇高和精美"[②]而言。从该文开篇提出的研究问题来看,它完全是以第一哲学所确立的原则为基础。它以"灵魂的实质与'所以是的是'"为总问题,然后追问灵魂隶属于何种范畴,是实体还是偶性,抑或是别的什么范畴;灵魂是潜在的还是现实的,灵魂有没有部分,所有灵魂是不是同类的,如果不是,其差别是属层面的,还是种层面的;如果人的灵魂是一个整体,该先研究整体,还是先研究部分;灵魂的各个部分为何不同;是应该先关注各部分的本性,还是其不同的功能;"是先研究思维还是先研究理智,是先研究

[①] 亚里士多德:《形而上学》,吴寿彭译,商务印书馆,1959年,第120页。
[②] 亚里士多德:《亚里士多德全集》第三卷,苗力田主编,中国人民大学出版社,1992年,第3页。

感觉还是先研究进行感觉的部分"①；在研究灵魂的不同功能时，是否应该先考察与认识功能相应地认识对象，例如"感觉者所感觉到的东西，理智所思维的东西"②。从这些提问的内容及其秩序安排可以看出，亚里士多德对人类认识的研究包裹在他的灵魂学说之中。认识是灵魂的诸多功能之一，只有事先确立灵魂是什么、辨明灵魂的本性，才可进一步探究认识能力、认识对象等问题。

实际上，大多数古代哲学家都与亚里士多德类似，他们往往把探求存在本身的本体论当作基础哲学，把认识论看作和数学、物理学、伦理学等是同等级别的，都是以存在的某个特殊"片段"作为研究对象，因此是从属于本体论的。这种状况之所以长期存在，一个重要的原因，是古代哲学家们大多对人类认识抱有朴素的信念，相信我们总能获得关于存在自身和各类具体存在的确定无疑的知识。因此，他们往往是直面存在，而不是事先反思我们认识存在的能力。在他们的思想图景中，首先要探明的是存在自身或存在之为存在，其次是一切具体存在者构成的整体，即宇宙，再次是那被看作一切其他存在者的最终根据的至上存在者，然后是人这一类特殊的存在者，最后才是人的认识、行动、审美等。在考察认识时，古代哲学家主要关注的是人类灵魂具有哪些认识能力，它们各自有着怎样的对象，认识能力和认识对象之间有着怎样的关系，诸认识能力如何相互作用以形成知识，什么样的知识是真理等。认识的合法范围、具有确定性的知识是如何可能的等近代认识论的核心问题，并没有引起大多数古代哲学家的关注，因为这在他们看来

---

① 亚里士多德：《亚里士多德全集》第三卷，苗力田主编，中国人民大学出版社，1992年，第4-5页。

② 亚里士多德：《亚里士多德全集》第三卷，苗力田主编，中国人民大学出版社，1992年，第5页。

第一章
确定性及其类型

并不是有效的问题。

当然，古代哲学也并非铁板一块，伟大的思想家们费尽心力构建起来的如堡垒般坚固的宇宙论或形而上学体系，往往会受到哲学史上反复出现的"游牧部落"，即怀疑主义的攻击。在前苏格拉底时期，针对爱利亚学派肯定存在并把我们通过思维呈现的对存在的认识称作真理的观点，高尔吉亚提出了完全相反的主张：无物存在；即使有物存在，也无法认识；即使认识了，也无法言说。① 在亚里士多德之后的希腊化时期，出现了古代最为知名的怀疑主义，即皮浪主义。皮浪认为我们的感觉经常欺骗我们，无论是我们自己的知识，还是别人的知识，最终又都是基于感觉，所以人类就不具有判定知识真假的可靠标准。据此，他主张"中止判断"。他的后继者们进一步深化了他对人类认识能力的怀疑。埃涅西德姆（Aenesidemus）提出了怀疑感觉可靠性的十个"老论式"②，阿格里帕（Agrippa）则提出了怀疑理性可靠性的五个"新论式"③。既然我们只能通过感觉和理性来认识世界，而感觉总是带有欺骗性，理性又总是陷入自身冲突之中，那么无论存在自身还是任何类型的具体存在，便都不可能被我们认识。这样一来，尽管古代怀疑主义者站在形而上学家的对立面，但他们都认为"认识的合法范围"

---

① 北京大学哲学系外国哲学史教研室编译：《古希腊罗马哲学》，商务印书馆，1957年，第138页。

② "论式"是后期皮浪主义的一种论证模式。埃涅西德姆的十个论式可归结为三个方面：①关于判断者认识事物现象的论式；②关于事物现象本身的论式；③关于伦理及相关的政治、法律方面的论式。（参见姚介厚：《西方哲学史（学术版）》第二卷（下），人民出版社，2011年，第1080-1086页。）

③ 又称作"阿格里帕论式"，强调理性的逻辑论证必然会导向荒谬。五个论式分别是：①意见分析；②无穷倒退；③相对性；④假设无效；⑤循环推论。（参见姚介厚：《西方哲学史（学术版）》第二卷（下），人民出版社，2011年，第1087-1090页。）

和"知识的确定性如何可能"是无效问题,只不过这些问题被判定为无效的方式有所不同。古代形而上学家认为根本不需要提出这样的问题,思维和存在的同一性是确定无疑的;古代怀疑主义者则认为根本无法提出这样的问题,因为没有任何知识是合法的和确定的。

笛卡尔之所以能够提出从思维自身出发的新的哲学原则,缘于他对认识论问题的探索。与古代形而上学家不同,笛卡尔把认识论摆在了本体论前面,主张只有先搞清楚人类认识的基本原理,才能进一步思考存在问题;并且在认识论的相关问题中,他把古代形而上学家忽视的认识的范围和确定性问题摆在了首位。认识范围问题和确定性问题在笛卡尔这里密切相关,因为判定认识的范围,就是要搞清楚在我们的一切知识之中,关于何种对象的知识是确定的,关于何种对象的知识是不确定的。而且,在笛卡尔看来,知识的确定性是有等级之分的,有些完全确定,有些不那么确定;而且是有先后之分的,关于某类对象的知识的确定性,需要建立在关于另一类对象的知识的确定性之上。经过缜密的思考,笛卡尔认为,我们关于思维的知识,在确定性的等级上是最高的,而且是最先获得的,其他一切知识的确定性都只有以之为基点才得以可能。据此,从思维自身出发的哲学原则便被确立起来。尽管笛卡尔像亚里士多德一样把形而上学当作第一哲学,但是他的第一哲学首先探讨的并不是存在之为存在,而是作为思维的存在;尽管笛卡尔像经院哲学家一样主张形而上学应该思考上帝,但是他并不像托马斯·阿奎那在《神学大全》里做的那样,从上帝的确定性出发,而是从思维的确定性出发;尽管笛卡尔像怀疑主义者一样主张应该怀疑一切,甚至比他们还要全面和彻底,但他并未由之走向对知识的彻底否定,而是以怀疑为工具发现了无可置疑的东西。

笛卡尔在《指导心灵的规则》(*Regulae addirection ingenii*,下文

第一章
确定性及其类型

简称《规则》）一书中明确提出认识的本性和范围的问题。该书实际上是笛卡尔的一份未完成的手稿，创作时间大概是 1628 年冬季，远早于他公开发表的第一部哲学著作《方法谈》(*Discours de la methode*)。《规则》是用拉丁文写的，不过它的第一版却是荷兰语译本，时间是笛卡尔去世 34 年之后的 1684 年。直到 1701 年，该书的第一个拉丁语版本才在阿姆斯特丹问世。《规则》原定由三个部分构成，每个部分都包含十二条规则。然而，只有第一部分基本完成，且每条规则下面都配有相应地诠释，除第八条和第十二条规则的诠释有部分缺失外，其他规则的诠释都是完整的；第二部分缺失三条规则，在现有的九条规则中，只有前六条配有诠释；第三部分则完全缺失。依照笛卡尔的描述，三个部分的任务各不相同。第一部分处理的是认识论的一般性问题；第二部分和第三部分则分别处理两个较为具体的问题，即"完全理解的问题"和"不完全理解的问题"，前者主要涉及数学领域，后者则在经验科学之中有突出的表现。其中，认识的本性和范围问题，在第一部分的第八条规则的诠释中提出。第八条规则的内容是："如果我们在要考察的事物系列中，遇到一些理智不能直观的足够清晰的东西，我们必须就此止步，避免徒劳无益地继续考察下去。"[1]从字面上看，这似乎只是一条否定性的原则，"似乎只是用来阻止我们讨论某些东西，而并不揭示任何真理"[2]。笛卡尔认为这是对该规则的狭隘理解。要把握该规则的真义，须结合前七条规则。相比于第八条规则，前七

---

[1] René Descarte. *The Philosophical Writings of Descartes*, vol. I. trans., John Cottingham, Robert Stoothoff, Dugald Murdoch. Cambridge: Cambridge University Press, 1985, p. 28.

[2] René Descarte. *The Philosophical Writings of Descartes*, vol. I. trans., John Cottingham, Robert Stoothoff, Dugald Murdoch. Cambridge: Cambridge University Press, 1985, p. 28.

条规则都是肯定性的，它们涉及该研究的目标，即指导心灵对事物形成真实的判断，并涉及为了达成这个目标要考察何种对象，以及应该通过什么方法来考察这些对象等问题。只有对那些不了解前七条规则的人而言，第八条规则才只有否定的意义。对于那些完满地掌握了前七条规则，并在科学中严格遵循这些规则的人而言，第八条规则所意谓的乃是在何种条件之下他们可以对自己的研究结果感到满意，而不再渴望取得进一步的成就。即是说，这条原则是关于人类认识界限的，它告诉我们人类的认识不是真正无限的，在一些情况下就算我们穷尽一切努力，还是不能获得关于对象的确定知识，这不是因为我们缺乏某种才智，而是因为问题自身超出了我们所具有的条件，因此是无法被认识的。笛卡尔认为，认识到认识自身的界限是非常重要的，它并不只有否定意义，而是一种"真知"，和那些揭示事物本性的知识同等重要。

笛卡尔对认识界限的理解有两个层面，即某一具体学科的界限和一般而言人类知识的界限。

首先，任何具体学科的知识都是有限的。对一个数学家而言，如果让他作一条"光折线"，平行光线在通过它之后所形成的折射线能汇聚到一个点之上，那么仅凭借所掌握的数学知识他是永远不可能做到的，因为这条线的性质乃是由入射角和反射角的比例来规定的，它超出了数学的界限，而属于物理学的范围。物理学是研究自然现象之学的统称，其内部又可以做进一步的划分。相对于不同的介质而言，入射角和反射角的比例也是不同的。要理解这种不同是如何发生的，就需要认识光的穿透作用。要理解光的穿透作用，就需要理解光的本性。因此，必须全面掌握光学的基本原理，才有可能认识并作出一条"光折线"。然而，光学也有自身的界限，要真正理解光的本性，还需要理解"一般的自然力（a natural power in general）"。因此，要完全理解光折线，就还需要掌握一些

第一章
确定性及其类型

关于自然力的基本原理。在《规则》中，自然力被看作自然界中最基本的东西，从而是整个回溯系列所能找到的绝对项。然而，这并不意味着自然力的知识就是绝对的、无限的。先不管它是否依赖于作为物理学基础的形而上学，单凭一般意义上的自然力学的知识而不考虑光的特殊性质，我们就决不可能完全理解光折线。因此，任何一门学科都有自身的界限。意识到这一点非常重要，它为科学研究者带来了两点提醒：第一，要事先辨明本学科的研究对象，不要试图以本学科的知识解决其他学科的问题；第二，对某个自然事物的全面解释，不是某一个学科能做到的，自然现象之间是相互关联的，研究这些现象的诸学科之间也是相互关联的，因而科学应该是各学科的统一体。

其次，笛卡尔认为一般人类知识亦有界限或范围方面的问题。该问题具有三种特征，即最有用，最需要先行研究，并且容易研究得清楚。

第一，探明人类认识的本性和范围具有极其重要的用途。为了形象地阐明对该问题的解答在人类认识中的枢纽作用，笛卡尔做了认识论史上著名的"打铁喻"。一个人如果打算从事打铁这项活动，但手头并没有任何应手的工具，而只能从自然界中搜罗一些石头、木头等，那么他在开始时，就不会立即打制刀剑或头盔等铁器，而是会先制作一些必要的工具，例如锤子、砧子、钳子等。笛卡尔指出，这是最重要的一步，因为没有这些应手的工具，就不可能打造出更为复杂和精美的铁器。人类的认识活动就其进程而言，与打铁具有类似之处。在前七个规则及其阐释中，我们已经发现了心灵所具有的一些自然禀赋，例如直观和演绎等，就像铁匠在自然界中找到的石头和木头一样；人们不宜仅凭这些自然禀赋去解决复杂的哲学问题，正如铁匠不会拿石头和木头打制刀剑一样。认识和打铁类似，都需要应手的工具才能解决复杂的问题。那么，认识的必要工具该怎样获得呢？对此，笛卡尔写道："在此阶段，我们所能探求的最有用的问题就是：什么是人类认识以及它的范围如何？"①这意味着，就人类认识活动的进程而言，认识的本性及其范围的问题是最重要的，通过对这个问题进行全面和深入的解答，可以把心灵那显得有些粗糙的自然禀赋发展为精巧的、应手的认识工具，为心灵提供一套可供遵循的、足以有序地发现一切真理的准则。前七条规则所阐述的原理和方法，固然也是一切哲学探索都应遵循的，但还过于简单，并不能直接用来解决哲学中的争端或数学中的难题。"我"应该运用已经获得的规则，首先来探明认识的本性和范围，因为对这个问题的解决"包含着认识的真正工具和完整的方法"②。

第二，认识的本性和范围也是最需先行研究的问题。笛卡尔指出："这是所有应当依照前述规则加以考察的问题中的第一个问题。"③"工欲善其事，必先利其器"，既然只有通过对认识的本性和范围问题的解答，才能获得发现一切真理的利器和方法，那么该问题就不仅是最重要的，而且是最要先行探索的。仅在规则八中，笛卡尔就三次奉劝那些对真理至少有点热爱的人、那些不畏艰苦竭力追求良知的人，在一生之中总要下一次决心去仔细探讨认识的

---

① René Descarte. *The Philosophical Writings of Descartes*, vol. Ⅰ. trans., John Cottingham, Robert Stoothoff, Dugald Murdoch. Cambridge: Cambridge University Press, 1985, p. 31.

② René Descarte. *The Philosophical Writings of Descartes*, vol. Ⅰ. trans., John Cottingham, Robert Stoothoff, Dugald Murdoch. Cambridge: Cambridge University Press, 1985, p. 31.

③ René Descarte. *The Philosophical Writings of Descartes*, vol. Ⅰ. trans., John Cottingham, Robert Stoothoff, Dugald Murdoch. Cambridge: Cambridge University Press, 1985, p. 31.

第一章
确定性及其类型

本性和范围的问题①,并且这决心要"在我们致力于获得特殊事物的认识之前"②下定,因为只有这样才能避免在求知之路上因莽撞而陷入徒劳,才能避免心灵在面对复杂对象时不能判定自己是否获得了确定的认识。相应地,在笛卡尔看来,就探求真理而言,"最不合适的做法"就是在尚未对人类的认识能力做一番彻底考察之前,在尚未辨明何种对象能被确定地认识、何种对象无法确定地被认识之前,就自告奋勇地去探索自然的本性,去解决数学或物理学中的难题。

第三,人类认识的本性和范围问题,是心灵能够且容易解决的问题。笛卡尔为此提供的理由有两个方面。其一,与对外界事物的判断相比,关于认识本性和范围的判断应该更容易做出。外部对象有时候可能是完全陌生的,即便如此,很多人也会毫不犹豫地对其做出判断。相较而言,心灵的诸认识能力在笛卡尔看来都是可以被我们知觉到的,因此每个人对此都是非常熟悉的,对熟悉的和内在的东西下判断就要比对陌生的和外在的东西下判断更容易。因此,"确立我们意识到自己拥有的心灵能力的界限就不应当

---

① 笛卡尔三次提到这一点的地方如下:①"如果有人给自己设定了一个问题,即研究适合于人类理性去认识的每一个真理——我认为,这是每个诚挚地追求良知的人一生中都应该做一次的事情"(pp.29-30);②"在一生之中我们总应有一次仔细地探究人类理性所能获得的是何种类型的认识"(p.30);③"这是一项每个对真理有一丁点热爱的人在其一生中至少应有一次要承担的任务"(p31),此处的"任务"即对认识的本性和范围的探求。参见 René Descarte. *The Philosophical Writings of Descartes*, vol. I. trans., John Cottingham, Robert Stoothoff, Dugald Murdoch. Cambridge: Cambridge University Press, 1985。

② René Descarte. *The Philosophical Writings of Descartes*, vol. I. trans., John Cottingham, Robert Stoothoff, Dugald Murdoch. Cambridge: Cambridge University Press, 1985, p.30.

被视作一项艰巨的甚至是困难的任务"①。其二,前七条规则中所确立的一些方法,尤其是规则七所提出的"有秩序的充足列举法",使得我们有可能全面地解决这个问题。笛卡尔指出:"尝试在思维中包罗宇宙万物,以了解人类心灵以何种方式研究特定事物,这也不是一项不可估量的任务。"②这句话的前半句点明了笛卡尔解决认识的本性和范围的基本思路。人类认识就其本性而言由两个方面构成:一方是被认识的对象,它可以是宇宙中的任何一物;另一方是进行认识的心灵,总的来说它是以思维来把握对象,但它对不同对象的具体把握方式又有所不同。因此,确定认识的范围或界限,就是要辨明被认识的对象和进行认识的心灵能力之间的关系,就是要搞清楚针对何种认识对象心灵能够以何种方式形成怎样的知识。显然,这件事情看起来是有一定的难度的,因为这要求我们搞清楚全部的认识对象和心灵能力。然而,这句话的后半句显示笛卡尔并不这么认为,他相信凭借他所发现的"充足列举法"是可以完成这项任务的。在此,他表现出了极大的乐观和自信,他指出,"任何事物都不可能如此多面或分散,以至于不能用我们已经探讨过的'列举法'将之限定在明确的范围内,或组织在几个标题之下"③。

---

① René Descarte. *The Philosophical Writings of Descartes*, vol. Ⅰ. trans., John Cottingham, Robert Stoothoff, Dugald Murdoch. Cambridge: Cambridge University Press, 1985, p. 31.

② René Descarte. *The Philosophical Writings of Descartes*, vol. Ⅰ. trans., John Cottingham, Robert Stoothoff, Dugald Murdoch. Cambridge: Cambridge University Press, 1985, p. 31.

③ René Descarte. *The Philosophical Writings of Descartes*, vol. Ⅰ. trans., John Cottingham, Robert Stoothoff, Dugald Murdoch. Cambridge: Cambridge University Press, 1985, p. 31.

第一章
确定性及其类型

笛卡尔所谓的列举法与我们对这个词的日常理解不同，它不能被简单地等同于归纳法的一个类型，它实际上是一种演绎方法，对此我将在后文进行详细探讨。笛卡尔首先运用列举法对与认识本性问题相关的东西进行二分——"有认识能力的我们"和"能够被认识的事物本身"，前者即心灵能力，后者即认识对象。对于心灵能力，他又进行了四分，即分为理智、想象、感觉和记忆，并认为唯有理智才是真正的认识能力，其他三种能力都是辅助性的。对于认识对象的划分，必须"仅仅依照理智可及的范围进行"[①]。笛卡尔坚信，超出理智是没有知识的，先于理智的知识是不可能的。因此，认识的范围说到底只能是人类理智所能达到的范围。这一范围可以进行二分，即分为"绝对单纯的事物"和"复杂的或复合的事物"。其中，绝对单纯的事物又可进行三分，即分为精神性的、有形体的、兼属两者的。复合的事物则有两种：第一种是被经验为复合的，复合的缘由在理智之外；第二种则是由理智自身产生出来的。

二、确定性的内涵

《规则》开篇，笛卡尔便指出，那些矢志探求真理的人，需要先行考察的不是具体事物的真理，而是发现真理的良知或理性。像亚里士多德一样，笛卡尔对科学和技艺做了明确区分，但侧重点与亚氏有所不同。亚氏主张技艺总带有实用目的，而科学则是自由之学，这是从动机出发做的区分。笛卡尔则是根据两者所基于的主体能力之不同阐述二者本性的差异。科学"完全由心灵获得的

[①] René Descarte. *The Philosophical Writings of Descartes*, vol. I. trans., John Cottingham, Robert Stoothoff, Dugald Murdoch. Cambridge: Cambridge University Press, 1985, p. 32.

知识构成",技艺则"需要一些身体能力和实践"。① 每个人基于自己特殊的身体能力和实践经验,在一生中往往仅能从事一项或少数几项技艺。科学则没有这种局限,一个真理的获得并不会阻碍心灵对另一个真理的探求,在不少情况下这反而会成为探究另一种真理的基础或手段。这是因为作为人类智慧的科学乃是一个整体,它的各个部分之间交互关联,具有内在的统一性。据此,如果一个人研究科学不是为了改善个人生活,或者如亚氏所相信的那样通过理性沉思获得最大幸福,而是为了获得真理,那么他就不应该仅仅研究某一具体学科,而应该致力于探究科学整体。依照笛卡尔的观点,一切科学知识,都基于心灵所具有的理性。这种理性被他称作良知,因为它可以发现真理;又被称作自然之光,因为它并不依赖外在力量,单凭自身就能获取真理。然而,这仅是就理性本性而言,现实中很多人动用理性所获得的却是谬误,这是因为他们缺乏正确使用理性的方法,从而使其光芒被遮蔽。因此,《规则》的核心任务就是提出一套正确使用理性的规则,从而指导我们的心灵对事物形成确定的知识。

手段往往通过目的被理解,因此在对获得确定知识的规则或方法展开讨论之前,需要对笛卡尔的确定性及相关概念做一番阐释。这里涉及的首要问题是该如何理解确定性的内涵。

确定性不可被定义,只可被描述。在《凭借自然之光探索真

---

① René Descarte. *The Philosophical Writings of Descartes*, vol. Ⅰ. trans., John Cottingham, Robert Stoothoff, Dugald Murdoch. Cambridge: Cambridge University Press, 1985, p. 9.

第一章
确定性及其类型

理》(la Recherche de la vérité par la lumière naturelle)①(下文简称《真理》)一文中,笛卡尔对"定义(define)"和"设想(conceive)"做了区分。在这部对话体作品中,笛卡尔先让代表亚里士多德和经院哲学的一方表达对"我思,所以我存在"的质疑。该方认为,该命题不仅不具有笛卡尔所以为的那种坚不可摧的确定性,反而是模糊不清的。原因在于,笛卡尔并未对该命题所包含的基本概念,即"怀疑""思想""存在"做出精确的定义。他们认为判断的确定性来自定义,因此只有预先对"什么是怀疑,什么是思想,什么是存在"②做一番细致研究,并分别加以精确界定,才能进一步探讨"我思,所以我存在"。代表笛卡尔的一方则认为,并不是一切东西都需要通过定义才能被认识,有些东西"只应该被设想"③。定义的通用公式,早已由亚里士多德提出,即"属+种差"。某物凭借定义被认识,意味着该物自身是复杂的、模糊的,只有在与他物的关系中并

---

① 这是一部不完整的作品,笛卡尔生前并未将其发表。在斯德哥尔摩去世后,笛卡尔留下了一个论文清单,该作品就位列其中,名称为"十三页对话",标题是《凭自然之光探索真理》。学界并不能准确判定这组对话的写作时间。有学者认为它可以追溯到笛卡尔早年,有学者则认为它完成于 1641 年的夏天,为笛卡尔旅居恩德杰斯特(Endegeest)城堡期间所写。作品采取的是对话体,笛卡尔虚拟了三位人物:艾皮思特蒙(Epistemon)、波利安德(Polyander)、尤多克斯(Eudoxus)。Epistemon 的意思是"有学识的(knowledgeable)",代表精通古典哲学和经院哲学的人;"Polyander"的意思是"普通人(everyone)",代表有良知的普通人;"Eudoxus"从字面上看是"著名的(famous)"意思,从希腊词根上看,其意指有可靠判断力的人,代表笛卡尔本人发言。

② René Descarte. *The Philosophical Writings of Descartes*, vol. II. trans., John Cottingham, Robert Stoothoff, Dugald Murdoch. Cambridge: Cambridge University Press, 1984, p. 415.

③ René Descarte. *The Philosophical Writings of Descartes*, vol. II. trans., John Cottingham, Robert Stoothoff, Dugald Murdoch. Cambridge: Cambridge University Press, 1984, p. 415.

通过他物才能被认识。经院哲学家们试图将定义的公式推广到一切东西之上,相信只有找到某物的精确定义,才算真正认识该物。然而,这种做法在笛卡尔看来会导致严重的错误,因为有些东西凭借自身就可以被很好地认识,这一类东西只可以被设想,而不能被定义。怀疑、思维和存在即属此类,它们非常简单和清楚,仅凭借自身就能被我们知觉和认识,并且除此之外没有任何对之获得更好认识的方式。因此,尝试对此类事物下一个所谓的精确定义,不仅是不必要的,反而会造成认识上的混乱,因为我们不可能使原本自明的东西更加明白。据此,笛卡尔声称,"我决不相信会有如此愚钝之人,以至于他必须被告知存在是什么,然后才能推断出自己存在。这同样适用于怀疑和思维"①。那么,每个人是凭借什么来把握这些东西呢?凭借的是我们自己的经验或意识,即触及这些东西时心灵在自身之中体验到的"内在见证(internal testimony)"。与之类似的是感官的"外在见证"。一个人为了认识白色,他需要的并不是从别人那里学来一个定义,而是要自己睁开眼睛看到它,由此所获得的外在见证比任何关于白色的精确定义都要更加精确。相应地,如果一个人天生失明,那么即便别人告诉他关于白色的精确定义,他也无法真正理解。所以,为了搞清楚何谓怀疑和思维,一个人所需要做的就只是去怀疑、去思维。"确定性"与"思维""怀疑"等类似,也是一个简单的基础概念,因此不应该通过定义去把握,而只能描述心灵在体验到确定性时的内在见证。

　　首先,"确定的"意指无疑的。确信和怀疑是硬币的正反两面。之所以去怀疑,就是因为不确信;之所以确信,就是因为不怀疑。

---

① René Descarte. *The Philosophical Writings of Descartes*, vol. II. trans., John Cottingham, Robert Stoothoff, Dugald Murdoch. Cambridge: Cambridge University Press, 1984, p. 416.

第一章
确定性及其类型

既然怀疑被笛卡尔看作不可定义的简单物，那么确信亦是如此。心灵体验到确信时，必定同时见证到怀疑的消除。由此，"确定的"作为被确信之物才具有的特征，就等同于"无疑的"。在《规则》一书中，笛卡尔提出的指导心灵发现真理的第二条规则，是"只应关注那些我们的心灵似乎足以获得确定的（certain）和无疑的（indubitable）认识的对象"[①]。既然"确定的"和"无疑的"可以并置，就至少说明笛卡尔认为两者的含义一致。在接下来对规则二的阐释中，笛卡尔指出，一切科学都是由确定的知识构成的，那些总是对诸物表示怀疑的人根本就没有掌握任何真正意义上的科学。笛卡尔提出该规则的意图便是把那些不确定的知识排除掉，主张我们应该仅仅相信那些无疑的东西。这表明在笛卡尔看来，"确定的"就是"无疑的"。

其次，"确定的"意指没有别的可能。除了用有疑的和无疑的之外，笛卡尔还用可能的和不可能的来描述确定性。他指出，确定性在于我们相信"某物与我们对之所下的判断不同是不可能的"[②]。然而，这种不可能性不能仅从形式逻辑的层面理解。例如，三角形的内角之和等于两直角，这是几何学中的一个确定判断。我们相信，这个判断对一切三角形都适用，不可能设想有某个三角形内角之和不等于两直角。这种设想的不可能性之所以不是纯粹逻辑上的，是因为从逻辑上看，凡是不矛盾的都是可能的，而设想三角形的内角和不等于两直角在形式上并不存在任何矛盾。这意味着，

---

① René Descarte. *The Philosophical Writings of Descartes*, vol. I. trans., John Cottingham, Robert Stoothoff, Dugald Murdoch. Cambridge: Cambridge University Press, 1985, p. 10.

② René Descarte. *The Philosophical Writings of Descartes*, vol. I. trans., John Cottingham, Robert Stoothoff, Dugald Murdoch. Cambridge: Cambridge University Press, 1985, p. 290.

逻辑只是知识的必要条件,在逻辑上不可能的必定是不可认识的;只有进一步表明某些在逻辑上可能的东西实际上是不可能的,我们才能达到知识的确定性。尽管三角形的内角之和不等于两直角在逻辑上可以设想,但是从几何学公理出发的严格推理表明,三角形的内角和不可能不等于两直角,据此我们关于这个问题的知识便具有了确定性。

最后,"确定的"意指清楚明白的。是什么导致我们确信某物,或者说是什么让我们认为自己关于某物的判断是无疑的,而且除此之外没有别的可能?依照笛卡尔的观点,这种东西是心灵在下判断时的一种特殊体验,即清楚明白的知觉。"一个足以充当确定的和无疑的判断之根基的知觉,需要不仅是清楚的(clear),而且是明白的(distinct)。"①当一个知觉呈现在心中,并能对专注的心灵产生刺激,从而使之易于接受,那么心灵便具有了一个清楚的知觉。这类似于当某物出现在我的视线范围之内,并强烈地刺激着我的眼球时,我们就会清楚地看到它。如果一个知觉不仅是清晰的,而且能够与一切其他知觉截然分开,以至于它自身之中只包含清楚的东西,那么它就是明白的。因此,清楚是明白的基础,清楚是就知觉自身而言,明白则涉及一个知觉与其他知觉的关系。尽管一个明白的知觉必定是清楚的,但一个清楚的知觉却不一定的是明白的,例如疼痛的知觉。一方面,当疼痛较为强烈时,心灵能够清楚地知觉到它。另一方面,心灵经常把这种清楚的知觉与一个模糊的判断搞混,通过这个判断,人们相信在疼痛之处存在着和疼痛感觉相对应且与之类似的东西。这意味着,心灵往往不能把疼痛

---

① René Descarte. *The Philosophical Writings of Descartes*, vol. Ⅰ. trans., John Cottingham, Robert Stoothoff, Dugald Murdoch. Cambridge: Cambridge University Press, 1985, p. 206.

的知觉与其他知觉明确区别开来。因此,剧痛的感觉虽是清楚的,却不是明白的。

综上所述,虽然确定性不可以被定义,但可以被描述。简言之,那些伴随有清楚明白的知觉,从而在我们看来是无疑的、没有别的可能的东西,就是确定的。

三、确定性的类型

确定性不仅可从多个层面加以描述,而且可以从不同维度来看待,从而被划分为不同类型。依照笛卡尔的相关论述,可从程度上把确定性区分为绝对的和相对的,从对象上把确定性区分为形而上学的和行动的,从主体能力上把确定性区分为知识的和意志的。

1. 绝对的确定性和相对的确定性

确定性在程度上有等级之分。约翰·卡丁汉(John Cottingham)撰写的《笛卡尔词典》中,笛卡尔的确定性依照程度不同分为两类,即"绝对的确定性"和"等级较低的但同样可以接受的确定性"[1],鉴于后者是有条件的、总是处在与某个目的的关系中,因此又可称作"相对的确定性"。

从可能性层面看,绝对的确定性意味着某物与我们对之所下的判断不同是完全不可能的,相对的确定性则意味着某物与我们对之所下的判断不同在一定条件下是不可能的。例如,"我思,所以我存在"所具有的就是绝对的确定性。在笛卡尔看来,进行怀疑的我即是思维的我,既然我在思维,我就决不可能不存在。这样一来,"我就绝对地确信我存在,而且是如此地绝对以至于对我而言

---

[1] John Cottingham. *A Descartes Dictionary*. Oxford: Blackwell, 1993, p. 29.

怀疑它根本就是不可能的"①。相应地,"我走路,所以我存在"所具有的就"不是绝对的确定性"②。因为我可能只是在梦中走路,那用于走路的双脚和正在走路的我可能并不存在。

然而,在生活中,人们往往并不会怀疑"我走路",更少有人怀疑那走着路的、具有形体的我的存在。因此,这些事情在大多数人看来就是"无疑的"。在此,就有必要区分"无疑的"的双重含义。在严格意义上,"无疑的"指不可怀疑,与之相应地乃是绝对的确定性。在宽松的意义上,"无疑的"可指无须怀疑,在一定条件下我们确信自己所做的判断,并不去考虑其反面,或其反面的可能性在该条件之下尚未出现。此时,我们所具有的就是相对的确定性。此外,就确定性与清楚明白的关系而言,唯有被领会得既清楚又明白的东西,才具有绝对的确定性;那些被领会得清楚,却不够明白的东西,所具有的只是相对的确定性。

2. 形而上学的确定性和行动的确定性

依照所涉主题和对象之不同,笛卡尔把确定性区分为"形而上学的(metaphysical)"和"行动的(moral)"。该区分曾在笛卡尔的多部著作和几封书信中出现过。在这些不同的文本中,笛卡尔关于区分的表述不仅在详略上有所不同,在要义上也有所变化,尤其是

---

① René Descarte. *The Philosophical Writings of Descartes*, vol. Ⅱ. trans., John Cottingham, Robert Stoothoff, Dugald Murdoch. Cambridge:Cambridge University Press,1984, p. 412.

② René Descarte. *The Philosophical Writings of Descartes*, vol. Ⅰ. trans., John Cottingham, Robert Stoothoff, Dugald Murdoch. Cambridge:Cambridge University Press,1985, p. 195.

第一章
确定性及其类型

在涉及行动的确定性时。因此,为了更全面、更准确地把握笛卡尔在这一关键问题上的主张,接下来本书将先依照时间顺序考察笛卡尔著作中关于该区分的论述,再考察其书信中的相关论述,最后加以总结和评析。

(1)《方法谈》对两种确定性的区分

《方法谈》发表于1637年,形而上学的确定性与行动的确定性的区分出现在该书的第四部分。在该部分中,笛卡尔从普遍怀疑谈起,引入不可怀疑的"我思"和"我存在",再基于此得出"上帝存在",并认为这些命题和几何学中的命题具有同样的确定性。然后,笛卡尔又试图表明此种确定性与人们习以为常的确定性是不同的,正是在此他首次引出了两种确定性的区分。他写道:

> 如果有些人在我已摆出的上述证据面前依然并不充分相信上帝和他们灵魂的存在,那么我想让他们知道,其他一切他们自己可能更加确信的东西——例如有一个身体,有星星和地球等——都是更不确定的。因为,关于这些事情,尽管我们拥有一种行动的确定性(moral certainty),以至于我们似乎不能怀疑他们而不显得狂妄;然而,当所关涉的问题是形而上学的确定性(metaphysical certainty)时,我们却无法合理地拒绝这样一种说法,即有恰当的理由不去完全确信它们。我们只需注意到,在睡眠中,我们可以用同样的方式想象我们有一个不同的身体,看到了不同的星星和地球,而并不关涉这些东西的存在。因为,当梦中出现的思想如通常所见的那样是鲜活

的和明白的时，我们怎能知道它们比其他思想更虚假呢？①

在此，笛卡尔并未对行动的确定性和形而上学的确定性做出明确界定或描述，而是直接使用这些术语。行动的确定性被用于指我们对身体以及其他自然物的存在的确信，此种确定性所对应的不是"不可怀疑"，而是"无须怀疑"，也就说怀疑它会显得违背常理。实际上，这种确定性无法抵制全面怀疑的袭击，因为人们完全可以设想身体和自然物不存在的可能性，在此笛卡尔以他所喜欢的睡梦为例加以说明。既然具有行动的确定性的东西并不是不可怀疑的，那么它就是次一级的确定性，比之更高的则是形而上学的确定性，它意味着完全不可怀疑的。引文开头提及的"上帝和他们灵魂的存在"，则是具有形而上学的确定性的知识典范。

(2)《第一哲学沉思集》对两种确定性的区分

《第一哲学沉思集》(以下简称《沉思集》)发表于1641年。该书直接提及形而上学的确定性的地方有四处之多，但关于行动的确定性则只有间接的谈论。

在"按几何学方式证明上帝的存在和人的精神与肉体之间的区别的理由"一节中，该书第一次谈及形而上学的确定性。该节的目标是将"沉思三"和"沉思五"已经做出的对上帝存在的证明以几何学的方式重新呈现出来，以更好地回应第一和第二组"反驳"中对相关证明的批判。为此，笛卡尔模仿欧几里得的几何学，先罗列一些定义、假设、公理，然后再运用三段论推理的形式做出证明。

---

① René Descarte. *The Philosophical Writings of Descartes*, vol. Ⅰ. trans., John Cottingham, Robert Stoothoff, Dugald Murdoch. Cambridge: Cambridge University Press, 1985, pp. 129-130.

第一章
确定性及其类型

英译者指出,在"假设"问题上笛卡尔玩了一个文字游戏,因为笛卡尔在这个标题之下所提出的"并不是欧几里得意义上的一系列假设,而是一些非正式的要求"①。对于第一个要求,笛卡尔写道:

> 他们应当意识到,引导他们信任自己感官直至现在的那些理由,是多么的脆弱,以及他们基于感官所做出的判断是多么的不确定。我要求他们对此经常反思,直到最终养成不再如此信任感官的习惯。我认为,这是知觉那些属于形而上学的东西的确定性的先决条件。②

需要注意的是,在本段引文中,笛卡尔所直接提到的并不是"形而上学的确定性",而是"形而上学的东西的确定性",两者之间有着怎样的关系,还有待阐明。然而,在此他并未指明形而上学的东西究竟为何,我们所能知道的只是,这种东西不同于感官以及基于感官所做出的判断。与感官有关的东西总是不确定的,与形而上学的东西相伴的则是完全确定的,并且对后一种确定性的意识,建立在对前者不确定的意识的基础之上。

在答复伽桑狄关于"沉思二"的反驳时,笛卡尔第二次论及形而上学的确定性。他写道:

> 当你说我"可以从任何其他行为中做出同样的推论"时,你离真相很远,因为我并不完全确定我的任何活动,

---

① René Descarte. *The Philosophical Writings of Descartes*, vol. Ⅰ. trans., John Cottingham, Robert Stoothoff, Dugald Murdoch. Cambridge: Cambridge University Press, 1985, p. 114.

② René Descarte. *The Philosophical Writings of Descartes*, vol. Ⅰ. trans., John Cottingham, Robert Stoothoff, Dugald Murdoch. Cambridge: Cambridge University Press, 1985, pp. 114-115.

唯独思维除外(在使用"确定的"一词时,我指的是形而上学的确定性,它是此处独有的论题)。例如,我不会做出"我走路,故我存在"的推论,除非走路的意识是思维。该推断只有在运用于走路的意识,而非走动的身体时……,才是确定的。①

本段引文中对形而上学确定性的运用与《方法谈》中基本相同,但有两点值得注意:第一,上述引文括号中的内容表明,与其他著作相比,笛卡尔在《沉思集》中对"确定的"一词的使用更加严格,它只是被用来指称形而上学的确定性。括号中的"此处"可以有两种理解。其一,专指"沉思二",因为这里所回应的正是伽桑狄对沉思二的反驳,既然沉思二的主题是我的思维本性,那么形而上学的确定性就是我作为思维而存在的确定性;其二,指全部的沉思,六个沉思被笛卡尔统称为"第一哲学沉思",所谓"第一哲学"即形而上学,因此六个沉思所关乎的确定性都是形而上学意义上的,而不是行动上的。笔者认为,宽泛的理解更妥当,它可以解释为什么全部沉思之中没有出现"行动的确定性"的表达,因为依照此种严格的规定,与走路、吃饭等行动相关的东西,根本就是不确定的。第二,上述引文把思维自身也看作一种"活动(action)",但又主张该活动与其他一切活动都不相同,唯有该活动具有形而上学的确定性。此问题之所以值得关注,是因为笛卡尔在其他文献中,又把行动的确定性与活动的确定性相等同。后文将对此做出辨析。

形而上学确定性在《沉思集》中的第三次出现,是在笛卡尔对

---

① René Descarte. *The Philosophical Writings of Descartes*, vol. Ⅰ. trans., John Cottingham, Robert Stoothoff, Dugald Murdoch. Cambridge: Cambridge University Press, 1985, p. 244.

第一章
确定性及其类型

第七组反驳的答复之中。① 该组反驳由耶稣会士皮埃尔·布尔丹提出。他首先对笛卡尔在"沉思一"中将"可疑的"等同于"错误的"的做法展开批判。他声称，依照笛卡尔的论述，对那些可疑的东西，我们应该相信和主张其反面。这意味着，既然我有一个身体是可疑的，我就应该相信我不具有身体；既然 2 加 3 等于 5 是可疑的，我就应该相信 2 加 3 不等于 5；既然我不确定我是不是在说话，是不是头脑清醒，那么我就应该相信我不在说话，我是在做梦。对

---

① 笛卡尔由于收到第七组反驳的时间比较晚，就没有把它放到 1641 年的《沉思集》第一版之中，而是连同第七组答复放到了 1642 年的第二版中。该组反驳由耶稣会士皮埃尔·布尔丹(Pierre Bourdin)提出。笛卡尔一直希望自己的哲学研究能得到耶稣会士的支持，所以原本非常重视布尔丹的意见。在给神父迪内特(S. J. Dinet)的信中，笛卡尔写道："当我第一时间拿到布尔丹的文章时，我高兴极了，手里像攥着珍宝一样。"(René Descarte. *The Philosophical Writings of Descartes*, vol. Ⅱ. trans., John Cottingham, Robert Stoothoff, Dugald Murdoch. Cambridge:Cambridge University Press, 1984, p. 384)。但是，在仔细阅读之后，他感到非常震惊，在给好友梅森(Mersenne)的信中，他抱怨道："我已尽可能有礼貌地对他，但我从未见过一篇如此充满错误的论文。"(René Descarte. *The Philosophical Writings of Descartes*, vol. Ⅲ. trans., John Cottingham, Robert Stoothoff, Dugald Murdoch, Anthony Kenny. Cambridge:Cambridge University Press, 1991, p. 211.)在对布尔丹进行反驳的回复中，笛卡尔指出，尽管反驳者试图从自己的《沉思集》中提取材料，然而其目的却是通过把这些材料随意混合，从而歪曲作者原意，使原作中本来很合理的观点变得面目全非(René Descarte. *The Philosophical Writings of Descartes*, vol. Ⅱ. trans., John Cottingham, Robert Stoothoff, Dugald Murdoch. Cambridge:Cambridge University Press, 1984, p. 308.)。鉴于此，笛卡尔不无情绪地声称，反驳者"患有不可原谅的妄想症"(René Descarte. *The Philosophical Writings of Descartes*, vol. Ⅱ. trans., John Cottingham, Robert Stoothoff, Dugald Murdoch. Cambridge:Cambridge University Press, 1984, p. 374.)。然而，笛卡尔还是很认真地回复了布尔丹的反驳。笛卡尔以评论或注释的方式对布尔丹的反驳进行答复，其组织形式与第三组反驳类似，即反驳意见与答复内容交织在一起。

此,笛卡尔回应道:

> 当我说可疑的东西暂时要作为虚假的被对待,或拒斥时,我的意思仅是在研究那些具有形而上学的确定性的真理时,我们应当把可疑的东西视作并不比那些完全虚假的东西有更多的根基。……只有那些不知羞耻的吹毛求疵者,才会假装我的意图是相信可疑的东西的反面。①

通过此段引文,首先可以得知,与形而上学的确定性直接对立的并不是"错误的"或"虚假的",而是"可疑的"或"不确定的"。"可疑的"不能直接被等同于"错误的"。我有一个身体虽然不具有形而上学的确定性,但并不意味着它就是虚假的。其次,相较于形而上学的确定性,"可疑的"和"虚假的"又具有一致性,两者都没有被确信的根基,因此为了追求形而上学的确定性,两者都需要被排除掉。尽管我有一个身体不一定是假的,但它和我有一对翅膀一样,无法被完全相信。

形而上学的确定性在《沉思集》中的第四次出现,亦在笛卡尔对第七组反驳的答复中。布尔丹批评笛卡尔在所谓的彻底的怀疑之中,放弃了很多人长期以来信以为真的东西,这种过度不信任的态度是非常可怕的。对此,笛卡尔回应道:

> 他没有看到,放弃诸信念只适用于那些尚未清楚明白地知觉任何东西的人。例如,怀疑论者,对他们而言,此

---

① René Descarte. *The Philosophical Writings of Descartes*, vol. II. trans., John Cottingham, Robert Stoothoff, Dugald Murdoch. Cambridge: Cambridge University Press, 1984, p. 309.

第一章
确定性及其类型

种放弃是司空见惯的,他们作为怀疑论者从未清楚地知觉任何东西。因为,如果他们事实上清楚地知觉某物,那么他们就会中止怀疑,中止作为怀疑论者。就其他一切人而言,在做出此种放弃以前,实际上几乎没有人能够清楚地,即以形而上学的确定性所要求的那种清晰度知觉任何东西。①

此段引文表明,不同类型的确定性在清晰度上有很大差别,形而上学的确定性对知觉清晰度的要求极高。然而,能达到这种清晰度的知觉比较罕见,很多人可能终其一生都没有如此清晰地知觉过一个东西。哲学史上之所以会有层出不穷的怀疑论者,正是由于人们平时信以为真的那些东西根本达不到形而上学的确定性所要求的清晰度。如果科学只是由这些信以为真的东西构成,那么怀疑论者就是最终的胜利者,因为根本就没什么完全确定无疑的知识。因此,笛卡尔认为,放弃诸多人们平时信以为真的东西,并不会带来什么布尔丹以为的可怕危害,反而是通向严格的形而上学确定性的必经之途,也是最终克服那确有可能造成危害的怀疑论的有效手段。

尽管在《沉思集》中笛卡尔未直接谈及行动的确定性,但这并不意味着在此他不关注这个问题。在"沉思一"中,笛卡尔指出,我们之所以能够将怀疑推向全面和彻底,不仅不信任虚假的东西,而

---

① René Descarte. *The Philosophical Writings of Descartes*, vol. II. trans., John Cottingham, Robert Stoothoff, Dugald Murdoch. Cambridge: Cambridge University Press, 1984, p. 321.

且要将人们长期信任的东西付于怀疑之火的淬炼,乃是因为"当下的任务不涉及行动,而只是获取知识"①。在对布尔丹相关反驳的回复中,笛卡尔对该表述做了进一步的解释,他写道:

> 当我说放弃信念不会有危险时,我补充说"因为当下的任务不涉及行动,而只是获取知识"。这清楚地表明,在那段话中,我只是在实践的意义上谈及"知识",这对我们生活中的行为而言是足够的。我经常强调,此类知识与我在此处理的形而上学知识之间存在巨大的不同。②

可以看出,关于知识和行动,笛卡尔在回复中的表述与其"沉思一"中的略有不同。在"沉思一"中,他把行动和知识对立起来,这表明笛卡尔是在狭义上使用"知识",专指形而上学知识,这与他对"确定性"的狭义使用类似。在回复中,他则是在广义上使用"知识",那些与行动密切相关的信念被称作"实践意义上的知识"。既然被称作知识,就意味着它有某种程度的确定性,此种确定性正是《方法谈》中行动的确定性所指的东西。

(3)《哲学原理》对两种确定性的区分

《哲学原理》(*Principa Philosophiae*,以下简称《原理》)的第一

---

① René Descarte. *The Philosophical Writings of Descartes*, vol. Ⅱ. trans., John Cottingham, Robert Stoothoff, Dugald Murdoch. Cambridge: Cambridge University Press, 1984, p. 15.

② René Descarte. *The Philosophical Writings of Descartes*, vol. Ⅱ. trans., John Cottingham, Robert Stoothoff, Dugald Murdoch. Cambridge: Cambridge University Press, 1984, p. 320.

第一章
确定性及其类型

版于 1644 年问世。① 在该书的序言部分,笛卡尔提出了关于哲学体系的著名"树喻"。他主张,哲学不是由一些散乱无序的知识构成,真正的哲学是一个有机整体,像一颗树那样。整体的各部分之

---

① 笛卡尔写作该书的初衷,是想提供一本新的哲学教科书,以取代当时大学里流行的、在笛卡尔看来充满错误的亚里士多德主义的传统教科书。该书首先以拉丁文在阿姆斯特丹出版,三年之后,又由笛卡尔的友人皮克特(Claude Picot)以法文在巴黎出版。笛卡尔对法译本相当认可,并为该译本作序,称赞它"如此精雕细琢和详尽周密,使我希望这部作品在法语中的阅读量将超过拉丁语,并得到更好的理解"(René Descarte. *The Philosophical Writings of Descartes*, vol. Ⅰ. trans. , John Cottingham, Robert Stoothoff, Dugald Murdoch. Cambridge:Cambridge University Press,1985, p. 179.)。法译本与拉丁原本有相当大的不同,皮克特为之加了不少内容,有些可能得到了笛卡尔的认可,有些则是他自己的发挥。这种复杂的状况,给该书的翻译带来了一些麻烦,译者要在两个版本之间进行取舍。英语世界两个较有影响力的译本,采取的方式颇为不同。其中,霍尔丹(Elisabeth S. Haldane)和罗斯(G. R. T. Ross)主编的《笛卡尔哲学著作集》(*The Philosophical Works of Descartes*)于 1911年由剑桥大学出版社出版,它被称作"标准的英本版"。该集收录的《哲学原理》所依据的既非拉丁文原版,亦非纯正的法文版,而是由两者混合而成。这样虽使译本的内容更加丰富,但读者却无法分辨哪些内容是笛卡尔的拉丁原本中已有的,哪些是皮克特译本加上去的。后来,卡丁汉等人编译的《笛卡尔哲学作品集》(*The Philosophical Writings of Descartes*)则采取了不同策略。其正文部分皆是依照拉丁文原本译出,而法译本中做较大改动的部分以及新加的重要内容,或被放在尖括号中,或被放在脚注之中。这种做法较为科学,既涵盖了原本和法译本的内容,又显示了两者的区分。目前,该书的中译本有两个:一个是关文运译本,1959 年商务印书馆出版,单行本;一个是李珝、徐卫翔的译本,收录在 2021 年华东师范大学出版社出版的《笛卡尔主要哲学著作选》中。两个中译本皆依照英文本译出。其中,关文运的译本所依照的是"*The Principles of Philosophy*,'人人丛书',1927 年伦敦版"(笛卡尔:《哲学原理》,关文运译,商务印书馆 1959 年版,第 1 页);李珝的译文先是参照卡丁汉的译本,然后又参照莫里亚蒂(Michael Moriaty)的译本(收录在 *The Passion of the Soul and Other Late Philosophical Writings*),最后再由徐卫翔依照亚当(Charles Adam)和塔内里(Paul Tannery)编纂的《笛卡尔全集》加以校订(参见笛卡尔:《笛卡尔主要哲学著作选》,李珝译,徐卫翔校,华东师范大学出版社 2021 年版,第 5 页)。然而,遗憾的是,两个中译本都是节译,书中不少重要的内容依然没有中译本。

间密切相关,且都有自己合适的位置,彼此间不可相互调换。"树根是形而上学。树干是物理学,树干发出的枝条是其他一切科学,它们可被归结为三类:医学、力学和伦理学。"①形而上学又被称作第一哲学,因为它是整个哲学体系的根基之所在。知识的原理有哪些,上帝有着怎样的属性,灵魂为什么是非物质的,我们能够清楚明白地认识什么等,皆属形而上学研究的主题。物理学探究的内容包含三个方面:第一,物质性事物的最一般原理;第二,运用上述原理对整个宇宙的构成加以解释,尤其要解释行星、恒星的运动和天空的构成方式等;第三,对地球,以及地上最常见的物质加以解释,例如水、火、气、磁等。医学、力学和伦理学是整个哲学体系的最后部分,它们所关注的是地球之上的特殊物体,即"矿物、植物、动物以及最重要的人"。《原理》一书由四个部分构成,每个部分又有诸多"小节"。第一部分"人类知识原理"所谈及的正是第一哲学,与《沉思集》里的内容相应,尽管两者在表述方式上非常不同。余下的三个部分,即"物质性事物的原理""可见宇宙"和"地球",分别对应着物理学的上述三个层面。《原理》中有关形而上学的确定性与行动的确定性的区分,出现在第四部分的最后几个小节,即第 203 节至第 206 节中。

在第 203 节,笛卡尔提出了一个问题:"我们如何获得不能被感官知觉到的粒子的形状、大小和运动的知识?"②笛卡尔一方面赋予构成物质的微粒以形状、大小和运动,另一方面又主张这些粒子

---

① René Descarte. *The Philosophical Writings of Descartes*, vol. Ⅰ. trans., John Cottingham, Robert Stoothoff, Dugald Murdoch. Cambridge: Cambridge University Press, 1985, p. 186.

② René Descarte. *The Philosophical Writings of Descartes*, vol. Ⅰ. trans., John Cottingham, Robert Stoothoff, Dugald Murdoch. Cambridge: Cambridge University Press, 1985, p. 288.

第一章
确定性及其类型

无法被知觉。这就引出一个问题,即我们如何知道微粒就是这样的。首先,笛卡尔指出,依照他确立的物理学基本原理,广延是物质的本质属性,基于广延的形状、大小和运动则是物质的诸样态,它们是我们在寻求有关物质的清楚明白的观念时所能发现的一切。据此可以判定,人类有关自然界的一切知识,都源于这些东西。其次,粒子既然是物质,就必定有广延,只是由于太小而无法被感知。我们需要对微粒的形状、大小和位置之间的不同进行考察,并探究它们彼此相互作用可能会造成的结果。再次,一旦这些可能的结果在自然界中被观察到,我们就可以判定不可见的粒子正是可见的变化的原因,而除了此种解释方式之外,我们实在找不出别的更加可行的方式。最后,与人造物类比,可以佐证上述判断的正确性。在此笛卡尔提出了有关机械力学的普遍适用性的"'钟表-树'喻"。他认为,人造物和自然物在作用机制上没有区别,它们都遵循着机械力学的法则。两者的不同仅在于,人造物的构成原件比较大,因此肉眼可见;自然物的构成要素比较小,从而无法被感知到。钟表是人造物,树则是自然物。钟表的指针及其运动是可见的,对一个熟悉力学理论的人而言,他可以从指针的运动,推测出背后的不可见的齿轮是如何运动的;同样,一棵树其根茎叶都是可见的,一个熟悉力学的人,可以从这棵树的成长,推测出构成树的基本要素具有一些怎样的特点。

在第 204 节中,笛卡尔探讨了第 203 节中的解释方式所具有的效力。他写道:"就那些无法被感知的事物而言,解释它们可能的本性就够了,即使它们实际的本性并非如此。"① 上述为可见结果

---

① René Descarte. *The Philosophical Writings of Descartes*, vol. Ⅰ. trans., John Cottingham, Robert Stoothoff, Dugald Murdoch. Cambridge: Cambridge University Press, 1985, p. 289.

寻求不可见原因的方式，只是使我们理解到自然物可能是怎样产生的，而决不是告诉我们自然物实际上是怎样被塑造的。为了方便理解，笛卡尔以钟表匠造表作喻。一个好的钟表匠可以造出两块看起来一样的手表。在普通人看来，两块表有着相同的外观、相同的重量、相同的功能。然而，这并不意味着这两块表就是完全一样的，因为钟表匠完全可以用两种不同的技艺来制造它们，从而两者在内在结构上是迥异的。我们可以进一步设想一个超级工匠，它以各种不同的方式来创造在人们眼中看起来并没有什么差别的自然物。由此，既然我们无法感知构成物质的微粒，那么我们凭借它们对可感之物做的解释便只具有可能性。然而，笛卡尔认为，这种解释如果能够与可感的自然现象一致，便可以被接受。因为能够做到这一点，对日常生活而言就足够了。在此，笛卡尔把医学、机械力学和一切其他技艺，看作是与人们日常生活密切相关的。这些技艺所关注的只是可见的自然现象，只要作为结果的自然现象如何发生得到了很好的解释，从而能够指导人们的生活，那这就够了，至于那处在背后的、不可感知的实际状况究竟是怎样的，并不十分重要。

在随后的第 205 节中，笛卡尔又探讨了第 203 节中的解释具有怎样的性质。正是在此节，笛卡尔引入了行动的确定性，即"我的解释似乎至少是行动上确定的（morally certain）"[①]。关于行动的确定性，《原理》的拉丁原本写道："某物被视作行动上确定的，就是说，就应用于日常生活而言被视作具有充分的确定性，即便与上帝

---

① René Descarte. *The Philosophical Writings of Descartes*, vol. Ⅰ. trans., John Cottingham, Robert Stoothoff, Dugald Murdoch. Cambridge: Cambridge University Press, 1985, p. 289.

第一章
确定性及其类型

的绝对权力相比可能并不确定。"① 相比之下,法文版的描述更加细致,"行动的确定性(moral certainty)是指足以规范我们行为的确定性,或者,它相当于在与我们生活中的行为有关的问题上的确定性,这些问题通常来说我们从不怀疑,尽管我们知道,绝对地说来,它们有可能是虚假的。"② 为使此种确定性容易理解,法语版还举了一个生活中的事例。那些未曾到过罗马的人,并不会对罗马是意大利的一个城市产生怀疑。然而可能存在的情况是,这些人都被骗了,实际上罗马并不存在,或者罗马并不在意大利,只不过他们遇到的每个人都这么给他们讲罢了。这个例子很好地诠释了日常生活中人们所抱有信念的性质,它们是不用怀疑的,但不是不可怀疑的。拉丁文版和法语版同有一个著名例子,即"信喻"。某人收到了一份用拉丁文写的信,然而信中拉丁单词的拼写是不正常的。经过一番推敲,他发现这些单词的拼写并不是混乱的,而是遵循着一条基本规则,单词中的每个字母的使用方式都与人们习惯的不同,而是代表了紧随其后的字母。例如,单词中的"A",实际上代表"B",而"B"实际上代表"C",如此等等。通过遵循该规则,收信人发现每个原先看起来错误的单词都可以是正确的,原先看起来无法读通的信,现在则完全可以被读懂。于是,这个收信人便相信自己成功地破译了该信件。不过,另外的情况是完全有可能存在的,即写信人并不是按照收信人所以为的那种方式来使用字母表的,例如,"A"所代表的可能是"D","B"所代表的可能是"E",每个

---

① René Descarte. *The Philosophical Writings of Descartes*, vol. Ⅰ. trans., John Cottingham, Robert Stoothoff, Dugald Murdoch. Cambridge:Cambridge University Press,1985, p. 289.

② René Descarte. *The Philosophical Writings of Descartes*, vol. Ⅰ. trans., John Cottingham, Robert Stoothoff, Dugald Murdoch. Cambridge:Cambridge University Press,1985, pp. 289-290.

字母都代表其后的第三个字母。然而，笛卡尔认为这种情况为真的可能性非常小，尤其是在这封信比较长，字母比较多的时候。如果依照一个规则可以较好地解读出每一个单词、每一句话和整一封信，那么这条规则就是确定的，其虚假的可能性几乎是极其渺小的。笛卡尔认为，自己对诸多自然现象的解释就具有此种确定性。他先是从少数几条物理学原理中演绎出一些适用于解释磁、水、火等地球上最常见的事物的规则，然后再进一步通过机械力学的规则解释植物、动物、人等具体事物。他认为，这种解释的前后一贯性，就表明此种解释以及它所遵循的基本原则错误的可能性极小，它们所具有的正是行动上的确定性。

在第 206 节中，笛卡尔又主张"我的解释超过了行动的确定性"①。在此节，笛卡尔把行动的确定性与形而上学的确定性相区分，指出后者才是绝对的确定性，因为它拥有形而上学的根基，即上帝是至善的并且他不可能是骗子等。拥有此种确定性的有数学中的演证、物质存在的知识，以及一切关于物质的明见的推理等。除此之外，笛卡尔指出，如果人们能够明白，他关于一些自然事物的解释完全是从人类知识的第一原则同时也是最单纯的原则，通过毫无间断的推理链条演绎出来的，他就会认为这些解释也可以具有形而上学的确定性。例如，如果外界对象未对我们的神经造成某种影响，它的存在就不可能通过感官被我们意识到。在笛卡尔看来，这就是一条关于物质性事物的清楚明白的原理，具有形而上学的确定性。据此，如果在天上的星体和我们的眼睛之间，不是存在着传递星体光芒的物质，星体就不可能呈现在我们眼前，所

---

① René Descarte. *The Philosophical Writings of Descartes*, vol. Ⅰ. trans., John Cottingham, Robert Stoothoff, Dugald Murdoch. Cambridge: Cambridge University Press, 1985, p. 290.

第一章
确定性及其类型

以,星体和地球之间,以及星体和星体之间,并没有绝对空的空间,而是被各种物质充满。笛卡尔认为,这是前述原理的必然结论,既然前述原理具有形而上学的确定性,那么该结论本身也具有形而上学的确定性。并且,"似乎所有其他现象,或者至少是我所描述的宇宙和地球的一般特征,除了按照我所建议的方式外,很难被合理地解释"[①]。

可以看出,较于《方法谈》和《沉思集》,《原理》关于行动的确定性和形而上学的确定性的论述最为丰富。通过这些论述,我们更进一步地了解到两种确定性的具体内涵以及彼此间复杂的关联。

第一,行动的确定性所涉范围非常广泛,其中"行动的"一词的拉丁原文为 moraliter,英译通常为 morally。《布莱克维尔西方哲学词典》的"moral"词条写道:"源于拉丁词 moralis,意思是举止(manner)、风俗(custom)、行动(conduct),与希腊词 êthos 相对应。拉丁词 moralis 更加强调社会期望的意义,而希腊词 êthos 则偏重于个体的品质(character)。"[②]麦肯齐(John S. Meckenzie)在《伦理学手册》中指出,"伦理学"一名"起源于古希腊语 τὰ ἠθικά。后者又来自 ἦθos,意思是品质;而这与 ἔθos,即风俗和习惯(habit)有关。'道德哲学'这一术语——它与伦理学指的是相同的东西——起源于拉丁语 mores,指习惯或风俗。因此我们可以说,伦理学讨论人们的习惯与风俗,或者换句话说,讨论他们的品格、他们的习惯性行为所依据的原则,并考察是什么东西构成了这些原则的对或错,以及

[①] René Descarte. *The Philosophical Writings of Descartes*, vol. I. trans., John Cottingham, Robert Stoothoff, Dugald Murdoch. Cambridge: Cambridge University Press, 1985, p. 291.

[②] Nicholas Bunnin, Jiyuan Yu. *The Blackwell Dictionary of Western Philosophy*. Oxford: Blackwell Publishing, 2004, p. 443.

这些习惯的善或恶。"①据此,广义的道德与伦理的含义类似,都与行动的好坏、善恶有关,都涉及风俗和习惯。然而,"道德"这一概念的内涵后来发生了变化,哈贝马斯(Jürgen Habermas)主张,它"通过康德才第一次具有其与'良好伦理(gut Sitten)'相对的那种'古韵'(阿多诺语),因为它此后表达的是'自主'概念的另外一面"②。即是说,伦理更多的是被动发生的,人们自出生便不自觉地受到习惯和风俗的约束,而这种被动发生的东西,在康德看来并不是真正的道德。依照康德的观念,道德应该是自主的,它基于意志自律,即行动主体从自己的意愿出发凭借理性为自己制作一套法则,并基于对法则本身的敬重去行动。康德还对好坏与善恶做了区分,而传统的伦理学或道德哲学往往对二者不加区分。在康德看来,道德上的善与人们所谓的"好的"是不同的,好的不一定是善的,而善的也不一定会给行动主体带来好处;道德上的善乃是纯粹意志必然欲求的东西。类似地,道德上的恶与人们所谓的"坏的"也不同,一个道德上恶的行动有可能会给主体带来好处,道德上的恶乃是厌恶能力的必然对象。受康德的影响,后来人们多用伦理来指共同体的风俗习惯,它们塑造着生活在其中的个体的行为;多用道德来指个体的自由自觉的行动,行动必须出于主体的内在意愿,才可能具有道德价值。

然而,在笔者看来,moraliter certa 中的 moraliter,既不能从广义的或伦理的角度来理解,更不能从狭义的或道德的角度来理解。因为从笛卡尔的文本来看,moraliter certa 与行动的好坏和善恶皆无直接关系,它所相关的乃是行动依据的认识的真假。因此,

---

① John S. Meckenzie. *A Manual of Ethics*, London: University Tutorial Press, 1929, p. 1.
② 于尔根·哈贝马斯:《再论道德与伦理生活的关系》,童世骏译,姜峰校,《哲学分析》2020 年第 1 期。

第一章
确定性及其类型

moraliter certa 就不宜译作"道德的确定性",而应被理解为"行动的确定性"。王太庆所译的《方法谈》中,与 moraliter certa 相应地法语表达,就被他译作"实际行动的确定性"①,这表明他看到了笛卡尔并不是在我们通常所谓的道德的意义上使用 moraliter 一词。在《方法谈》中,天地存在、我的身体存在等,这些判断被视作具有行动的确定性;在《原理》中,罗马作为意大利的一个城市,收信人依照一个原则对信件的解读,通过不可见的微粒对可见的自然现象所做的解释等,在笛卡尔看来都可以具有行动的确定性。显然,依照通常的见解,这些判断没有一个是道德判断。但是,它们与行动相关。罗马存在的确定性可能会激发起我旅行的愿望,对成功解读信件的确定性会激发我迅速写一封回信,对自然现象解释的确定性则指导我做出各种改变自然以满足自身需求的行动。因此,笔者认为,笛卡尔的 moraliter 所相关的是最广义的行动。

卡丁汉等编译的《笛卡尔哲学作品集》第三卷中有一个关于 morally 的注释值得关注。它出现在笛卡尔 1641 年 7 月致好友梅森的信中。在此,笛卡尔写道:

> 至于印刷错误,我很清楚它们不是很重要。我向您保证,对您改正它们所做的努力,我的感激决不亚于假如每个错误都被消除我会具有的感激。因为这给您带来了巨大的麻烦,并且我也知道,避免一切错误在行动上(morally)是不可能的,尤其是在处理他人的作品时。②

卡丁汉在关于 morally 的注释中指出,笛卡尔在此是"就一切

---

① 笛卡尔:《谈谈方法》,王太庆译,商务印书馆,2000 年,第 31 页。

② René Descarte. *The Philosophical Writings of Descartes*, vol. Ⅲ. trans., John Cottingham, Robert Stoothoff, Dugald Murdoch, Anthony Kenny. Cambridge: Cambridge University Press,1991,p. 187.

实践的(practical)意图而言"使用 morally 一词的,并提示读者《原理》第四部分第 205 条也在相同意义上使用 morally 一词。① 如上所述,正是在第 205 条中,笛卡尔提出了 morally certain。笔者赞成卡丁汉等人的观点,在与确定性相关时,morally 决不能从道德意义上来理解,而只能从一般行动或实践的意义上来理解。当然,也应该避免陷入另一个误区,即一切实践所基于的知识都只具有行动的确定性。无论是作为行动主体的我的存在,还是对行动加以裁决和赏罚的上帝的存在,都是与人类实践活动密切相关的知识,所具有的是形而上学的确定性。

第二,形而上学的确定性并不局限在形而上学的范围内。依照亚里士多德的传统,形而上学是第一哲学,它处在数学和物理学之上,高于这两门学科,以"存在之为存在"为研究主题。然而,依照笛卡尔关于哲学体系的"树喻",尽管形而上学同样被看作第一哲学,但它处在数学和物理学之下,是所有其他学科的根基,从而是"最低"的学科,它以"知识的原理"为研究主题。因此,《原理》的第一部分即"知识的原理"。在该部分中,笛卡尔先是考察何种知识是可疑的,何种知识是不可怀疑的;在确立了我思的不可怀疑性之后,他开始探讨上帝的存在及其属性,因为在他看来我们对其他一切事物的认识都取决于对上帝的认识;在通过多种方式证明上帝存在,并对上帝的诸属性做出阐明之后,他又探讨了真理的标准与谬误发生的机制;最后,他分别探讨了真理的三种类型,即作为公理的永恒真理、关于实体的真理、关于样式的真理,以及谬误产生的四种原因。据此,形而上学范围内确定的知识大概有三个类

---

① René Descarte. *The Philosophical Writings of Descartes*, vol. Ⅲ. trans., John Cottingham, Robert Stoothoff, Dugald Murdoch, Anthony Kenny. Cambridge: Cambridge University Press,1991,p. 187.

第一章
确定性及其类型

型,即上帝实体的存在及其属性、心灵实体的存在及其本质属性、物质实体的存在及其本质属性。然而,依照第四部分第206节中的表述,"数学中的演证(demonstration)"以及"关于物质性事物的明见的推理(reasoning)",尽管不属于形而上学的知识,却都具有形而上学的确定性,原因在于它们具有形而上学方面的基础。更有甚者,一旦我们获得了关于物质实体存在及其本质属性的确定知识,先前仅有行动确定性的知识,例如"我的身体存在""构成我的身体的微粒具有形状、大小等特征",现在也具有了近似绝对的确定性。至于这种近似绝对的确定性是否可以被称作形而上学的确定性,笛卡尔并未言明。他只是声称,由于这些知识是从具有形而上学确定性的前提出发,经由严格的论证得出,因此其确定性超出了行动的确定性。因为那些被判定为具有行动的确定性的知识,其反面往往比较容易设想;但是,像星体与地球之间没有绝对空的空间的判断,其反面则很难设想。当然,很难设想不等于完全无法设想,真正绝对的确定性,其反面必须是完全无法设想的。例如,作为思维之我的存在就是如此。所以,在笛卡尔这里就存在着一个疑惑,即是否存在第三种确定性,它介乎行动的确定性和形而上学的确定性之间,它既不是完全相对的,又不是完全绝对的。依照笛卡尔的论述,一切从最基本的物理学原理中经由严格的论证推导出来的、关于具体自然物的解释,所具有的正是此类处于中间地位的确定性。

《布莱克维尔西方哲学词典》中,有词条 moral certainty,其内容如下:

> 自然科学所具有的确定性被看作是普遍的和演证的(demonstrative),而社会科学则无法获得此种程度的确定性,因为关涉的是人类事务。据此,社会科学被认为仅有"行动的确定性",因为它是一般性的真,但不是普遍的

真。"moral"一词在这里并不与善或恶相联,而是意味着与人类的事务或实践相关。该区分可以上溯至亚里士多德的《尼可马可伦理学》,并在哲学史上有众多追随者。"行动的确定性对规范我们生活中的行动而言依然是充分的,尽管我们犯错在原则是可能的。"——笛卡尔:《哲学原理》①

词条中引用的笛卡尔的那句话,正是出自《原理》第四部分第205条,前文已有相关引述和阐释。尽管在该词典的"中英文对照"版中,moral certainty被译作"道德的确定性"②,这是笔者所不赞成的,但是词条对于 moral 的解释,即它不与善恶相关,而是意味着一般意义上的人类事务或实践,则与笛卡尔对该词的运用完全一致。然而,该词条把行动的确定性与自然科学的确定性对立起来的做法,却并不符合笛卡尔在第 206 节中的相关论述。笛卡尔对何谓自然科学并没有做出过明确的说明,如果自然科学指由从物质实体的形而上学知识演绎出来的关于一般物质性事物的诸原理构成的物理学,那么它拥有的就是与行动的确定性相对立的形而上学的确定性;如果自然科学指由物质性事物的一般原理应用于某些具体事物之上所得到的知识,那么它拥有的就是一种近似绝对的确定性,如上所述,这种确定性介于形而上学的和行动的确定性之间。

(4) 笛卡尔书信中对行动的确定性的论述

在 1641 年致好友梅森的信中,笛卡尔直接谈及了行动的确定

---

① Nicholas Bunnin, Jiyuan Yu. *The Blackwell Dictionary of Western Philosophy*. Oxford: Blackwell Publishing, 2004, p. 444.

② 尼古拉斯·布宁、余纪元编著:《西方哲学英汉对照辞典》,王柯平、江怡、余纪元等译,人民出版社 2001 年版,第 638 页。

第一章
确定性及其类型

性。他写道：

> 我对你的博士们的反对意见感到惊讶，他们说，根据我的哲学，我们不能确定牧师是否在祭坛手持圣饼（host），或者他是否有水施洗等。即便在经院哲学家中间，有谁说过此类事情除了行动的确定性之外还有什么别的呢？神学家说，认为耶稣基督的身体在圣餐（Eucharist）之中是个信仰问题，但他们没有说，认为耶稣基督在这个特定圣饼之中是个信仰问题。①

在此，笛卡尔对信仰和宗教活动做了区分。神职人员所从事的各种宗教活动，和普通人所从事的日常活动一样，都只具有行动上的确定性。既然我连自己是否有一个身体都可以怀疑，那么对经由这个身体上的感官才被我们知觉到的一切活动便都可以怀疑了。所以，不仅牧师在施洗是可疑的，甚至连牧师本身的存在都是可疑的。然而，笛卡尔同时也表明，宗教活动的不确定性并不意味着信仰的不确定性。尽管耶稣在某块圣饼中是可疑的，但耶稣的存在以及耶稣的身体化作圣餐，在笛卡尔看来似乎又是不可怀疑的。由此，可以看出，笛卡尔的 moral 所涉范围是极为宽广的，不仅包含具有善恶的道德行动，以及与善恶无关的日常生活的行动，而且还包括充满神圣性的宗教活动。

此外，在 1638 年通过好友亨利·雷尼尔（Henri Regnier

---

① René Descarte. *The Philosophical Writings of Descartes*, vol. Ⅲ. trans., John Cottingham, Robert Stoothoff, Dugald Murdoch, Anthony Kenny. Cambridge: Cambridge University Press,1991,p.179.

Reneri)致阿方斯·帕洛特(Alphonse Pollot)的信①中,笛卡尔谈及了行动的确定性所具有的意义。在《方法谈》中,笛卡尔主张,即便有些事情并不具有形而上学确定性,从而并不是不可怀疑的,但人们却并不去怀疑,因为它们具有行动上的确定性,怀疑它们会显得很荒谬。在信的开头,笛卡尔便对这个主张进行了辩解。他写道:

> 如果我不加限定地说,人们应该坚持自己曾决定遵循的意见,即便它们是可疑的,那么我所应受到的指责就不亚于主张人们应当固执己见。然而,我所说的相当不同。我所说的是,一个人应当在自己的行动中保持果断,即便他对自己的判断并不确定,以及一个人应当遵循最可疑的意见,其恒心不亚于它们是非常确定的。我的意思是,一个人一旦选定他对之尚有疑惑的意见,即是说他断定没有其他更好或更确定的意见,那么他就应该以不少于他知道它们是最好的意见时的恒心来行动,而在如此考虑时,它们的确就成了最好的。②

这段话包含三个层面的意思。第一,人们在行动中所采用的意见,应该具有一种相对的确定性。我们所采取的指导行动的意见,不可能具有形而上学的、绝对的确定性,但这并不意味着它们不能具有任何意义上的确定性。人们通过对众多的意见进行比

---

① Henri Regnier Reneri(1593—1639),法国哲学家,新教徒。他是笛卡尔的挚友,1634年被任命为新建的乌特勒支大学的哲学教授,使该学校成为最早传播笛卡尔思想的阵地。Alphonse Pollot(1602—1668),法国士兵和朝臣,曾为奥兰治亲王的随从。1638年曾通过 Henri Regnier Reneri 转交给笛卡尔一些关于《方法谈》的反对意见。此封信即是笛卡尔对这些意见所做的回复,信件的标题是 to Reneri for Pollot, April or May 1638.

② René Descarte. *The Philosophical Writings of Descartes*, vol. Ⅲ. trans., John Cottingham, Robert Stoothoff, Dugald Murdoch, Anthony Kenny. Cambridge: Cambridge University Press, 1991, p. 97.

第一章
确定性及其类型

较,会发现它们的可信度并不相同。对一个打算去罗马旅行的人而言,他会发现"罗马在意大利"要比"罗马在法国"有更大的可信性,这可能是因为身边绝大多数人都会告诉他前者,而几乎没有人告诉他后者。所以,尽管"罗马在意大利"并不具有绝对的确定性,但在与其他意见的比较中却获得了相对的确定性。第二,人们一旦采取了所选择的意见,即便它不是绝对确定的,也应该像它是绝对确定的那样坚决去遵守。如果一个人因为指导自己行动的意见没有绝对的确定性,在执行该意见的时候总是犹豫不决,那么在笛卡尔看来他就会一事无成,因为大多数与行动相关的知识都不可能具有绝对的确定性。例如,如果一个人决定去罗马,又总是怀疑罗马是不是在意大利,那么他可能永远也到不了罗马。第三,行动的坚决性并不意味着固执己见。笛卡尔在信件随后的内容中指出,一个人如果发现自己原先所遵从的意见是错误的,他就要及时改正错误,从而找到更好的意见。这意味着,尽管就对形而上学的确定性的寻求而言,可疑的和虚假的可以等同,即都是不可确信的;但是就行动的确定性而言,可疑的和虚假的却不可等而视之,可疑的可以毫无犹豫地去坚持,而虚假的则必须及时地放弃。据此,笛卡尔认为,自己关于行动确定性的强调,包含着被称为"果断(decisiveness)"的美德,"我凭着无以复加的谨慎将果断这项美德置于两个相对立的恶习之间,即优柔寡断和顽固不化"①。

总之,形而上学的确定性是绝对的,但具有这种确定性的不仅有形而上学知识,还有建基于形而上学之上的数学、物理学的基本原理等。严格说来,它正是人类知识所要追求的那种确定性,一切

---

① René Descarte. *The Philosophical Writings of Descartes*, vol. Ⅲ. trans., John Cottingham, Robert Stoothoff, Dugald Murdoch, Anthony Kenny. Cambridge: Cambridge University Press,1991,p. 97.

真正的科学皆应由具备此种确定性的知识构成。行动的确定性是相对的。"相对"可从两方面来理解:其一,"相对"意味着它不是真正的确定性,与形而上学的确定性相比,行动的确定性实际上是不确定的;其二,"相对"意味着可以在某种意义上把它视作一种确定性,通过对与行动相关的诸意见进行比较,我们会发现存在那种最好的或者难以设想比之更好的意见,从而它就具有了一种确定性。具有行动确定性的首先是与一般意义上的行动有关的东西,它可以是具有善恶之分的道德行动,可以是非善非恶的日常活动,还可以是具有神圣性的宗教活动。除此之外,那些不是从形而上学的基本原理出发的对自然万物所做的解释,所拥有的只是一种类似于行动的确定性的相对确定性;相应地,那些从笛卡尔所确立的形而上学原理出发,经过一步一步严格的推理所得出的关于具体自然现象的解释,所具有的则是一种近似绝对的确定性,它居于行动的确定性和形而上学的确定性之间。

3. 知识的确定性和意志的确定性

绝对的和相对的,所涉为确定性的程度;形而上学的和行动的,所涉为确定性的对象。除此之外,还可以从心灵能力方面对确定性加以区分。在《论灵魂的激情》(以下简称《激情》)一书中,笛卡尔对灵魂的功能进行了较为细致的区分。作为本质上不同于身体的灵魂,除了思维之外,不能把任何东西必然地归属于它。思维主要包含两类东西,一类是灵魂的行动(actions),一类是灵魂的激情(passions)。

> 那些我称之为行动的乃是我们的意志活动,因为我们经验到它们直接地来自灵魂,而且似乎也仅仅依赖灵魂。另一方面,呈现在我们之中的各种各样的知觉或认识,可以称作一般意义上的灵魂的激情,因为往往并不是我们

第一章
确定性及其类型

的灵魂使它们如其所是地呈现出来,而是总需要灵魂从他们所表象的事物那里获得。①

在《沉思集》中,笛卡尔把形而上学的确定性看作只与知识有关的确定性。关于认识能力的类型,笛卡尔在多部作品中均有谈及。其中,在《规则》之中,他曾把主体的认识能力区分为四种,即感觉、想象、记忆和理智。然而,并不是所有认识能力都可以获得确定的知识。在《方法谈》中,笛卡尔指出:"离开理智的参与,无论是我们的想象还是我们的感官,都不能使我们确信任何东西。"②在《沉思集》中,诸多神学家和哲学家认为感性的确定性要高于理智的确定性,笛卡尔在相关的回复中则表明,感性凭借自身根本无法获得任何意义上的确定性,我们所以为的感性确定性实际是一种理智的确定性。在《原理》中,他写得更加直接,主张"确定性不在于感官,而仅在于理智"③。因此,尽管人类有诸多认识能力,但在笛卡尔看来能够带来确定知识的只有理智。所以,就主体能力的角度而言,知识的确定性又可称作理智的确定性。这种确定性是如何建立起来的,它的最高保证是什么,正是下文的重要主题,在此先不展开论述。

尽管笛卡尔宣称灵魂的行动不过意味着意志的活动,但不能

---

① René Descarte. *The Philosophical Writings of Descartes*, vol. I. trans., John Cottingham, Robert Stoothoff, Dugald Murdoch. Cambridge: Cambridge University Press, 1985, p. 334.

② René Descarte. *The Philosophical Writings of Descartes*, vol. I. trans., John Cottingham, Robert Stoothoff, Dugald Murdoch. Cambridge: Cambridge University Press, 1985, p. 129.

③ René Descarte. *The Philosophical Writings of Descartes*, vol. I. trans., John Cottingham, Robert Stoothoff, Dugald Murdoch. Cambridge: Cambridge University Press, 1985, p. 182.

据此就把行动的确定性看作意志的确定性,或者认为两者有着相同的范围。因为笛卡尔又把我们的意志划分为两个类型:第一,那种仅在灵魂自身中便可完成的行动,例如,"对上帝爱的愿望";第二,那种需要在身体中或通过身体完成的行动,例如,"当我想要走路时,我就需要迈开我的双腿"。前述与形而上学的确定性相对立的行动的确定性,主要与第二种意义上灵魂的行动有关。依照笛卡尔的论述,与第一种意志相应地确定性应该是信仰的确定性。如前所述,只有那些被领会得清楚明白的东西,对我们而言才具有确定性。然而,这引起了当时一些基督教思想家的反对,因为对正统的基督教徒来说,由于上帝是无限的,而人是有限的,人对上帝的领会不可能完全是清楚明白的;"三位一体"等诸多基督教基本教义无法从逻辑上加以论证,从而也不是真正清楚明白的;既然确定性总是基于清楚明白性,那么基督教的信仰就是不确定的。

　　针对此种质疑,笛卡尔区分出清楚明白的两种类型。第一,"主观质料(subject-matter)"①的清楚明白。"主观的"即心灵中的,"质料"即观念所具有的内容。例如,"三角形的内角之和等于两直角"这个几何学命题就是一个主观质料,它自身是清楚明白的,是无疑的,其反面是不可能的。第二,"形式理由(formal reason)"②的清楚明白。"形式的"即非质料性的,尽管一个观念或命题的质料是模糊不清的,其形式却可以是清楚明白的。例如,按其本性而言,人决不可能完全清楚明白地领会上帝,一些基督教教义在笛卡

---

　　① René Descarte. *The Philosophical Writings of Descartes*, vol. Ⅱ. trans., John Cottingham, Robert Stoothoff, Dugald Murdoch. Cambridge: Cambridge University Press, 1984, p. 105.

　　② René Descarte. *The Philosophical Writings of Descartes*, vol. Ⅱ. trans., John Cottingham, Robert Stoothoff, Dugald Murdoch. Cambridge: Cambridge University Press, 1984, p. 105.

第一章
确定性及其类型

尔看来的确也是模糊的;然而,对于这些模糊不清的观念,却可以有确定的信仰,因为有一种形式上的理由与这些观念相伴随,从而使我们知觉到一种决不亚于由观念自身的内容所带来的那种清晰性。这种形式的理由"在于某种内在的光芒,它来自上帝,并且当被这光超自然地照亮后,我们就会认为那呈现出来让我们相信的东西乃是上帝自己启示给我们的"①。因此,便有了一种不同于知识的或理智的确定性,即信仰的确定性,它来自上帝的恩典,是超自然的光明对我们意志的支配。这意味着,信仰的确定性不像知识的确定性那样具有普遍性,即每个人只要审慎地运用理性便都可以获得,因为超自然的光芒不是普照的。笛卡尔指出,异教徒拒斥基督教之罪,并不是源于他们不愿意赞同那些模糊不清的质料,而是"源于他们自身之内对圣恩抵制的冲动,或者源于他们由于自身的其他罪而失去了蒙受圣恩的资格"②。

在1641年致海珀阿斯特斯(Hyperaspistes)的信中,笛卡尔再次谈到信仰的确定性。在此,笛卡尔对知识和信仰做了明确区分。他指出,"在主题是知识(knowledge)时,我从未使用过'相信(believe)'一词"③。"知识"是具有确定性的认识,这种确定性来自自然之光的照耀,即基于理智对观念质料清楚明白的领会。"相

---

① René Descarte. *The Philosophical Writings of Descartes*, vol. II. trans., John Cottingham, Robert Stoothoff, Dugald Murdoch. Cambridge: Cambridge University Press, 1984, p.105.

② René Descarte. *The Philosophical Writings of Descartes*, vol. II. trans., John Cottingham, Robert Stoothoff, Dugald Murdoch. Cambridge: Cambridge University Press, 1984, pp.105-106.

③ René Descarte. *The Philosophical Writings of Descartes*, vol. III. trans., John Cottingham, Robert Stoothoff, Dugald Murdoch, Anthony Kenny. Cambridge: Cambridge University Press, 1991, p.191.

信"所涉及的则是信仰的确定性。"我们就会认为那呈现出来让我们相信的东西乃是上帝自己启示给我们的",因此这"不是人类知识,而是信仰(faith)"①。然而,这样一来就会引发一个问题,即知识与信仰比较起来,何者拥有的确定性程度更高?对此,笛卡尔并未给出正面回答,而是写道:"没有一个真正具有天主教信仰的人,会怀疑或惊讶,上帝所启示的应该被相信,以及恩典之光比自然之光更受青睐,乃是最明见的。"②有些人认为,这段引文清楚地表明了笛卡尔认为信仰比知识更加确定。但是,在笔者看来,在此笛卡尔所表达的只是虔敬的天主教徒的观点,虔敬之所以为虔敬,正在于信徒们认为恩典之光比自然之光更辉煌,从而对他们来说信仰的确定性也就比知识的确定性更加高级。至于作为哲学家的笛卡尔本人,是否也认为如此,并不能据此得知。紧随该段引文,笛卡尔指出他拒绝对这个话题展开进一步讨论,并且认为自己的著作中"没有给他们提出这些问题的机会"。的确如此,在笛卡尔的诸多作品中,他都未对信仰与知识的确定性程度展开过比较,更没有给出前者为何比后者更确定的理由和证据。不过,我们可以推想,既然他把与知识相关的形而上学的确定性称作是绝对的,就已经表明没有比这种确定性更高的确定性了。他之所以拒绝讨论,可能是不愿意与基督教正统观点正面冲突,从而避免惹火烧身。

此外,还有一种比较独特的确定性,即自由的确定性,似乎不太好归类。因为,一方面自由是意志的属性,另一方面它又是被心

---

① René Descarte. *The Philosophical Writings of Descartes*, vol. Ⅲ. trans., John Cottingham, Robert Stoothoff, Dugald Murdoch, Anthony Kenny. Cambridge: Cambridge University Press,1991,p.191.

② René Descarte. *The Philosophical Writings of Descartes*, vol. Ⅲ. trans., John Cottingham, Robert Stoothoff, Dugald Murdoch, Anthony Kenny. Cambridge: Cambridge University Press,1991,p.191.

第一章
确定性及其类型

灵知觉到的,那么它究竟属于意志的确定性,还是知识的确定性呢?当然,需要首先加以限定的是,这里所关注的只是属人的自由,而非上帝的自由。在《沉思集》中,笛卡尔把自由意志等同于选择能力,因此自由就是可在不同事项之间做出选择。这些事项不仅可以是善的或恶的行动,还可以是非善非恶的行动,还可以根本不涉及行动,而只涉及理论,即对理智所领会的东西选择肯定或否定,由此形成的是笛卡尔所谓的判断。霍布斯曾对笛卡尔关于自由的主张加以反驳,他在对《沉思集》的第十二个反驳中写道:"应该注意到意志的自由是未被证明的假定,并且与加尔文派的见解相对立。"[①]对此,笛卡尔的回应有两个方面。首先,针对自由只是假定的指责,笛卡尔指出:"关于我们的自由的问题,我没有假定任何超出在我们之内我们都经验到的东西。凭借自然之光,我们的自由是非常明见的。"[②]自然之光即理性,这意味着,意志自由是人们凭借理智可清楚明白地领会的,因此便具有了知识的确定性。笛卡尔在此所说的我们关于自由的内部经验,指的应该就是每个人对自己能够做出选择的意识。尤其是在理论层面,当一个命题呈现在心灵之中时,我们可以对之加以肯定或否定,这经验便是意志自由的佐证。除此之外,它不再需要任何别的证明了。其次,针对与加尔文派对立的指责,笛卡尔写道:

> 确实有一些人,当他们预先决定一切时,无法理解这怎么与我们的自由相容。但是如果我们单纯考察我们自

---

① René Descarte. *The Philosophical Writings of Descartes*, vol. Ⅱ. trans., John Cottingham, Robert Stoothoff, Dugald Murdoch. Cambridge: Cambridge University Press, 1984, p. 133.

② René Descarte. *The Philosophical Writings of Descartes*, vol. Ⅱ. trans., John Cottingham, Robert Stoothoff, Dugald Murdoch. Cambridge: Cambridge University Press, 1984, p. 134.

己,在我们自身经验之光的照耀下,我们所有人都会意识到意愿和自由是一个且是同一个东西。①

加尔文派主张,随着人类始祖的堕落,人类意志便失去了真正意义上的自由,如果被圣灵指导就会做善事,从而可达天国;如果被恶灵俘获就会作恶,从而入地狱。笛卡尔认为,从理论上来说,加尔文派看到了人的自由与上帝预先决定一切相矛盾,从而为了对上帝万能的信仰,放弃了对人类自由的信念。笛卡尔在此并未对如何化解矛盾展开论述,而只是主张,人类经验足以给意志自由以最高的确定性,只要经验到意志就必然经验到自由,因此两者无法分开被领会,这意味着意志自由拥有形而上学的确定性。后来,在1645年致伊丽莎白公主的信中,笛卡尔重提上帝决定一切与意志自由的相矛盾的问题。他写道:

> 正如关于上帝存在的知识不应该取消我们在自身之内经验和感受到的自由意志的确定性,关于我们自由意志的知识也不应该使我们怀疑上帝的存在。我们在自身之内经验和感受到的独立性,足以使我们的行动成为值得称赞的或可以归责的,而这与另外一种不同类型的依赖性并非不能相容,基于此种依赖性万物皆受制于上帝。②

这表明,笛卡尔认为上帝决定一切与意志自由并不矛盾,我们可以同时确信二者,两种确信的性质却是不同的。关于万物依赖

---

① René Descarte. *The Philosophical Writings of Descartes*, vol. II. trans., John Cottingham, Robert Stoothoff, Dugald Murdoch. Cambridge: Cambridge University Press, 1984, p. 134.

② René Descarte. *The Philosophical Writings of Descartes*, vol. III. trans., John Cottingham, Robert Stoothoff, Dugald Murdoch. Cambridge: Cambridge University Press, 1984, p. 227.

第一章
确定性及其类型

于上帝的确信，对于广大基督教徒而言，它来自上帝的启示，来自超自然之光的照耀，因此是一种信仰的确定性；意志自由，则直接来自个人内心的体验，是自然之光照耀的结果，这意味着即便一个异教徒无法通过启示获得关于上帝万能的信仰，也不可能不具有对意志自由的确信。因此，自由虽然是意志不可分割的属性，但意志自由的确定性却是一种知识的确定性，它是心灵在观察自身的意志活动时直接经验到的东西，因此其清晰性乃是基于主观质料，而非形式理由。

总而言之，笛卡尔认为诚心正意地致力于求索真理的人，首先应该深入研究的是认识的本性和范围的问题，唯有先解决该问题，我们才能获得随后解决更复杂的哲学难题所需要的一整套工具。通过对认识范围的思考，笛卡尔发现人类的认识是有界限的，关于某些对象我们的认识具有确定性，关于另一些对象我们的认识却总是不确定的。确定性是一个基本概念，它和怀疑、思维、存在等一样，不可被定义而只能被描述。确定性意味着无疑性，意味着反面的不可能性，以及清楚明白性。并且，确定性可以有不同类型。根据笛卡尔诸多文献中的相关论述，确定性首先依照程度被分为绝对的和相对的，再次可依照对象被分为形而上学的和行动的，还可依照心灵能力被分为意志的和知识的。这三种分类方式内在相关，形而上学的确定性是绝对的，行动的确定性则是相对的；意志的确定性包含两类，即行动的确定性和信仰的确定性；知识的确定性名义上也可以包含两类，即感性的确定性和理智的确定性，亚里士多德主义的支持者认为前者是根本性的，后者建立在前者的基础上，而在笛卡尔看来只有理智才能达到确定性。本书所讨论的知识的确定性，是那种由理智获得的、具有绝对性的、形而上学的确定性。

第二章

知识的确定性与方法

本章主要探讨笛卡尔为获得确定的知识所制定的方法。科学应当由确定的知识构成。但是，笛卡尔发现，除算术和几何学之外，既有的各门科学，所包含的知识多是虚假的和不确定的。究其根源，在于人们尚不具备获取确定的知识的有效方法。正是对方法的深入思考，引导笛卡尔从数学走向哲学。众所周知，他出版的第一部哲学作品即是以方法为主题的《方法谈》，而写作时间比之更早但生前未发表的《规则》，亦是关于方法的。其中，《规则》第四条，通常被称作"方法规则"，即"方法，对于探求事物真理是［绝对］必要的"①。据此可见，笛卡尔对方法的重视，以及方法与知识的确定性密不可分。那么，笛卡尔在不同的作品中如何论述方法？对知识的确定性而言方法为何是必要的？直观和演绎与方法有何关系？该如何理解探讨方法的科学？

---

① 笛卡尔：《探求真理的指导原则》，管震湖译，商务印书馆，1991年，第16页。并且，管震湖的为本句中的"绝对"二字做了注释，即"这个命题中加上'绝对'二字，是根据笛卡尔传记家巴伊叶把它译为法文中有'绝对'字样。"参见笛卡尔：《探求真理的指导原则》，管震湖译，商务印书馆，1991年，第22页。

第二章
知识的确定性与方法

一、方法及其必要性

方法即规则。关于何谓方法,笛卡尔在《规则》中写道:

> 我说的"方法(method)",指一些易于使用的可靠规则(rules),一个人如果严格地遵守这些规则,就永远不会把假的当成真的,不会徒劳无益地进行精神劳作,而是一步步持续增加自己的知识,直至真正理解自己能力范围内的一切事物。"①

《方法谈》中关于"方法"的表述是:

> "毫不犹豫地说,我觉得自己很幸运,在还年轻时,就碰巧摸到了一些门径,它们把我引向一些思考和准则(maxims),从中我形成了一种方法,凭借它,我觉得自己可以不断扩展知识,从而逐步提升至我平凡的心灵和短暂的生命所能达到的最高水平。"②

两本书中关于方法的表述没有实质差别,只是侧重点有所不同。

首先,两者所关注的都不是一般意义上的方法,而只是认识领域的方法,所以它们都着重从方法的独特作用来对之加以描述。《规则》谈到了方法作用的两个方面,即辨别真假,从而获得确定的知识,以及使这种知识逐步增长以达至人类心灵所能及的边界。

---

① René Descarte. *The Philosophical Writings of Descartes*, vol. Ⅰ. trans., John Cottingham, Robert Stoothoff, Dugald Murdoch. Cambridge: Cambridge University Press, 1985, p. 16.

② René Descarte. *The Philosophical Writings of Descartes*, vol. Ⅰ. trans., John Cottingham, Robert Stoothoff, Dugald Murdoch. Cambridge: Cambridge University Press, 1985, p. 112.

《方法谈》则只谈及后一方面。

其次,《规则》还指出了方法的本质,即规则。日常语言中的方法与手段或工具含义相近,而获得确定的知识的手段乃是规则。笛卡尔在此用的规则是复数,这表明所需的乃是一系列规则。《规则》全名是"指导心灵的规则",其中的规则也是复数形式,这表明笛卡尔意图通过该书提供一套指导心灵获取确定的知识的方法。

再次,《规则》还描述了作为方法的规则应具有的基本特征,即"易于使用的"和"可靠的(reliable)"。"易于使用的",意味着规则应尽可能简单。"可靠的",意味着规则自身应具有确定性。① 诸规则自身具有确定性,才能使由规则构成的方法具有确定性。在"规则六"中谈及推理应该遵循的方法时,笛卡尔指出:"推理的链条……如此彻底,以至于问题可以凭借可靠的方法被研究。"② 当然,方法的确定性尽管重要,却只是获取确定的知识的必要条件,而非充分条件。除了方法的规则,还需规则适用于其上的心灵能力,即直观和演绎,确定的方法只有与天赋的能力相结合,才能最终获取确定的知识。后文还会对该问题展开讨论,在此暂不详述。

最后,《方法谈》扼要交待了笛卡尔形成自身方法的过程。这里需要注意的是"准则"和"规则"的区别。他声称自己是从对某些问题的思考和准则中,形成方法的,即形成了一套规则体系。分析笛卡尔在《方法谈》中对两个词的使用,大致可以得出,准则的个体

---

① 在管震湖的汉译本和刘延川的汉译本中,此处皆被译作"确定的"。管震湖译本为"我所说的方法,是指确定的、容易掌握的原则"(笛卡尔:《探求真理的指导原则》,管震湖译,商务印书馆,1991年,第16页);刘延川的译本为"对于方法,我把它理解为确定的且简便的规则"(笛卡尔:《谈谈方法·指导心灵的规则》,刘延川译,四川人民出版社,第95页)。

② René Descarte. *The Philosophical Writings of Descartes*, vol. Ⅰ. trans., John Cottingham, Robert Stoothoff, Dugald Murdoch. Cambridge: Cambridge University Press, 1985, p. 22.

第二章
知识的确定性与方法

性、主观性的意味多些，而规则的普遍性、客观性的意味多一些。例如，在该书的第三部分中，笛卡尔表示，当他在理论或认识上进行全面怀疑时，为了使自己不至于在行动上也犹疑不定，从而使生活陷入困境，有必要给自己制定一套"临时的行为规范（moral code），包含三四条准则（maxims）"①。"遵守自己国家的法律和习俗"，"在行动上保持果断"，"只要求自己而不苛求别人"等，即为此类准则。显然，它们都是私人性的、主观的，只具有临时效用，而不具有真正的确定性。在该书的第二部分中，笛卡尔指出，在着手研究的最初阶段，他所发现的每个真理都是"一条规则"②，通过该规则又可以进一步发现其他真理。在算术研究中，他声称，如果我们遵循正确的研究顺序，并使用精确列举相关因素的方法，我们就具有了那种"使算术规则具有确定性的东西"。③ 据此可知，规则通常指普遍的、客观的东西，它们具有恒久的效力，自身即具备确定性。当然，准则和规则又密切相关，为个人所遵守的准则如果被证明为确定的，就可被用作发现真理的规则。具有普遍性的规则，对个人而言又可以成为指导其行动的准则。

对知识的确定性的追求，使笛卡尔意识到，探索一种新方法是绝对必要的，这从以下三个层面体现出来。

---

① René Descarte. *The Philosophical Writings of Descartes*, vol. Ⅰ. trans., John Cottingham, Robert Stoothoff, Dugald Murdoch. Cambridge: Cambridge University Press, 1985, p. 122.

② René Descarte. *The Philosophical Writings of Descartes*, vol. Ⅰ. trans., John Cottingham, Robert Stoothoff, Dugald Murdoch. Cambridge: Cambridge University Press, 1985, p. 121.

③ René Descarte. *The Philosophical Writings of Descartes*, vol. Ⅰ. trans., John Cottingham, Robert Stoothoff, Dugald Murdoch. Cambridge: Cambridge University Press, 1985, p. 121.

首先,有良知而无方法,所得只会是众说纷纭的意见,而非确定的知识。在《方法谈》中,笛卡尔指出,"良知(good sense)是世界上分配得最好的东西"①,每个正常的人都不会感到自己缺乏良知。良知是一种"做出正确判断并将真理与虚假相区分的能力"②,它又被笛卡尔称作"理性"或"内心的自然之光"。人异于动物者正在于人有良知,人与他人完全均等者亦只有良知。然而,基于此论,便产生一个疑问,既然良知为一,为何世间众说纷纭?为何目前各门科学都由一些不牢靠的知识构成?原因在于,人们对良知有着不同的运用。一把锋利的刻刀,如果用来在树上刻字,有些人只能胡乱刻出一些模样,有些人则能刻出精美的艺术品,原因自然不在于刀,而在于用刀的方法。尽管每个人都均等地拥有良知,但并非每个人都有一套使用良知的规则,很多时候人们只是凭着好奇心,怀着一腔热血,投入对真理的追求之中。以此方式,人们至多会凭借好运获得少量真理,而决无可能构建起作为确定的知识体系的科学大厦。在笛卡尔看来,不止普通人缺乏使用良知的方法,而且他们那个时代的大部分化学家、几何学家、哲学家等,也都缺乏方法意识,所以既有科学中才到处充斥着谬误和不确定的知识。

其次,依照错误的方法使用良知,还不如没有方法。在学术研究之中,如果使用了错误的方法,就会蒙蔽内心的自然之光,反而比没有方法更糟糕。这正如习惯于黑夜的人,长此以往视力就会衰退,以后即便在光亮的白昼,其视力也再难恢复如初。在《规则》

---

① René Descarte. *The Philosophical Writings of Descartes*, vol. Ⅰ. trans., John Cottingham, Robert Stoothoff, Dugald Murdoch. Cambridge: Cambridge University Press, 1985, p. 111.

② René Descarte. *The Philosophical Writings of Descartes*, vol. Ⅰ. trans., John Cottingham, Robert Stoothoff, Dugald Murdoch. Cambridge: Cambridge University Press, 1985, p. 111.

第二章
知识的确定性与方法

中,笛卡尔声称这一点是被经验证实的。他指出,我们经常会看到一些人,尽管他们没有受过像样的学术训练,但在碰到一些事情时,竟然比一些沉迷于书本的学究所做的判断更加"贴切和清晰"①。在对话体的遗作《真理》之中,笛卡尔虚拟了三个人物作为对话的参与者。其中之一代表笛卡尔本人,另外两个分别代表读书破万卷的亚里士多德主义者和不怎么读书且从未做过复杂的哲学思考的普通人。在笛卡尔笔下,那个博学的亚里士多德主义者的头脑中充满了各式各样的偏见,他被这些观点裹挟着,良知变得暗淡无光,很难接受笛卡尔的新思想。相反,那个没怎么受过教育的普通人,由于良知没有被扭曲,很快便把握住了新思想的精髓,并将之看作确凿无疑的。

最后,既有科学中的方法基本都是无效的,甚至是有害的。笛卡尔所关注的既有科学,主要是哲学和数学。

哲学以逻辑作为研究问题的方法。笛卡尔把他们那个时代依然占据主导地位的经院哲学所运用的逻辑,称作"辩证法(dialectic)",它以三段论式推理为主要形式。对于辩证法和三段论式,笛卡尔的态度有三层:"有用""无用"和"有害"。

第一,"有用"。这在《规则》中有较为明确的表述。在规则二中,他谈及就青年人的教育而言三段论推理所具有的两方面用途:①作为一种争辩的技艺,它有助于激励年轻人去锤炼自己的心灵;②相比于让年轻人放任自流,在博学之士的引领下,学习三段论推理是一条更加保险的道路。在规则十中,笛卡尔谈到了辩证法的用途,"它唯一的好处是,有时使我们更容易向别人解释已知的论

---

① René Descarte. *The Philosophical Writings of Descartes*, vol. I. trans., John Cottingham, Robert Stoothoff, Dugald Murdoch. Cambridge: Cambridge University Press, 1985, p. 16.

证". 据此他声称应当把辩证法"从哲学转入到修辞学"①。辩证法和三段论的主要作用是让已知的东西变得易知,此种见解也出现在笛卡尔的其他著作之中。《方法论》中写道:"在进一步研究逻辑时,我发现三段论和它的大多数其他技巧与其说是用来学习事物,不如说是用来向他者解释自己已知的东西。"②《原理》中写道:"经院的逻辑(logic of the Schools),严格说来不过是一种辩证法,它教人如何向他者解释自己已知的东西,甚至如何对自己所不知的东西高谈阔论。"③

第二,"无用"。规则二中,在谈完三段论对青年所具有的教育意义之后,笛卡尔旋即转向了它的反面,指出青年人一旦走向成熟,学会独立运用自己的理性之后,就会发现,无论他付出多大努力,通过三段论最终所得不过是一大堆可疑的东西。这意味着,对于获得确定的知识而言,三段论是无用的。在规则十中,笛卡尔指出,辩证法家不可能单凭所谓的论证形式或技艺规则构造出一个能得出真理的三段论,因为只有被给予的大前提为真,所得出的结论才为真。如果仅仅"通过推理的诸形式,他们(指辩证法家——

---

① René Descarte. *The Philosophical Writings of Descartes*, vol. Ⅰ. trans., John Cottingham, Robert Stoothoff, Dugald Murdoch. Cambridge: Cambridge University Press, 1985, p. 37.

② René Descarte. *The Philosophical Writings of Descartes*, vol. Ⅰ. trans., John Cottingham, Robert Stoothoff, Dugald Murdoch. Cambridge: Cambridge University Press, 1985, p. 119.

③ René Descarte. *The Philosophical Writings of Descartes*, vol. Ⅰ. trans., John Cottingham, Robert Stoothoff, Dugald Murdoch. Cambridge: Cambridge University Press, 1985, p. 186.

第二章
知识的确定性与方法

作者注）就不可能学到任何新东西"①，因此，就知识的增长而言，辩证法是无用的。

第三，"有害"。在《方法谈》中，笛卡尔说得还比较委婉，他先是指出经院哲学的逻辑包含着许多正确的、出色的规则，但同时也混杂着一些"有害的或多余的东西"②。在《原理》中，这一见解则表述得更加直接，他称"这种逻辑不是提升而是败坏了良知"③。辩证法的使用之所以具有有害的一面，依照《规则》中的相关论述，原因有二：其一，心灵获得确定的知识的方式只有两种，即直观和演绎，想要撇开这两者或以之为基础寻找其他的方式，不仅是无用的，反而会成为正确运用理性的障碍，"任何被添加的以使理性之光更亮的东西，都会以某种方式使之黯淡"④；其二，辩证法的教师所教授的都是一些证明的形式，这些形式被认为足以保证理性推理的必然性，从而得到具有确定性的知识。然而，对形式和技巧的过分强调，往往会使心灵忽视推论赖以进行的内容的明见性，从而不自觉地陷入诡辩论的泥淖之中难以自拔。

因此，总的来看，尽管经院哲学的逻辑，即以三段论推理作为

---

① René Descarte. *The Philosophical Writings of Descartes*, vol. Ⅰ. trans., John Cottingham, Robert Stoothoff, Dugald Murdoch. Cambridge: Cambridge University Press, 1985, p. 37.

② René Descarte. *The Philosophical Writings of Descartes*, vol. Ⅰ. trans., John Cottingham, Robert Stoothoff, Dugald Murdoch. Cambridge: Cambridge University Press, 1985, p. 119.

③ René Descarte. *The Philosophical Writings of Descartes*, vol. Ⅰ. trans., John Cottingham, Robert Stoothoff, Dugald Murdoch. Cambridge: Cambridge University Press, 1985, p. 186.

④ René Descarte. *The Philosophical Writings of Descartes*, vol. Ⅰ. trans., John Cottingham, Robert Stoothoff, Dugald Murdoch. Cambridge: Cambridge University Press, 1985, p. 16.

主要技巧的辩证法,对教育懵懂的青年和向他者传播已知论证有一定的用处,但是对于获取确定的知识不仅无任何益处,反而是有害的。

除了哲学方法外,笛卡尔还考察了数学中的方法。他所谓的数学,主要指算术和几何学。笛卡尔曾在多部作品中表示,既有科学中,算术和几何学的成就最高,它们包含大量具有确定性的知识。然而,之所以如此,并不完全在于数学家们高超的方法,而主要在于数学对象"纯粹且简单"。与易变的、多样的感觉经验相比,数字和几何图形都是稳定的、纯粹的;与晦涩的、复杂的形而上学问题相比,算术和几何学的问题是"最容易的、最清楚的"①。在《方法谈》中,关于数学方法,笛卡尔写道:

> 至于古人的分析(指几何学——作者注)和现代的算术,它们只涉及高度抽象的问题,似乎毫无用处。此外,前者与对图形的考察密切相关,以至于它无法不在极大耗费想象力的情况下锻炼理智;后者被限制在某些规则和符号中,最终结果是妨害思想的混乱和晦涩的技艺,而非陶冶心灵的科学。②

引文中"毫无用处"并非就数学知识自身而言,而是就我们对方法的追求而言。我们所追求的是一套普遍方法,不仅适用于算

---

① René Descarte. *The Philosophical Writings of Descartes*, vol. Ⅰ. trans., John Cottingham, Robert Stoothoff, Dugald Murdoch. Cambridge: Cambridge University Press, 1985, p. 19.

② René Descarte. *The Philosophical Writings of Descartes*, vol. Ⅰ. trans., John Cottingham, Robert Stoothoff, Dugald Murdoch. Cambridge: Cambridge University Press, 1985, pp. 20-21.

术和几何学,而且还应适用于更广阔的领域。而且基于算术和几何学对象的简单性,适用于它们的方法不一定也适用于其他事物。几何学家们运用综合法获得了巨大成功,使几何学知识不断扩张,然而如果直接把它引入形而上学的研究之中,则不会有什么实质性的进展。因此,笛卡尔并不像一些研究者所认为的那样,完全是在模仿数学,尤其是希望从几何学中获取一套研究哲学的方法。从上述引文可以看出,如果过分沉溺于算术和几何学,反而会阻碍我们发现一套科学的方法。因此,目前最富有成果的科学,也不能给我们提供一套行之有效的规则,来指导人们获取确定的知识。

二、直观和演绎

(一) 目标与能力

方法所应达到的目标有两个,依照笛卡尔的表述分别是"不把假的当成真的"和"获得关于一切事物的知识"。① 前者意味着,依循方法获得的知识应具有确定性;后者意味着,依循方法获得的确定的知识应具有整全性。为了达到这些目标,所使用的方法需要妥善地处理两个问题:①"我们应该如何运用心灵的直观(mental intuition)避免陷入与真实相对立的错误之中"②;②"我们应该如何

---

① René Descarte. *The Philosophical Writings of Descartes*, vol. Ⅰ. trans., John Cottingham, Robert Stoothoff, Dugald Murdoch. Cambridge: Cambridge University Press, 1985, p.16.

② René Descarte. *The Philosophical Writings of Descartes*, vol. Ⅰ. trans., John Cottingham, Robert Stoothoff, Dugald Murdoch. Cambridge: Cambridge University Press, 1985, p.16.

着手探求那有助于我们获得整全(all-embracing)知识的演绎推理"①。因此,所谓方法,实际上就是一套运用直观和演绎的规则。并且除这些规则之外,就不再有任何别的规则了,因为心灵获取确定的知识的方式,就只有直观和演绎这两种。

然而,令人疑惑的是笛卡尔随后提出的见解,他指出:"这方法不能教我们如何完成直观和演绎的实际操作,因为这两者是最简单的和非常基础的。如果我们的理智还不能完成它们,那么它就不会理解方法的任何规则,无论它们是多么的简单。"②疑惑产生于该段引文的第一句。笛卡尔刚刚在前文主张方法是我们运用直观和演绎的一套规则,而在这里却又主张方法不能教我们如何进行直观和演绎,看起来他好像陷入了自相矛盾之中。尤其是在管震湖的中译本中,这种矛盾显得格外突出。关于方法要妥善处理的两个问题,他的译文是:"如果方法能够正确指明(1)我们应该怎样运用心灵进行直观,使我们不致陷入与真实相反的错误,能够指明(2)应该怎样找到演绎,使我们达到对一切事物的认识,那么,在我看来这样的方法就已经够完善,不需要什么补充了。"③关于方法不能解决的问题,他的译文是:"方法不可能完善到这种程度:甚至把应该怎样运用直观和演绎也教给你。"④显然,根据管震湖的译文,笛卡尔的前后两个主张是完全相悖的,既主张好的方法应该起到

---

① René Descarte. *The Philosophical Writings of Descartes*, vol. I. trans., John Cottingham, Robert Stoothoff, Dugald Murdoch. Cambridge: Cambridge University Press, 1985, p. 16.

② René Descarte. *The Philosophical Writings of Descartes*, vol. I. trans., John Cottingham, Robert Stoothoff, Dugald Murdoch. Cambridge: Cambridge University Press, 1985, p. 16.

③ 笛卡尔:《探求真理的指导原则》,管震湖译,商务印书馆,1991年,第17页。

④ 笛卡尔:《探求真理的指导原则》,管震湖译,商务印书馆,1991年,第17页。

指导心灵正确运用直观的作用,又主张方法再完善也无法教会心灵如何运用直观。

实际上,通过仔细分辨,我们会发现笛卡尔的上述两个主张之间,并不存在真正的矛盾。以直观为例,"运用直观的方式"和"直观的实际操作方式"是不同的。尽管笛卡尔在此所说的主要是理智直观,但它与感性直观有类似之处。我们不妨拿视觉来说明。视觉的实际操作方式,指我们如何看见东西,这对每个眼睛正常的人而言,都是不需要教的,他只需睁开眼睛,就完成了整个操作过程,就能看见眼前的东西了。相应地,如果换作一个天生的盲人,他所丧失的正是视觉的实际操作方式,所以就无法进一步指导他如何正确地运用视觉,因为他们根本无法理解相关的规则。但是,对眼睛正常的人而言,却有必要学习一些正确运用视觉的方法。如果他不想早早近视,他就要遵循一套科学的用眼方式;如果他想做一位成功的画家,他就要掌握一套观察事物的方法。直观和演绎是心灵固有的能力,是每个人单凭自身而不需他人教授便能从事的活动,但是这种活动只有遵循特定的规则,才能导向确定的知识及其体系。

(二) 直观

那么,何谓直观?运用直观的正确方法是什么? intuition 来自拉丁词"intueror",基本意思是"to fix one's gaze upon, look at, watch"[1],即注视、看、观看。在哲学中,它通常用来指心灵的一种能力,借此某物可被心灵直接意识到。关于该词,《布莱克维尔西方哲学词典》写道:

> 心灵观看或直接把握真理的内在能力,无需感官刺激

---

[1] *Oxford Latin Dictionary*. Oxford: Oxford University Press. 1968, p. 955.

之助,亦无需在先的推理或讨论。它在瞬间的洞察中,认识到了一个普遍中的特殊。因此,直观的知识不同于推理的知识。直观可以是经验性的(心灵中关于可感对象的直接呈现),实践的(特定状况是否符合普遍规则的直接意识),或理智的(对普遍性、概念、自明的真理,或者不可言说的对象(如上帝)的把握)。①

然而,在《规则》中,笛卡尔声称自己并不是在该词的通常意义上加以运用,而是赋予了它新的意义。实际上被赋予新义的词,不止直观,还有演绎、思维、真理等。对此,笛卡尔有充分的意识。他知道自己尝试建构的是一套不同于经院传统的新哲学,但又无法完全摆脱旧概念,很多时候他只能赋予它们以新义。他还提示读者注意他如何赋旧词以新义:"我只会考虑每个词在拉丁语中的意思,而当缺少恰切的词时,我将使用貌似最合适的词,使之适用于我的意思。"②人们对"直观"一词的通常使用是比较宽泛的,凡是直接呈现在心灵中并被意识到的,无论是感觉印象,还是想象与理智,无论是理论方面的,还是实践方面的,都可被称作直观。此外,直观一般可从三个维度来理解:①作为心灵的禀赋,乃是直观能力;②作为意识活动的一个类型,乃是直观活动;③作为被意识到的东西,乃是直观之物。

在《规则》中,在事关我们获得确定的知识之方式的规则三中,笛卡尔对"直观"一词做了较为明确的描述,他写道:

---

① Nicholas Bunnin and Jiyuan Yu. *The Blackwell Dictionary of Western Philosophy*. Oxford: Blackwell Publishing, 2004, p. 358.

② René Descarte. *The Philosophical Writings of Descartes*, vol. Ⅰ. trans., John Cottingham, Robert Stoothoff, Dugald Murdoch. Cambridge: Cambridge University Press, 1985, p. 14.

第二章
知识的确定性与方法

> 我所谓的"直观"不是感官流变着的见证,不是想象拼凑事物而形成的欺骗性判断,而是清晰且专注的心灵的领会(conceptum),它如此简单明白,从而没有给那种对我们所领会的东西的怀疑留下任何余地。①

之所以把此处笛卡尔关于直观的表述称作描述而非定义,原因实际上在上一章阐明确定性概念的时候已经谈及。笛卡尔反对经院哲学试图通过精确定义来把握一切概念的做法,他认为基本概念是无法定义,也无需定义的,只要做简单描述,就可使人理解它们究竟是什么,直观亦属于不可定义的概念之列。笛卡尔的以上描述可从以下三方面加以解读。

第一,笛卡尔是从心灵禀赋和被意识到的东西的双重维度来描述直观的。直观之物须同时具备两个特征,即简单和明白。简单,意味着它可以直接被把握;明白,意味着它确定无疑。据此,感观印象和想象的产物,便不能被称作直观,因为感觉材料尽管可能是简单的,从而能被直接把握,但又是不断变化着的,所以无法被明白地领会;想象的东西往往是拼凑而成的,是混合的而非简单的。想象在笛卡尔这里有狭义和广义之分,广义的想象包含记忆,想象所形成的判断有时候基于感觉和记忆,有时候纯粹是捏造,因此往往是不确定的或虚假的。因此,能够获得"如此简单和明白"的东西的,不能是感官、想象和记忆,而只能是"清晰且专注"的心灵。

第二,需要追问心灵为何能够是清晰和专注的。对此,笛卡尔

---

① René Descarte. *The Philosophical Writings of Descartes*, vol. I. trans., John Cottingham, Robert Stoothoff, Dugald Murdoch. Cambridge: Cambridge University Press, 1985, p. 14.

指出,"它仅仅着眼于理性的光芒"①。即是说,从心灵禀赋和意识活动的维度看来,直观是理性能力所从事的一种活动,而直观活动之所以是清晰和专注的,不是感性刺激的缘故,也不是天马行空的想象使然,而是来自理性之光的照耀。理性之光又被笛卡尔称作自然之光,自然即本性,它不是来自外部,而是内在于心灵之中。然而,除了需要追问的,还有不可追问的,即直观活动的发生机制。理性如何发出光芒以点亮直观从而使我们把事物领会得清楚明白,是无法被探查的,这个问题超出了人类认识的界限。

第三,需要对直观之物,即"领会"加以阐明。"领会"对应的拉丁词为 conceptum。关于 conceptum 的翻译相当混乱。卡丁汉等人的英译本②和安斯科姆(Elizabeth Anscombe)等人的英译本③均将其译为 conception,康普·斯密(Norman Kemp Smith)的英译本则译为 apprehension④。管震湖的汉译本为"构想"⑤,刘延川的汉译本为"领会"⑥。鉴于这个术语极为重要,涉及我们能否准确把握笛卡尔的直观理论,有必要对之做一番简要的词源梳理。

conceptum 一词来自 concipiō。concipiō 是一个含义非常丰富的

---

① René Descarte. *The Philosophical Writings of Descartes*, vol. I. trans., John Cottingham, Robert Stoothoff, Dugald Murdoch. Cambridge: Cambridge University Press, 1985, p. 14.

② 上述"规则二"中描述直观的引文所依照的即为卡丁汉的译本。

③ René Descarte. *Descartes Philosophical Writings*. ed. and trans., Elizabeth Anscombe, Peter Thomas Geach. Prentice Hall. 1971, p. 155.

④ René Descarte. *Descartes Philosophical Writings*. ed. and trans., Norman Kemp Smith. New York: The Modern Library. 1958, p. 10.

⑤ 笛卡尔:《探求真理的指导原则》,管震湖译,商务印书馆,1991年,第12页。

⑥ 笛卡尔:《谈谈方法·指导心灵的规则》,刘延川译,四川人民出版社,2020年,第92页。

第二章
知识的确定性与方法

拉丁词,《牛津拉丁语词典》列举了它的十三种用法。其中,第一种是"(of thing) to receive or draw into themselves, take in, absorb, catch"。除此之外,还有"to draw or derive(from a source)","to receive in the womb, conceive","to bring into existence, produce, form","to perceive or grasp by means of the senses","to conceive or grasp in the mind, form an idea of, imagine"[①],等等。据之,concipiō 的基本含义为"把某物接收进自身之中""抓取""吸收"等,引申义有"从……提取""怀孕""生产""形成""通过感官知觉或获取""在心灵中设想或把握""形成观念""想象"等。由 concipiō 变化而来的 conceptum 有三种含义,分别是"that which is conceived, the foetus","mental concepts, ideas","a measure of volume or capacity"[②]。可见,这三层含义都与 concipiō 的基本含义"接收……进来"有关:"胎儿",即接收进身体之中的东西;"概念、观念",即接收进心灵之中的东西;"容积",即一物接收他物的能力。因此,笛卡尔用 conceptum 来指示直观之物,所突出的乃是该物的外来性,它不是心灵完全凭借自身产生出来的,而是从外部接收进来的。至于其来源是什么,《沉思集》中才讲清楚。此种接受性也是直观与想象不同的地方。想象之物往往基于记忆,但也可由心灵自己创造出来,比如飞马、金山等。就此而言,直观与感觉印象有一定的类似之处。感官只有受到刺激,才能形成印象;心灵只有受到刺激,才能形成直观。感官,尤其是视觉,要把刺激眼球的东西看清楚,就离不开太阳光照;直观,亦是如此,需在内部光亮的照耀下,才能形成清楚明白的 conceptum。所以,笛卡尔的直观就其作为意识活动而言,乃是依赖性的,甚至是被动性的。

---

① *Oxford Latin Dictionary*. Oxford: Oxford University Press. 1968, p. 388.

② *Oxford Latin Dictionary*. Oxford: Oxford University Press. 1968, p. 385.

因此，把 conceptum 翻译成"构想"，就不太合适，原因有二：其一，构想与想象在汉语中实难区分，"想象一匹飞马"和"构想一匹飞马"似乎并无分别；其二，"构"意为构造、建构，主动性过强，某物被心灵直观，并不意味着它是由心灵构造的，而是在心灵中显现出来。conceptum 翻译成"概念"也不太合适。概念是一个用法比较固定的术语，它区别于判断和推理。然而，依照笛卡尔下文的论述，可以被直观到的，不仅有概念，还有判断，甚至还有推理。翻译为"理解"也不妥当。就该词的惯常用法而言，往往是那些不能被直接把握的东西，才需要理解。相较而言，"领会"这一译法，更契合笛卡尔对直观的描述。原因在于：一方面，领会表示一种被动发生，某物或某种思想触动心灵，才会激发我产生某种领会；另一方面，领会能够与感性的被动性相区别，在惯常用法中，我们不会把感官接受到的东西称作领会，而是称作印象等。

通过这番梳理，就可以澄清人们对笛卡尔的直观理论通常抱有的误解。直观和演绎，是人类理性能力的两种使用方式。因此，笛卡尔的直观又被人们称作理智直观或理性直观。理智同时是一种直观能力，这种观点后来受到了康德的强烈批判。在《纯粹理性批判》中，康德主张"思维无内容是空的，直观无概念是盲的"[①]，这一主张基于康德关于理性和直观的二元论。康德把直观界定为一种心灵与对象直接打交道的能力，在直观中对象直接显现出来。人类的直观是被动的或接受性的，只有受到对象的刺激从而接收到一些感觉材料之后，才能将对象呈现出来。人类理性则是有限的，它只能间接地与对象打交道，即凭借概念思维对象。人类知识是直观和理性相互作用的结果，感性直观提供杂多的质料，理性通过概念对之加以统摄，从而形成有关对象的认识。除人类所具有

---

① 康德：《纯粹理性批判》，邓晓芒译，杨祖陶校，人民出版社，2004年，第52页。

第二章
知识的确定性与方法

的感性直观外,康德还设想另一种直观的可能性,即理智直观,它不需要任何外部对象的刺激,单凭自身就能产生出关于对象的认识,甚至是对象自身。在康德看来,人类因其有限性,并不具备这样的高级直观能力,只有上帝才会具有。康德把笛卡尔主义者的主张归结为先验实在论并加以批判,一个主要的理由是,在他看来,笛卡尔等人错误地赋予人类直观以主动性、自发性,使之无需感性材料单凭自身就产生出关于对象的认识。的确,一方面,如上所述,笛卡尔的直观与感性无关,但这不是因为在笛卡尔看来感性不是被动的,而是因为感性不能带来清晰的认识;另一方面,理性虽然具有直观能力,但依照笛卡尔的观点,它并不是单凭自身产生出关于对象的认识。理性相较于感性固然具有更高的自发性,但并不是完全自发的,那些确定的观念并不是来自理性自身,而是来自人类理性之外,因此笛卡尔的理性直观亦有被动发生的维度。

直观具有最高的确定性。如前所述,确定性依照程度可分为相对的和绝对的。绝对的确定性,又被称作形而上学的确定性。凭借感觉、想象和记忆,心灵只能获得相对的确定性,唯有凭借理性才能达到形而上学的确定性。然而,在形而上学的确定性内部,依然还有程度的区分。在对直观的特征加以描述之后,笛卡尔随后便指出,"直观比演绎更加确定"[①],这是因为尽管演绎也是理性获得确定知识的方式,但演绎的对象比直观的对象更加复杂,因此其确定性程度就小于直观。这意味着,如果把人类获得知识的能力依照确定性排成一个从低到高的序列,那么直观就处在这个序列的顶端,它拥有的是最高的确定性。

[①] René Descarte. *The Philosophical Writings of Descartes*, vol. Ⅰ. trans., John Cottingham, Robert Stoothoff, Dugald Murdoch. Cambridge: Cambridge University Press, 1985, p. 40.

直观之物的数量众多。人们可能会以为,既然那些基于感觉和想象的知识都不能被称作直观,既然直观的知识要求最高的确定性,那么此类知识一定非常稀少。笛卡尔指出,此类知识的数量众多,它们由于太过简单,才经常被人们忽略。"他存在","他在思维","三角形的边界只有三条线","圆周在一个平面之上",是笛卡尔在规则二中举的直观之例。前两个关于灵魂,后两个关于几何图形。据此,从内容上看,直观之物可以是形而上学的对象和数学的对象。从形式上看,这四个例子都是直言判断。但是,这并不意味着直观的认识只能是判断或简单陈述。在笛卡尔看来,推理也是直观之物,"直观的自明性和确定性为把握单个命题所必需,而且为任何推理的链条(train of reasoning)所必需"①。例如,笛卡尔把"2 加 2 等于 3 加 1"看作一个"推理(inference)",因为它是从两个命题得出的结论。命题一,是"2 加 2 等于 4";命题二,是"3 加 1 等于 4"。依照笛卡尔,不仅命题一和命题二属于直观,从这两个命题得出结论的过程或链条也属于直观。因此,严格说来,笛卡尔并不是把推理本身看作直观,而是把推理的过程看作直观的对象。例如,"人固有一死,苏格拉底是人,所以苏格拉底会死"这个三段论推理本身,依照笛卡尔的论述,并不是直观,它的大前提和小前提均基于感觉经验,而非理性之光;然而,从两个前提到结论的推理链条,是如此简单明白,因此应是直观之物。所谓的推理链条,无非就是两个或几个判断之间的关系。据此,从形式上看,直观之物就有两种,即判断和判断间的关系。

---

① René Descarte. *The Philosophical Writings of Descartes*, vol. Ⅰ. trans., John Cottingham, Robert Stoothoff, Dugald Murdoch. Cambridge: Cambridge University Press, 1985, p. 14.

第二章
知识的确定性与方法

(三) 演绎

演绎是理性获得确定知识的另一种方式。关于何谓演绎，笛卡尔指出，"我的意思是，对某物的推理必然来自其他一些确定的已知命题"①。据之，演绎包含三类要素。第一，被给予的确定知识。演绎被笛卡尔看作心灵获取真理的两种方式之一，而非与内容无关的纯粹形式化的东西，像经院哲学所教授的那样，堕落为纯粹的论辩技艺。演绎要导向真理，必须以确定的已知命题作为基础，否则无论其形式多严格，推理技巧多精妙，也是枉然。因此，被给予的确定知识既然是有效演绎的前提，自身便不可能来自演绎，而只能是直观的结果。第二，必然的推理过程。在被给予的确定知识和结论之间，往往有诸多命题，从一个命题向另一个命题的过渡，即是推理过程。如果这个过程是模糊的或间断的，结论也不可能具有确定性。如前所述，推理过程的确定性，亦由直观的清楚明白性保证。第三，确定的结论。从被给予的已知命题出发，经由诸多必然的推理过程，最终达到的作为确定知识的结论，一个演绎便完成了。

虽然演绎基于直观，但并不等于直观，它们的不同有两方面。第一，"我们在演绎中意识到一种运动或一个前后相继的序列，而直观中则没有"②。"运动"即推理活动，从一个命题向另一个命题

---

① René Descarte. *The Philosophical Writings of Descartes*, vol. Ⅰ. trans., John Cottingham, Robert Stoothoff, Dugald Murdoch. Cambridge: Cambridge University Press, 1985, p. 15.

② René Descarte. *The Philosophical Writings of Descartes*, vol. Ⅰ. trans., John Cottingham, Robert Stoothoff, Dugald Murdoch. Cambridge: Cambridge University Press, 1985, p. 15.

过渡,每个过渡都应该被直观为清楚明白的;"前后相继的序列"意味着运动是"连续的和不间断的"。因此,如果一个命题只能通过演绎获得,那么它就不能直接被思维把握,而需要通过一番清晰且连续的思维运动获得。第二,"演绎并不像直观那样需要直接的自明性,演绎在一定意义上是通过记忆获得其确定性"①。既然演绎包含着诸多命题的连续运动,它就不可能具有直接的自明性,因为心灵不可能一次性地呈现运动链条的每个环节。然而,如果被给予的前提是确定的,推理过程是必然的,演绎结论便是确定的。为什么会如此呢?这就需要一种特定的心灵能力,即记忆。记忆是一种再生的想象力,即凭借那曾经直接呈现在心灵中的东西留下的印迹,可以将它们再现出来。如果没有这种再现能力,我们将不可能进行任何意义的推理。然而,演绎的确定性所依赖的记忆,并不需要精确再现每个先前的命题,以及命题之间如何过渡的细节,人类记忆难以达到这个程度。记忆的任务是保留每个命题被知觉到的清晰性,以及每个推理环节的清晰性,从而使心灵意识到从前到后整个推理的清晰性。至于记忆如何能起到此种作用,笛卡尔则归因于上帝的存在,对此后面再展开论述。在此,笛卡尔做了"链条喻",形象地展示了演绎确定性的来源。他写道:

> 这类似于,我们知道一条长链的最后一环与第一环是相联系的,即使我们不能一下子把该联系所依赖的一切中间环节尽收眼底,但只要我们逐个考察这些环节,并且

---

① René Descarte. *The Philosophical Writings of Descartes*, vol. Ⅰ. trans., John Cottingham, Robert Stoothoff, Dugald Murdoch. Cambridge: Cambridge University Press, 1985, p. 15.

第二章
知识的确定性与方法

记住从头到尾的每个环节都与邻近的环节相连,我们就能认识此种联系。①

链条的第一环,比喻被给予的确定知识,它们必由直观而得;链条的最后一环,比喻依靠演绎得出的结论,它不能通过直观获得;链条的中间环节,则是前后相继的命题序列,它们视情况而定,有些通过直观而得,有些则通过演绎而得。

虽然笛卡尔明确区分了直观和演绎,但有时候他又认为演绎可以是直观。在规则七中,他指出,"如果一个事实是从另一个事实中直接演绎出来的,那么假如这个推理是明见的,那么它已经是真正的直观了"②。规则十一中,亦有类似表述。在此,他把演绎的状态分为两种,"进行中的"和"已完成的"。已完成的演绎,与直观截然不同,它包含诸多环节在自身中。正在进行的演绎,心灵处在运动过程中,如果它不是从诸多关联不明显的命题中综合地演绎出结论,而是从一个命题直接演绎出另一个命题,那么,"它就是用直观做出的"③。管震湖的汉译本,为上述规则七的引文加了一个长长的注释,其中写道:

"明显的推论"(illatio evidens)[笔者译作"明见的推论"——作者注],……笛卡尔认为,凭借"纯净而专注的

---

① René Descarte. *The Philosophical Writings of Descartes*, vol. Ⅰ. trans., John Cottingham, Robert Stoothoff, Dugald Murdoch. Cambridge: Cambridge University Press, 1985, p. 15.

② René Descarte. *The Philosophical Writings of Descartes*, vol. Ⅰ. trans., John Cottingham, Robert Stoothoff, Dugald Murdoch. Cambridge: Cambridge University Press, 1985, p. 26.

③ René Descarte. *The Philosophical Writings of Descartes*, vol. Ⅰ. trans., John Cottingham, Robert Stoothoff, Dugald Murdoch. Cambridge: Cambridge University Press, 1985, p. 37.

心灵"产生"唯一的光芒",即"理性的光芒",通过演绎和推论,达到最大的确信。"明显的推论"与原则二中说到的"荒诞的推论"(mala illatio)相对立,是指为事实所确证的推论。这样的推论虽然是心智的内在活动,其实际结果,达到真理,是与"真正的直观"(intuitus verus)一样的,所以说,"在这一点上就已经确实是直观了"。①

在笔者看来,该注释存在四方面的问题。第一,如上所述,依照规则二关于直观的描述,并不是直观产生了理性之光,而是在理性之光的照耀下,专注的心灵才能清楚明白地直观某物。第二,心灵并不是通过演绎和推理达到最大的确定性,因为笛卡尔曾明白说直观要比演绎更为确定。第三,与"明见的推论"相对立的并不是规则二中"荒诞的推论",而是规则七中所谓的"充足列举或归纳"②,或者规则十一中的"根据互不关联的许多事物作出的综合推论"③。"明见的推论"因其直接性,才被等同于直观;综合推论则因缺乏这种直接性,不可被等同于直观。对于此种推论,下文将予以论述。至于"荒诞的推论",规则二是在谈及人类在认识上犯错的原因时引入的。在此,笛卡尔认为人类犯错的原因不在于荒谬的推论,而是人类在理智未对事物领会得十分清楚的情况下,就贸然对该物下了判断。因此,荒谬的推论应该是完全违背逻辑的东西,理智健全的人根本就不会做出此种推理。第四,笛卡尔并不是在演绎和直观都能获得真理或确定的认识的角度,把两者看作一样的。下文将要谈及的那种被称作演绎的充足列举,虽然不等于直观,但在笛卡尔看来同样也能得到真理。笛卡尔把明见的演绎视作

---

① 笛卡尔:《探求真理的指导原则》,管震湖译,商务印书馆,1991年,第12页。
② 笛卡尔:《探求真理的指导原则》,管震湖译,商务印书馆,1991年,第35页。
③ 笛卡尔:《探求真理的指导原则》,管震湖译,商务印书馆,1991年,第58页。

直观,乃是因为它简单且直接,因此符合直观的本性。所以,此种演绎不是在结论和效果上与直观一样,而是本质上就是直观。此种演绎,实际上正是前文谈及的作为推理过程或判断关系的直观。

三、方法学

直观和演绎是心灵获得确定知识的两种方式。但是,在笛卡尔看来,迄今为止,这两种方式并未得到很好的运用,致使既有科学中充满了各种各样不确定的知识。为此,当务之急就是提供一种方法,指导心灵正确地运用直观以明辨真与假,正确地运用演绎以获得人类能力范围之内的一切知识。所以,方法就不过是一套运用直观和演绎的规则,而关于这些规则的研究则可正当地称作方法学。那么方法学是怎样一门科学,它在科学体系中占据怎样的地位？

(一) 方法学作为普遍数学

在传统科学中,没有与方法学相称的学科。首先,传统哲学中与方法相关的是逻辑学,但是如上所述,在笛卡尔看来,经院逻辑不过是辩证法,它与真理无关,凭借它无法获得任何确定知识,而只会陷入无尽争论；它最大的功劳仅在于阐释已经获得的知识,所以被笛卡尔归入修辞学中。其次,传统数学不可被称作方法学。传统数学在两个方面有助于方法学的建构：一方面,有些几何学家已经开始在研究图形的过程中使用解析的方法,从而为方法学的建构提供了启发；另一方面,算术和几何学因研究对象的简单而具有大量清楚明白的知识,可作为方法学规则中的例子。然而,无论是在研究对象上还是在科学地位上,方法学都与传统数学有着巨大的不同。传统数学,尤其是取得较大成就的算术和几何学,研究的都是具体对象,即数字和图形。此外,在笛卡尔时代,数学的地位似乎还不那么高。他总结了同时代的人们对算术和几何学的两种常见态度,即有些人因其对象简单无聊而弃之,有些人则因其问题的复杂难解望而却步。笛卡尔本人的态度也颇为负面,他声称自己阅读了不少权威的数学教材,却没有发现一个令人满意的作者。他甚至认为,致力于"简单数字和想象的图形"的研究,是徒劳无益的,所获得的不过是一些琐碎的、不重要的知识;致力于数学中那些肤浅的证明,亦是徒劳无益的,因为它们不是凭借"方法",而是通过"运气"获得的,从而对它的研究不仅不会指导理性,反而会使理性迷乱。因此,笛卡尔所追求的方法学就不可能是传统的数学。"我要阐述的是另一门学科",对这门学科而言,数学只是其"外在装饰而非内在部分"①。这门学科的研究对象不是任何具体的事物,而是人类理性,"它应该包含人类理性的基础知识"②。

  在传统科学中,有方法学的萌芽。柏拉图深受毕达哥拉斯的影响,非常重视数学的基础作用,把数学看作哲学的入门学科。据说,他还叫人在学园门口竖立一块牌子,上面写着"不懂数学者不得入内"。除毕达哥拉斯和柏拉图之外,还有众多古代哲学家亦对数学非常重视,这引起了笛卡尔的关切。他猜测,这可能是因为古人心中的数学与今人的不同,他们把数学视作最简单的学科,数学研究的作用是淬砺心灵,以使其适应更为复杂的问题。显然,此种关于数学的理念,与笛卡尔所追求的方法学相契合。不过,这并不意味着古人已经建构起完整的方法学体系。实际上,方法学在古

---

  ① René Descarte. *The Philosophical Writings of Descartes*, vol. I. trans., John Cottingham, Robert Stoothoff, Dugald Murdoch. Cambridge: Cambridge University Press, 1985, p.17.

  ② René Descarte. *The Philosophical Writings of Descartes*, vol. I. trans., John Cottingham, Robert Stoothoff, Dugald Murdoch. Cambridge: Cambridge University Press, 1985, p.17.

第二章
知识的确定性与方法

人那里只是以萌芽的形式存在着。这一萌芽的产生,源于人类心灵的本性。在古代,它尚未被后来的各种偏见和谬误蒙蔽,而是以质朴的形式闪烁着光芒,充满活力,使得人们具有一些关于哲学和数学的真观念。

对此,笛卡尔以古希腊亚历山大学派后期的两位数学家帕普斯(Pappus)和丢番图(Diophantus)为例,声称在他们那里已经具有"真正数学的一些踪迹"[1]。其中,帕普斯通常被称作古希腊最后一位伟大的几何学家,他生前写了许多著作,保留下来的主要是《数学汇编》(*Mathematical Collection*)。该书是帕普斯于公元340年左右所写八卷数学著作的合集。数学史家海斯(T. L. Heath)认为,该书主要是为复兴古典希腊几何学而写,它几乎涵盖了它的整个领域。[2] 整部作品虽然不具有完全的独创性,但确实表明,帕普斯对一系列数学主题均有深刻理解,并且几乎掌握他们那个时代一切可用的数学方法。在该书中,帕普斯提出了对几何学发展产生深远影响的"帕普斯问题(Pappus's Problem)"。笛卡尔在《几何学》一书中讨论了该问题。在《数学汇编》的第七卷,帕普斯谈及"分析的宝库(Treasury of Analysis)",他写道:

> 所谓"分析的宝库",简言之,是一套专门学说,供那些弄懂普通原理后,还希望获得解决涉及曲线问题之能力的人使用,并且也只有对这个目的才有用。它是三个人的作品——《几何原本》的作者欧几里得,佩尔加的阿

---

[1] René Descarte. *The Philosophical Writings of Descartes*, vol. I. trans., John Cottingham, Robert Stoothoff, Dugald Murdoch. Cambridge: Cambridge University Press, 1985, p. 18.

[2] T. L. Heath, *A History of Greek Mathematics*. Cambridge: Cambridge University Press, 2013, pp. 355-439.

波罗尼乌斯(Apollonius of Perga)和老阿里斯泰乌斯(Aristaeus)——并通过分析法和综合法进行。①

随后,关于分析法,帕普斯指出,在分析中,我们假定所寻求的东西已完成,并追问它从何而来,它所由来的东西的原因又是什么,依此类推,不断回溯,直至发现某种我们已经知道的东西或者被列为第一原则的东西。因此,帕普斯在《数学汇编》中不仅总结了整个希腊几何学知识,并在此基础上提出了一些重要问题,而且对数学方法进行了反思。笛卡尔推崇帕普斯,一个主要原因就是后者对方法的贡献,此种方法正是笛卡尔称作"真正数学"的东西。

然而,在表明古代数学家凭借心灵质朴的光芒,发现数学的真观念之后,笛卡尔旋即转向了问题的反面,指出这些数学家"随后用了一些有害的技巧扼杀了真正的数学"②。之所以出现这种奇诡的状况,笛卡尔认为原因有二:其一,这些思想家洞见到的存在于真正数学中的东西,非常简洁和透明,由此引发他们担心,一旦被说出去,那些伟大的发现似乎就会贬值;其二,复杂技巧往往更能赢得人们的敬佩,越是深奥难懂的东西在众人眼中似乎越高明,由此就促使思想家们不断地炫耀技巧,致使复杂技巧最终掩蔽了质朴的光亮,真正的数学遂被扼杀。

笛卡尔所追求的方法学,乃是"普遍数学(mathesis unversalis)"。笛卡尔对 mathesis 的谈论有三个层次。第一,语源学层次。他指出,从语源学上看,mathesis 与 disciplina 的意思相

---

① Jaakko Hintikka and Unto Remes. *The Method of Analysis: Its Geometrical Origin and Its General Significance*. Dordrect-Boston: D. Reidel, 1974, pp. 8-10.

② René Descarte. *The Philosophical Writings of Descartes*, vol. I. trans., John Cottingham, Robert Stoothoff, Dugald Murdoch. Cambridge: Cambridge University Press, 1985, p. 19.

同。disciplina是个拉丁词，基本含义有"teaching, instruction, training"，"a branch of study, discipline"①，即教育、学科等。mathesis来自希腊词 μάθησις，基本含义有"that what is learnt, lesson"，"learning, knowledge"②，即课程、学习、知识等。这意味着，如果仅仅着眼于语源学考察，便无法揭示出mathesis的真义，因为就此层面而言，不仅几何学是mathesis，几乎一切知识都可名之曰mathesis。

第二，语用学层次。笛卡尔指出，甚至每个进过校门的人都能够把属于数学的学科与其他学科区分开来。其中，属于数学的学科，笛卡尔写道，"除了算术和几何学以外，还包括天文学、音乐、光学、机械力学"③。对于数学之外的学科是什么，他没有特意指出。E. P. 克伯雷在其编纂的《外国教育史料》中，罗列了中世纪末期欧洲一些大学的课程设置，可供参考。以莱比锡大学为例，1410年左右，该校文学硕士需要读五类书，即逻辑、道德和应用哲学、自然哲学、形而上学、数学。其中，数学类书目是《行星学说》（天文学）、《几何学》（欧几里得，几何）、《普通算术》（萨科罗博斯克，算术）、《音乐》（约翰·穆丽斯，音乐）、《普通透镜》（比萨的约翰，光学）。这个书目基本上佐证了笛卡尔的说法，即数学是诸多学科的汇总。逻辑类的书目是《逻辑》（海蒂斯堡）、《论题篇》（亚里士多德）。道德和应用哲学的书目是《伦理学》、《政治学》、《经济学》。自然哲学的书目是《论天国和人世》、《论产生和消灭》、《气象学》、《小自然》

---

① *Oxford Latin Dictionary*. Oxford: Oxford University Press. 1968, p. 550.

② *A Greek-English Lexicon*. Compiled by Henry George Liddell and Robert Scott. Oxford: Oxford University Press, 1996, p. 1072.

③ René Descarte. *The Philosophical Writings of Descartes*, vol. I. trans., John Cottingham, Robert Stoothoff, Dugald Murdoch. Cambridge: Cambridge University Press, 1985, p. 19.

(*Parva Naturalia*)。形而上学类的书目是《形而上学》。① 从时人对 mathesis 的使用可知,它特指一类学科。那么此类学科具有怎样的共同特点呢?对此,笛卡尔指出,那些被称为数学的学科,都关注某类事物的"次序和大小(order and measure)",算术关注数目的次序和大小,几何学关注图形的次序和大小,音乐则关注声音的次序和大小等等。

第三,方法学层次。除探讨某类对象次序和大小的具体数学之外,笛卡尔认为,还应有一种普遍数学,它撇开特定学科的研究对象,一般性地考察次序和大小,从而探明那些被叫作数学的诸学科所包含的共同要素。实际上,普遍数学的主题不再是任何其他的对象,而是思考诸对象的理性自身,即理性应该依照怎样的"次序和大小"进行思考,才能获得具有确定性的知识。需要注意的是,既然笛卡尔把算术排除出普遍数学之列,那么大小就不是通常理解的数目上的大小。例如,一个直观命题在清晰性、确定性上,大于一个唯有凭借演绎才能把握的命题。此处的大小似乎就不是数目上的,也不能用数目去度量。据此,普遍数学,就完全符合笛卡尔对方法学的设想,即它是关于理性运用的基础知识,是其他诸学科要具有确定性就必须依赖的方法。此外,笛卡尔指出,相比于其他学科,作为方法学的普遍数学具有无可比拟的"有用性和简单性"。它的巨大有用性体现在,作为最普遍的学科,它覆盖了既有学科所研究的问题,甚至比它们的范围之和还要广阔,因此有必要先行考察普遍数学,从而获得对一切具体学科的研究都行之有效的方法。它的至上简单性体现在,普遍数学处理的对象很单纯,所以困难相对较少,并且它遇到的困难必定也会在依赖于它的诸学

---

① E. P. 克伯雷:《外国教育史》,任宝祥、任钟印译,华中师范大学出版社,1991年,第184-186页。

第二章
知识的确定性与方法

科中遇到,然而其他诸学科因其研究对象的复杂性所产生的困难,在普遍数学中就没有。不过,也正是因为简单,它才被过去的思想家忽视,致使迄今都未被建立起来。笛卡尔创作《规则》,就是想建立一套关于次序和大小的规则体系,"事实上这就是我写这篇文章的主要意图"①,"我竭尽全力投身于普遍数学,就是为了以后能够解决高深的问题,而不至于徒劳无益"②。

接下来,将探讨笛卡尔方法学或普遍数学的三条基本规则,即次序规则、条件规则、整全规则。

(二) 次序规则

次序规则是方法学的总则。次序规则是《规则》的第五条内容,如下所述:

> 整个方法完全在于对对象进行排序(ordering)和排列(arranging),如果我们致力于发现真理,就必须把心灵之眼聚焦于某些对象。假如我们先把复杂的和模糊的命题逐步还原(reduce)为一些简单命题,然后再从对所有简单命题的直观开始,按照同样的步骤上升(ascend)至对所有其他命题的知识,那我们就完全遵循了这一方法。③

---

① René Descarte. *The Philosophical Writings of Descartes*, vol. I. trans., John Cottingham, Robert Stoothoff, Dugald Murdoch. Cambridge: Cambridge University Press, 1985, p. 17.

② René Descarte. *The Philosophical Writings of Descartes*, vol. I. trans., John Cottingham, Robert Stoothoff, Dugald Murdoch. Cambridge: Cambridge University Press, 1985, p. 20.

③ René Descarte. *The Philosophical Writings of Descartes*, vol. I. trans., John Cottingham, Robert Stoothoff, Dugald Murdoch. Cambridge: Cambridge University Press, 1985, p. 20.

笛卡尔声称,该规则"概括了人类全部努力的最本质的要点"①,任何打算探求确定知识的人,都应谨遵该规则。因此,可把该规则称作笛卡尔方法学或普遍数学的总则。普遍数学的主题是一般地探讨"次序和大小","总则"在一定意义上不过是对该主题的重复,因为辨明研究对象的"次序和大小"即对之进行"排序和排列"。

最重要的次序有两种,即还原和上升。还原,即把复杂命题拆解为简单命题,是下降的过程;上升,即从简单命题到复杂命题,最终上达整全知识的过程。表面上看,还原的起点是上升的终点,而上升的起点则是还原的终点,因此还原和上升似乎是一个从上到下、再从下到上循环往复的过程,似乎并不能给我们带来新知识。显然,这是对次序规则的误解。作为还原起点的复杂命题是模糊的,因此并不是知识,而是各种各样的意见。在笛卡尔看来,各种既有学科中所包含的大多都是这样的复杂命题。要证明复杂命题的确定性,首先就需要把它们还原为简单命题。然而,并不是所有由复杂命题还原所得的简单命题都是确定的。其中,只有可被直观到的简单命题,才是确定的,才是上升过程的起点。从简单到复杂的上升,是运动中的演绎,如果这个演绎进程本身亦是确定的,那么作为其结果的、完成了的演绎,即由各种复杂命题所构成的知识体系,才具有确定性。

(三)条件规则

条件规则是方法学的首要秘密。条件规则是《规则》的第六条

---

① René Descarte. *The Philosophical Writings of Descartes*, vol. Ⅰ. trans., John Cottingham, Robert Stoothoff, Dugald Murdoch. Cambridge: Cambridge University Press, 1985, p. 20.

第二章
知识的确定性与方法

内容,如下所述:

> 为了区分最简单之物与复杂之物,并将它们有序地排列开来,我们应该在已从他物中直接演绎出一些真理的地方,关注每一系列事物中的最简单之物,应该观察所有其余事物如何较多、或较少、或同等地与最简单之物拉开距离。①

笛卡尔声称,该规则是其方法的首要秘密,是整个规则宝库之中最有用的规则。有学者认为,规则五和规则六没有什么区别,甚至主张两者"实际上是一个命题的两个部分"②。这种见解是成问题的。关于两条规则的不同地位,笛卡尔有着明确的表述。规则五是方法学的总纲,规则六则是依据总纲确立的规则体系中最重要的一条。规则五关乎方法学的主题,即一般地考察次序和大小。规则六则关乎落实主题所应从事的两种基本活动,一是为包含真理的序列寻找最简单项;二是考察其他诸项与最简单项之间的距离。只有做到这两方面,才能把所研究的对象按照"次序和大小"进行排列。

这条规则之所以最有用,就在于它告诉人们,一切事物都可依照某种方式被有序地排成不同的系列,而这"并不是因为它们涉及某些本体论上的类(ontological genus)(例如诸范畴,哲学家们根据它们划分事物),而是因为某物可以根据他物被认识。从而,每当困难出现时,我们立即就能看出参考他物是否有用,如果有用,那

---

① René Descarte. *The Philosophical Writings of Descartes*, vol. Ⅰ. trans., John Cottingham, Robert Stoothoff, Dugald Murdoch. Cambridge: Cambridge University Press, 1985, p.21.

② 笛卡尔:《探求真理的指导原则》,管震湖译,商务印书馆,1991年,第39页。

么该参考哪些物,以及这些物具有怎样的秩序"①。通过这段论述可清楚地得知,与笛卡尔方法学密切相关的不是本体论,而是认识论,它的核心关切并不是对存在进行分类,而是探求事物依照怎样的条件被认识。"本体论上的类"即亚里士多德所谓的"范畴",如实体、偶性、变化等,它们是亚里士多德通过经验观察总结出来、用于描述事物的基本概念。这些概念因其最高的抽象性,被称作"范畴";因其关乎诸物的存在状态,被称作"本体论上的类"。然而,依照笛卡尔的论述,亚里士多德的范畴对扩展人类知识并无重要作用,因为它们不过是对现存事物进行分类的手段,并不包含如何获取新知的规则。当问题摆在人们眼前时,重要的不是为之寻找本体上的类,而是寻求使该问题得以理解的条件。这条件可能不止一个,而是许多个。那么,接下来要做的就是在诸条件中寻找简单条件,在此基础上建构起一个有序的条件链,从而使遇到的难题得以彻底解决。正因如此,笔者才认为,规则六有理由被称作条件规则,只不过需要注意,此条件是认识的条件,而非存在的条件。例如,一个等比数列的前两项已经给出,即3和6,求它的第三项。显然,要理解这个问题项,必须理解它前面的项。通过前面两项,我们知道这里的连续比例是2,由此可得出第三项是第二项的2倍,即12。这个例子非常简单,然而笛卡尔认为那些最复杂的算术难题,也都可依照此法加以解决,只不过需要回溯的前提序列更长而已。实际上,尽管笛卡尔总是举算术和几何学中的例子来证实该规则,但在他看来,这是普遍数学的规则,对一切具体数学学科都适用。

---

① René Descarte. *The Philosophical Writings of Descartes*, vol. Ⅰ. trans., John Cottingham, Robert Stoothoff, Dugald Murdoch. Cambridge: Cambridge University Press, 1985, p. 21.

第二章
知识的确定性与方法

一切条件都可分为绝对的和相对的两类。在基督教的神学理论中,上帝被称作绝对的,包括人类在内的一切被创造物则是相对的,此种绝对和相对的区分是存在层面的,从而是本体论意义上的。在《规则》中,笛卡尔则指出,他对绝对和相对的区分,并不是为了洞察事物单独而言所具有的本性,而是为了对它们进行比较,从而分辨出哪些事物是他物得以认识的条件,所以其区分是认识论意义上的。据此,"绝对的"就被他用来称呼那种就所探讨的问题而言,"任何在自身之内拥有纯粹的和简单的本性的东西"①。所以,方法学中的"绝对"不是在一切意义上的绝对,而只是就要解决的问题而言的绝对,是相对中的绝对。与要解决的问题相对的,是一系列条件,而在其中那仅仅以自身为依据的条件,就是笛卡尔称作"绝对"的东西。从而他写道:"任何被称作绝对的都是独立之物,是一个原因,且具有简单的、普遍的、单独的、相等的、相似的、直的等性质。"②在搞清楚"绝对"之后,才能厘清"相对",因为相对总是相对于绝对而言的。相对只有分享一部分绝对之物的本性,"才能将之与对象相关联,并依照一个有限的系列将之从绝对中演绎出来"。因此,"任何被称作相对的东西都是依赖之物,是一个结果,且具有复合的、特殊的、多数的、不等的、不相似的、斜的等性质"③。

---

① René Descarte. *The Philosophical Writings of Descartes*, vol. I. trans., John Cottingham, Robert Stoothoff, Dugald Murdoch. Cambridge: Cambridge University Press, 1985, p. 21.

② René Descarte. *The Philosophical Writings of Descartes*, vol. I. trans., John Cottingham, Robert Stoothoff, Dugald Murdoch. Cambridge: Cambridge University Press, 1985, p. 21.

③ René Descarte. *The Philosophical Writings of Descartes*, vol. I. trans., John Cottingham, Robert Stoothoff, Dugald Murdoch. Cambridge: Cambridge University Press, 1985, pp. 21-22.

因此,条件规则就在于准确地分辨绝对条件和相对条件,以及正确地处理两者之间的关系。为此,笛卡尔提醒人们要做到以下三个方面。

第一,要在事物序列中仔细辨认出绝对性程度最高的项。之所以需要"仔细辨认",一方面是因为它极为重要,是条件规则的全部秘密所在,而条件规则是整个规则体系的首要秘密,所以它就是"秘密的秘密";另一方面是因为容易出错,笛卡尔的绝对具有相对性,从而增加了识别的困难。在此,笛卡尔论及了绝对所具有的三类相对性。

首先,认识上绝对的,存在上却是相对的。他指出:"普遍的东西就其拥有更简单的本性而言,比特殊的东西更加绝对;但是,就其存在依赖于特殊的东西而言,它又比特殊的东西更加相对。"①通过认识次序和存在次序的区分,笛卡尔在一定意义上解决了柏拉图主义和亚里士多德主义之间的矛盾。柏拉图主张普遍是绝对的,普遍先于特殊,特殊事物的存在依赖于对普遍理念的分有。亚里士多德主张个体是绝对的,个体之物才是"既不是述说一个主体,也不依赖于一个主体"的第一实体,普遍之物只能被称作第二实体。依照笛卡尔的论述,就存在次序而言,特殊先于普遍,离开个体之物普遍无处容身,因此特殊是绝对的;就认识次序而言,普遍先于特殊,普遍是单纯的,特殊是复合的,复合的要通过单纯的东西才得以被认识,因此普遍就是绝对的。

其次,在一个序列中是绝对的,在另一个序列中却是相对的,反之亦然。例如,就认识次序而言,作为普遍概念的种,相比于个

---

① René Descarte. *The Philosophical Writings of Descartes*, vol. Ⅰ. trans., John Cottingham, Robert Stoothoff, Dugald Murdoch. Cambridge: Cambridge University Press, 1985, p. 22.

第二章
知识的确定性与方法

体事物而言,是绝对的。然而,相比于更高的属而言,则成了相对的。

最后,认识上是绝对的,本质上是相对的。通常认为,原因和结果、相等和不相等、相似和不相似等本质上都是相对概念,双方相互依赖,离开任何一方,对方都无法被理解。然而,在笛卡尔那里,即便在这些概念中,也可以区分出绝对和相对。肯定的一方是绝对的,否定的一方是相对的,必须认识原因才能理解结果,必须先知道相等才能理解不相等。正是因此,原因、相等、相似,才像简单和普遍那样,被他视作绝对条件的性质;反之,结果、不相等、不相似,则被看作相对条件的性质。总之,准确识别绝对项的关键,就在于时刻要记住需要寻找的是特定序列中的、认识的最高条件。如果搞错了序列,搞错了条件的性质,所找到的就不是所需的绝对项。

第二,绝对项需要通过直观来把握,相对项则要诉诸于演绎。这里值得关注的是笛卡尔关于直观的两种方式和演绎推理的两种方式的论述。首先,笛卡尔指出,对于绝对项,心灵需要通过直观直接地把握,而这直观的发生,"或者在我们的感官经验中,或者是凭借我们之内固有的光芒"[①]。笛卡尔此处的表达似乎与他惯常的主张不太一致。在规则三中,笛卡尔明确表示他对直观的使用比较特别,只用它来指心灵在理性之光照耀下直接把握的东西,那种感性的、易逝的表象根本就不能称作直观。在后来的《沉思集》中,笛卡尔主张直观是用来获得确定知识的最基本的方式,而感觉与知识的确定性无关,这也就意味着感觉经验不能算作直观。然而,

---

① René Descarte. *The Philosophical Writings of Descartes*, vol. I. trans., John Cottingham, Robert Stoothoff, Dugald Murdoch. Cambridge: Cambridge University Press, 1985, p. 22.

在此处,笛卡尔却主张感官经验是直观发生的方式之一,并把它与凭借心灵内在光芒的直观区别开来。其次,心灵把握相对项的方式是演绎推理,而这推理或者是直接的,或者是间接的。直接的,即从一个命题到另一个命题,没有任何中间环节,此种演绎如上所述,又被笛卡尔等同于直观。例如,如果知道等比数列的前两项为3和6,那么得出第三项12的推理就只有一步,因此是直接的。如果这个等比数列有四项,已知第一项是3,第四项是24,求第三项,那么得出第三项12的推理至少需要两步,因此是间接的。间接推理不能再被等同于直观,而是包含若干直观在自身之中。

第三,通过何种方式寻求绝对项。既然已经知道寻求绝对项是方法学的"秘密的秘密",还知道唯有凭借直观才能确证绝对项,那么需要进一步思考的就是寻求绝对项的方式。对此,笛卡尔总的回答是,不要从困难的东西出发。具体来讲,为特定问题寻找绝对项,共有四步:首先,任意地选取一些与该问题相关的、比较容易判定的真理;其次,对所选取的真理进行逐步演绎,看看从中能够推出一些怎样的真理;再次,专注于反思已经发现的真理,并仔细考察它们为什么比别的东西更容易发现,从而总结出此类简单真理的特征;最后,依照相应特征,寻求最简单的真理,即绝对项。

(四) 整全规则

整全规则是最后一条基本规则。如前所述,笛卡尔认为一套好的方法应该有助于心灵达成两个目标,即确定的知识和整全的认识。围绕这两个目标的方法学,其主题是一般性地考察事物的"次序和大小"。搞不清楚被研究对象的次序,就不可能获得任何确定的知识,此乃次序规则的内容。笛卡尔所关注的不是存在的次序,而是认识的次序,构成次序的项可分为两类,即绝对项和相对项,后者以前者为认识条件,前者则以自身为认识条件,因此知

第二章
知识的确定性与方法

识确定性的最终根基乃是绝对项自身的确定性,所以寻求绝对项便被看作"秘密的秘密",以及从绝对项向相对项推移的确定性,此乃条件规则的内容。因此,条件规则实际指出了"确定的知识"这第一个目标达成的方式。然而,这是不够的,还需要知道"整全的知识"这第二个目标达成的方式,此乃《规则》第七条规则的任务。由此,我们把此条规则称作整全规则。在第七条规则的末尾,笛卡尔写道:

> 这三条规则不应该被分开。我们通常应该把它们放在一起考虑,因为它们对方法的完善做出了同等贡献。……在此我们只对它们作一个简要说明,本论文其余部分的任务将完全限定于详细阐释迄今我在这些基本规则中所概括的东西。①

"这三条规则"即第五、六、七条规则,它们密切相关,共同构成了笛卡尔方法学的基础,已完成的《规则》的其余部分,以及未完成的部分,不过是对这三条规则的详解而已。

关于整全规则,笛卡尔写道:

> 为了使我们的知识整全,每个与我们的研究相关的东西,都必须在一种持续的和决不间断的思维之流中被考察,都必须包含在一个充足的和有秩序的列举中。②

首先,需要注意的是,该规则中的"整全"并非就一切可能的知识体系而言,它仅就当前被研究的问题而言。这正是建构方法学

---

① René Descarte. *The Philosophical Writings of Descartes*, vol. Ⅰ. trans., John Cottingham, Robert Stoothoff, Dugald Murdoch. Cambridge: Cambridge University Press, 1985, pp. 27-28.

② René Descarte. *The Philosophical Writings of Descartes*, vol. Ⅰ. trans., John Cottingham, Robert Stoothoff, Dugald Murdoch. Cambridge: Cambridge University Press, 1985, p. 25.

规则体系的最终目标,即对于任一被研究的问题,我们皆可凭借一套规则获得就人类认识能力而言完备的知识。其次,如果说条件规则重在直观,整全规则就重在演绎。前文在论述演绎的时候,曾提及笛卡尔对演绎的两种状态的区分,即运动中的演绎和已经完成的演绎。实际上,整全规则的"两个必须"正是针对演绎的两种状态所提出的要求。

其一,针对运动中的演绎,提出"在一种持续的和决不间断的思维之流中"考察被研究的对象,这是要求演绎链条必须环环相扣、层层推进,少了其中的任何一环,都不仅会影响结论的确定性,还会使知识的完备性受损。前文曾指出,当演绎推理的链条太长时,笛卡尔认为其确定性需要我们的记忆来保证。然而,通过记忆留存的东西不牢固,有容易被忘记的缺陷。在此,笛卡尔指出可用推理过程的不间断性来弥补记忆的缺陷。例如,通过一些单独进行的运算,我先是得出了 A 和 B 之间的比值,然后又分别得出 B 和 C 之间、C 和 D 之间、D 和 E 之间的比值。现在,要得出 A 和 E 之间的比值,就需要把前面的比值全部记住。然而,时间稍微一久,记忆就会变得暗淡。如果结论仅仅建立在记忆之上,其确定性就会降低。因此,"我将在想象的持续运动中,多次贯穿前述环节,在直观到一种联系时同时转移到下一个联系之上,直到我学会能够从第一个环节如此迅速地转移到最后一个环节,以至于记忆实际上不再有起作用的机会,并且我似乎一下子就直观到了事物之整体"①。这句话表达了两层意思:一方面,思维运动的清晰性、连续性取代了记忆的模糊性、断裂性,成了演绎确定性最好的保证;另

---

① René Descarte. *The Philosophical Writings of Descartes*, vol. Ⅰ. trans., John Cottingham, Robert Stoothoff, Dugald Murdoch. Cambridge: Cambridge University Press, 1985, p. 25.

第二章
知识的确定性与方法

一方面,如果心灵在所关切的问题上反复从事这种连续性的运动,就会对与问题相关的条件链整体形成近似直观的认识。

其二,针对已完成的演绎,笛卡尔提出认识条件必须被"包含在一个充足的和有秩序的列举中"。列举即笛卡尔所谓的归纳,他在《规则》中多次把两者看作同义词。"列举为知识的整全性所必需"[①],因为所谓列举,就在于"对手中问题所关联到的一切方面作彻底考察"[②]。然而,不是任何意义上的列举或归纳都可达到整全知识,在笛卡尔看来,只有"充足的"和"有序的"列举,才是我们应当追求的。"充足的"之所以被要求,是因为列举往往有缺陷,或者是不经意间遗漏了某项,从而造成推理链条的断裂,或者是对被列举的某项没有清楚明白的认识,从而把不确定的或错误的项混入其中。"有序的"之所以被要求,一方面是因为依照某种次序检视相关项可以很好地避免随意列举造成的错误,另一方面则是因为有序列举可以大大地提高效率,从而使我们即便在处理数量庞大的相关项时,也能够花费较少的时间和精力。在此值得注意的是,尽管笛卡尔的列举和归纳同义,但并不能由此就把他的"充足列举"等同于对我们而言更常见的"完全归纳"。在对充足列举的解释中,他提醒读者不要把"充足的"等同于"完全的"。在某些情况下,列举只有做到完全,才能达到充足;但是,在另一些情况下,即便列举不完全,却也可以是充足的。对此,笛卡尔举了两个例子。如果问题是有形存在物有多少类型,那么就需要依照一定的秩序

---

① René Descarte. *The Philosophical Writings of Descartes*, vol. Ⅰ. trans., John Cottingham, Robert Stoothoff, Dugald Murdoch. Cambridge: Cambridge University Press, 1985, p. 25.

② René Descarte. *The Philosophical Writings of Descartes*, vol. Ⅰ. trans., John Cottingham, Robert Stoothoff, Dugald Murdoch. Cambridge: Cambridge University Press, 1985, p. 25.

对之进行完全列举，否则就无法达到充分性要求。如果问题是用列举的方式表明理性灵魂不是有形的，那么就不需进行完全的列举，只要我们把一切物体划分为若干等级，并证明灵魂决不可能是其中的任何一个等级，就足够了。笛卡尔据此表明，并不完全的列举，其结论也可以是充分的。

四、归纳

首先，有必要指出人们对笛卡尔"演绎"的一种常见误解，即认为归纳推理和演绎推理是两种截然不同的推理方式，笛卡尔所推崇的直观和演绎中，演绎即是与归纳相对立的演绎。该观点是人们拿对归纳和演绎的惯常理解框定笛卡尔思想的结果。所以，应该先看看人们通常如何理解这一对概念的。

关于归纳推理（inductive inference），《哲学大辞典》写道：

> 旧译"内籀"。从个别性知识的前提推出一般性知识的结论的间接推理。……归纳推理的结论超出了前提陈述的范围（完全归纳推理除外），故当前提真时，结论并不必然真。①

关于演绎推理（deductive inference），《哲学大辞典》写道：

> 旧译"外籀"。有时亦称"演绎法"。传统逻辑中指称由一般性知识的前提推出特殊性或个别性知识的结论的推理。由于在这种推理中，其结论所涉及知识的范围至少不大于前提所涉及知识的范围，故其前提与结论之间具有蕴涵关系，在推理形式合乎逻辑规则的条件下，由断定其前提的真必然可以推出其结论的真，即前提真而结论假是不可能的，故演绎推理亦即必然性推理。传统逻

---

① 金炳华等编：《哲学大辞典（修订本）》下卷，上海辞书出版社，2001年，第1761页。

第二章
知识的确定性与方法

辑的三段论（直言推理）、运用直言命题变形法的直接推理和依据"逻辑方阵"中命题间关系而进行的直接推理，以及各种关系推理、模态推理、联言推理、选言推理、假言推理等等，都属于演绎推理。①

比较两个词条的内容，可以发现两类推理至少有三方面的不同：①就推理的总特征而言，归纳推理是从特殊到一般，演绎推理则是从一般到特殊；②就推理的基本性质而言，归纳推理通常是或然的，演绎推理则是必然的；③就推理的形式而言，归纳推理通常是间接推理，典型样式是不完全归纳，演绎推理则既可以是直接的又可以是间接的，典型样式是三段论式演绎。

不少人正是依照对归纳和演绎的上述理解，来解读笛卡尔的"演绎"：①既然笛卡尔主张从直观确立的绝对项出发，逐步推出随后的诸项，乃至达到就所关切的问题而言的整全知识，这在总特征上似乎就与从一般到特殊的推理相一致，因此其推理就是惯常所谓的演绎；②既然笛卡尔主张从演绎得出的结论是具有确定性的，并且其程度仅次于直观，而惯常的归纳推理仅能得出或然性的结论，因此其演绎就是惯常所谓的演绎；③既然笛卡尔明确地把演绎区分为直接的和间接的，而惯常的归纳推理只能是间接的，所以笛卡尔的演绎即惯常所谓的演绎。

然而，上述解读与笛卡尔自己的说法并不相符。

（1）笛卡尔作为推理起点的绝对项并不一定就是一般知识，它大多数情况下是特殊知识。在数学运算中，作为起点的和作为结论的往往都是特殊知识。例如，一个等比数列，其第一项为3，第二项为6，求它的第十项。此类例子笛卡尔在《规则》中经常列举，求解的方式即是演绎推理。然而，无论是作为绝对项的3，还

---

① 金炳华等编：《哲学大辞典（修订本）》上卷，上海辞书出版社，2001年，第483页。

是作为结论的1656，都是特殊知识。在形而上学中亦是如此，通过怀疑一切，笛卡尔找到了形而上学知识的绝对项，即"我思"。显然，这也是特殊知识，它只是我的思维，还不是一般意义上的思维。因此，如果惯常的演绎总是从一般知识推出特殊知识，那么笛卡尔的演绎便不能完全从此种意义上来理解。

（2）笛卡尔的"确定性"，不能被直接等同于逻辑必然性。演绎推理通常被看作具有必然性，这是逻辑意义上的必然性，意味着其反面存在矛盾，因此不可设想。前文在谈及笛卡尔确定性概念的内涵时指出，它意味着反面的不可能性，并指出这种不可能不是逻辑形式上的，而涉及认识的具体内容和被认识的方式。例如，从"三角形作为三条边围成的图形"，推出"三角形的三个内角之和等于两直角"，此种推理是笛卡尔演绎推理的一个类型，然而它所具有的确定性却不是仅仅建立在形式逻辑的基础上的，而是建立在我们关于几何对象的直观上。因此，笛卡尔心中演绎的确定性，不同于惯常所谓的演绎的必然性。另外，笛卡尔并不像很多人所以为的那样轻视归纳。相反，他非常看重归纳，并声称除了直观和基于直观的直接推理，人们便只能通过归纳的方法获得确定的认识。

（3）笛卡尔把演绎区分为直接的和间接的，这并不能作为他否定归纳推理的证据。实际上，正是基于该区分，他把归纳并入了演绎之中。这一类观点的持有者，往往忽视了笛卡尔对传统演绎推理的典型样式，即三段论的批判态度。如上所述，三段论式的精妙结构，不过是经院逻辑学的主题，而在笛卡尔看来，此种推理方法根本无助于人们发现新的知识，最多只能用于诠释既有知识。照此说法，三段论式的推理，就不能被看作笛卡尔演绎的典型样式。因此，笛卡尔的演绎是包含归纳的演绎，将它解读为传统逻辑学的演绎推理是非常不恰当的。

其次，笛卡尔对归纳（inductio）一词的使用非常独特。在规则

第二章
知识的确定性与方法

三中,谈及理智获得确定的认识的方式时,笛卡尔写道:"我认为只有两种,即 intuitus 与 inductio。"关于如何对待此句中 inductio,学界存在争议。有学者认为,此处出现了印刷错误,原本应该是 deductio,却被错印为 inductio;有学者则认为此处并无错误,笛卡尔对 inductio 的用法原本就不同于人们习以为常的用法。这种争议之所以产生,一个原因在于现存的《规则》并不是笛卡尔的原稿。笛卡尔去世后,《规则》的原稿先是传到他最忠实的支持者克莱瑟列(Claude Clerselier)手中,后来原稿不幸遗失。迄今保留下来的是原稿的两个抄本,一个是阿姆斯特丹(Amsterdam)抄本,一个是汉诺威(Hanover)抄本,后者是在保存于汉诺威的皇家公共图书馆的莱布尼茨文献中被发现的。就所引内容而言,两个抄本是一致的,都是 inductio,只不过第二个抄本中"结尾的两个词'et inductio'在写完之后,又被划掉了"[①]。亚当(C. Adam)和唐纳利(P. Tannery)合编的十三卷本的《笛卡尔生平和著作》(*Vie et œuvres de Descartes*)中,《规则》收录在第十卷,就所引内容而言与两个抄本一致,都为 inductio。

但是,在此后的版本中,尤其是在相关的译本中,所引句子中的 inductio 多被看作是对 deductio 的误印。例如,卡丁汉英译本为"We recognize only two: intuition and deduction"[②],并为 deduction 做了一个注释,即"在阿姆斯特丹抄本中为 inductio,大概率是

[①] René Descarte. *Descartes Philosophical Writings*. ed. and trans., Norman Kemp Smith. New York: Random House, 1958, p. 10.

[②] René Descarte. *The Philosophical Writings of Descartes*, vol. I. trans., John Cottingham, Robert Stoothoff, Dugald Murdoch. Cambridge: Cambridge University Press, 1985, p. 14.

deductio 的误印"①。安斯科姆(Elizabeth Anscombe)英译本为"it allows of only two such—intuition and induction"②,并为 induction 做了一个注释,即"在该条规则自身中,以及在对该规则的阐释中,该词均为 deduction。inductio 可能是个印刷错误"③。

刘延川汉译本为:"我们认为这种活动只有两种:直观与演绎。"④ 管震湖的译本为:"应该只采用其中的两个,即直观和演绎"⑤,并为"演绎"加了一个注释,说明为什么改 inductio 为 deductio。对此,他写道:

> 这(指改动——作者注)是很有道理的,因为笛卡尔这里的方法之一是演绎法,而不是相反;而且,即以本原则上下来看,也应为"演绎",不是"归纳"。但法译者主要根据笛卡尔其他著作来印证仍应为"归纳",不从这些 Regulæ 本身考虑,显然没有充分理由。"⑥

在众译者之中,显得有些不同的是康普·斯密,他的英译本为"We recognize only two, viz., intuition and induction"⑦,并为

---

① René Descarte. *The Philosophical Writings of Descartes*, vol. I. trans., John Cottingham, Robert Stoothoff, Dugald Murdoch. Cambridge: Cambridge University Press, 1985, p. 14.

② René Descarte. *Descartes Philosophical Writings* (revised edition). ed. and trans., Elizabeth Anscombe and Peter Thomas Geach. Prentice-Hall, 1971, p. 155.

③ René Descarte. *Descartes Philosophical Writings* (revised edition). ed. and trans., Elizabeth Anscombe and Peter Thomas Geach. Prentice-Hall, 1971, p. 155.

④ 笛卡尔:《谈谈方法·指导心灵的规则》,刘延川译,四川人民出版社,2020年,第92页。

⑤ 笛卡尔:《探求真理的指导原则》,管震湖译,商务印书馆,1991年,第11页。

⑥ 笛卡尔:《探求真理的指导原则》,管震湖译,商务印书馆,1991年,第14页。

⑦ René Descarte. *Descartes Philosophical Writings*. ed. and trans., Norman Kemp Smith. New York: Random House, 1958, p. 10.

第二章
知识的确定性与方法

induction 加了一个较长的注释。在注释中,他提出了一种猜想:

> 笛卡尔写本部分内容时,在犹豫着如何对他关于(作为直观的)演绎的见解与传统的三段论做区分,并且有一段时间,他倾向于在 illatio 的意义上使用归纳。(正如他在紧接着的段落中使我们相信,"每个词的拉丁原义"引导着他以新的方式采用当前的术语,就此而言,inductio 和 illatio 是无法区分的。)然而,最终他似乎认为此种对惯常用法的背离对读者造成的误导要大于对他们的帮助。从此以后,"归纳"一词便很少被他使用,并总被看作与"列举"同义,而且其意思不是从特殊事例概括出一般。①

对于前述见解,笔者均不能完全赞同。一方面,笔者和康普·斯密一样,不赞成"误印论"。既然两个不同的抄本在这个问题上是一致的,从而形成相互印证,那么误传、误印的可能性就相当小。如果通过一番诠释,使此处的 inductio 成为可理解的,那么误印论基本上就被推翻了。另一方面,笔者虽然赞成康普·斯密关于 inductio 的"特殊用法论",但反对他的"不一贯论",而是主张笛卡尔《规则》中对 inductio 的使用,既非常特殊,又前后一贯。

将直观和归纳并举,在《规则》中不止出现一次,而是多次。在规则三之后,直观与归纳并举又出现在规则七中。在此,笛卡尔写道:

> 我们还应注意到,所谓"充足列举"或"归纳",仅指此类列举,即它使我们推出的真理,比任何其他类型的证明(简单直观除外)所允许的都更加确定。但是,当我们关于某物的知识不能还原到简单直观,并且我们已经摆脱

---

① René Descarte. *Descartes Philosophical Writings*. ed. and trans., Norman Kemp Smith. New York: Random House, 1958, p. 10.

了三段论的束缚时,给我们留下的道路就只有这一条了,我们应当满怀信心地走下去。①

笛卡尔先是把归纳等同于充足列举,然后又表明,就所得结论之确定性程度而言,除直观之外,其他一切证明都不能与归纳相比。这与规则三的意思完全一致,在那里,笛卡尔主张人类理智只能凭借两种方式获得确定知识,即直观和归纳。引文的第二句话,表明了归纳的两个对立面:其一,是能够还原到简单直观的知识。这表明与归纳并举的直观,实际上不仅是简单直观,还指向简单直观的还原,此种还原又被笛卡尔称作直接的演绎。相应地,归纳则是间接的演绎。其二,是经院逻辑所采用的三段论。这种推理方式只有在经院哲学家看来才能充当发现真理的工具,在笛卡尔看来,它只属于修辞学,仅对阐释既定知识有效。因此,笛卡尔将直观与归纳并举,其中的直观可诠释为简单直观和直接演绎,其中的归纳可诠释为间接演绎。既然直接演绎实际上就是直观,唯有间接演绎才是严格意义上演绎,就此而言,归纳即演绎。笛卡尔不仅对归纳一词做了不同寻常的运用,对演绎一词亦是如此。在这种特殊的运用中,两者决不是通常理解的对立关系,归纳乃是广义的演绎的一个类型,或者可以等同于狭义的演绎,即间接演绎。

仅在规则十一中,直观和归纳的并举就出现了三次。

(1)规则十一的第一段,将直观和归纳并举。笛卡尔写道:

现在是时候更清楚地阐明规则三和规则七中关于心灵直观所写的东西了。在一个段落中,我把直观和演绎

----

① René Descarte. *The Philosophical Writings of Descartes*, vol. Ⅰ. trans., John Cottingham, Robert Stoothoff, Dugald Murdoch. Cambridge: Cambridge University Press, 1985, p. 26.

第二章
知识的确定性与方法

相对比,在另一个段落中仅仅把它与列举相对比,而列举被我们定义为从许多分散的事实出发进行的推理。但是,在同一个段落中,我们说从一个事实到另一个事实的简单演绎,乃是由直观来完成的。①

仅从所引段落的行文,就大抵可以看出笛卡尔在此如何看待直观、演绎和列举之间的关系。首先,三者的关系是不均衡的,直观是一方,演绎和归纳是一方,直观可分别与另外两者相对立,但另外两者之间却不对立。其次,演绎和列举或归纳之间是包含关系,这可从引文中的"仅仅"二字读出,它意味着前一个段落谈及的是将归纳包含在自身之中的演绎,后一段落所关注的则是作为演绎一个类型的归纳。最后,演绎除了包含归纳这种从分散事实推出结论的复杂演绎之外,还包含了从一个事实到另一个事实的简单演绎,后者本质上又与直观无异。

(2) 规则十一的第二段,更加详细地论述了直观、演绎和归纳之间复杂的关系。笛卡尔写道:

> 心灵的直观有两个要求:第一,被直观的命题必须清楚明白;第二,整个命题必须不是一点点地,而是一下子被理解。但是,当我们像在规则三中那样思考演绎的进程时,它看起来并不是一下子发生的,从一物向一物的推理包含着我们心灵的一种运动。因此,在那个段落中,我们有理由把直观与演绎相区分。但是,如果我们把演绎视作一个完成的进程,正如我们在规则七中所做的那样,那么它就不再意味着一种运动,而是运动的完成。这就

---

① René Descarte. *The Philosophical Writings of Descartes*, vol. I . trans. , John Cottingham, Robert Stoothoff, Dugald Murdoch. Cambridge: Cambridge University Press, 1985, p. 37.

是为什么我们假定,当演绎简单而透明时,它是通过直观进行的;当演绎复杂和多重时,它就不是通过直观进行的。当是后一种情况时,我们把演绎称作"列举"或"归纳",因为理智不能同时将之作为一个整体来把握,它的确定性在某种意义上依赖记忆,如果我们要把列举的各部分视作一个整体并从中推导出一个结论,就需要记住我们对这些部分所做的诸判断。①

前段凭借行文即可看出的东西,在该段引文中得到印证和丰富。直观和演绎的对立在于,直观是心灵的一次性活动,理性之光闪耀一次,命题的真理便显现给心灵;理智则是心灵的持续运动,理智之光要照亮前后相继的诸多命题,才能最后将真理显现。直观和归纳的对立在于,被直观的命题是清楚明白的,但归纳所得命题的确定性依赖于记忆,因此其清楚明白的程度就不如直观。演绎和归纳的关系是双重的。一方面,从演绎的状态来看,其可以是运动中的,也可以是完成的,只有已经完成的演绎,才可被称作归纳;另一方面,就已完成的演绎来看,它所包含的推理既可以是直接的,也可以是间接的、多重的,只有后一种被完成的演绎,才可称作归纳。

(3) 规则十一的第三段,谈及了直观和归纳如何贯通的问题。

为了弄清楚这条规则的含义,所有这些区分都是有必要做出的。规则九只涉及心灵的直观;规则十只涉及列举。本规则解释这两种活动相互支援和补充的方式;它们如此彻底地做到了这一点,以至于它们通过思维全神

---

① René Descarte. *The Philosophical Writings of Descartes*, vol. I. trans., John Cottingham, Robert Stoothoff, Dugald Murdoch. Cambridge: Cambridge University Press, 1985, p. 37.

第二章
知识的确定性与方法

贯注地直观一物的同时立即转移到他物之上的运动,而使两种活动似乎融为一体。①

如果说前三处谈到直观和归纳时,更多地是强调两者之间的区分,那么这第四处则是将两者统一起来。如上所述,一般来说,直观具有双重优势,即至上的确定性和直接性。归纳想要完全具备这两种特征中的任何一种都几乎是不可能的。然而,尽管不可能完全具备,却可以近似具备,即具有类直观的确定性和直接性。那么,如何做到这一点呢?对此,规则七实际上已初步谈及。归纳推理所得命题的确定性在一定意义上依赖于记忆,记忆不仅往往具有模糊性,而且缺乏耐久性。规则七所提出的方法就是,通过一种持续的、决不间断的思维之流,来检视推理的每一个环节。并且,不止一次地检视,直到心灵可以从第一个环节极其迅速地转移到最后一个环节,从而能够把从前到后的一切环节看作可以一次性把握的整体。这样一来,被完成的复杂演绎,就因其从前提到结论推移的迅捷性,而具有了类直观的确定性;也因其能把一切环节一次性地把握到,便具有了类直观的直接性。显然,这个思维之流,这个命题的不间断的推移进程,不是别的,正是处于运动状态的演绎。

据此,直观、演绎、归纳之间就从区分走向了统一。直观只是静止地看时才是直观,一旦运动起来形成直观的链条,就变成了演绎;演绎只有运动地看才是演绎,一旦静止下来变成诸直观的综合体,就变成了归纳;归纳只有作为不间断演绎的结果,才是充足的和有序的归纳,才具有一种类似直观的直接性和确定性,演绎的链条一旦中断或缺失任何一环,归纳就不可能具有确定性。

---

① René Descarte. *The Philosophical Writings of Descartes*, vol. I. trans., John Cottingham, Robert Stoothoff, Dugald Murdoch. Cambridge: Cambridge University Press, 1985, p. 38.

五、四规则说

大概在1629年的冬天,笛卡尔就中止了《规则》的写作。直到1637年,他才公开发表自己的第一部作品,该作品也是关于方法的,全名为《谈谈正确运用自己的理性在各门学问里寻求真理的方法》,一般简称为《方法谈》。《方法谈》共由六个部分构成。其中第一部分考察了时代科学的状况,得出的结论是,尽管人人都有分辨真假的良知,但在语言文学、数学、神学、哲学、法学、医学等既有学科中,所充斥的却是各色意见,几乎没有确定知识。第二部分谈论了寻找可靠方法的必要性,以及可靠方法的具体内容和应用范围。这部分可以说是对《规则》整本书,尤其是前十二条规则的概括和总结。在第三部分中,笛卡尔为自己制定了一套临时行动准则。这是因为他对自己寻求真理的方法所具有的革命性有着相当充分的意识,但他所希望的是自己一边能在理论研究领域掀起巨浪,另一边能在现实生活中不受影响地安稳度日,至少要保证自己不被送上宗教法庭。最后三个部分是对方法的具体运用。笛卡尔向世人证明,把他的方法运用到形而上学、物理学中,会带来哪些重大成就。鉴于本章所关注的是方法与知识确定性的关系,接下来笔者将在与《规则》的对比中,考察《方法谈》第二部分所提出的"四规则说"。

"四规则"是指笛卡尔在《方法谈》的第二部分所列出的四条规则,他认为科学探究的方法即由此四条规则构成。那么,四条规则的内容是什么?相比于其他规则具有怎样的特点?又有着怎样的适用范围?

规则一(明见性规则):

如果我对某物的真实性没有明见的认识,就决不把它当作真的接受,即是说,要小心避免草率地做结论和先入

第二章
知识的确定性与方法

为主的观念,要仅把那些清楚明白地呈现给我的心灵,从而使我没有理由怀疑的东西,包括在我们的判断之中。①

这条规则关乎科学知识的基本特征,即明见性或确定性。科学总是由确定的知识构成,那么何种知识才是确定的呢?规则一对此做出了回答,即明见的知识才具有确定性。那么,知识具有明见性的标准是什么呢?是既清楚且明白。因此,这条规则可以称作"明见性规则",它为新方法确立了目标,其他三条规则都围绕着它展开。通过对比,我们会发现,《方法谈》中的规则一是对《规则》前三条内容的概括。其中,第一条关乎方法学的目的,即提供一套可供心灵遵循的规则,以使其在考察事物时能够形成确定的知识;第二条关乎科学研究的对象,即只有那些我们对之能够形成确定知识的东西,才应成为科学研究的对象;第三条关乎研究主体的能力,即主体只有凭借直观和演绎才能获得关于对象的清楚明白的认识。

规则二(分解规则):

把所考察的每个难题依照可能和必要的程度分解为尽量多的部分,以更好地解决它们。②

依照笛卡尔,难题之所以难,是因为它的复合性,即在其之中包含了诸多相互关联的命题。因此,消除困难或化难为易的做法,就是对复合命题进行分解,分解的工作越彻底,所得到的命题就单纯,而单纯则意味着问题简单易解。因此,这条规则可称作"分解

---

① René Descarte. *The Philosophical Writings of Descartes*, vol. I. trans., John Cottingham, Robert Stoothoff, Dugald Murdoch. Cambridge: Cambridge University Press, 1985, p. 120.

② René Descarte. *The Philosophical Writings of Descartes*, vol. I. trans., John Cottingham, Robert Stoothoff, Dugald Murdoch. Cambridge: Cambridge University Press, 1985, p. 120.

规则",它是获得确定知识的第一步。通过对比,我们会发现,该规则是《规则》第五条的内容之一。规则五在前文中曾被称作"次序规则",它是对方法学主题的明示,告诉人们要获得确定知识,就要依照正确次序来考察对象。并且,规则五把正确的考察次序分为两步,先是从复杂命题逐步下降到诸多简单命题,再从简单命题逐步上升到各种各样的复杂命题。显然,分解规则所对应的是规则五的第一步。

规则三(排序规则):

要以有序的方式引导我的思想,从最简单和最易知的对象开始,一点一点、一步一步地升至最复杂的认识,以及在那些没有自然的优先次序的对象中间,假定某种次序。①

要解决复杂问题获得确定知识,不仅需要分解的规则,还需要将分解出来的东西重新排序,此条规则因之可称作"排序规则"。根据排序的对象之不同,排序方式可以有两种。如果对象有着自然的优先顺序,就可采取复杂程度递增的排序方式,即从最简单的命题稳步上升到最复杂的命题。如果对象没有自然的优先顺序,没有简单和复杂的区分,那就需要理智视具体情况而从自身出发设定一种次序。该规则看似简单,但通过对比发现,它与《规则》中三条规则都直接相关。首先,它与规则五相关,第一种排序方式与规则五的第二步之间刚好是对应的。其次,它与规则六相关。如前所述,规则六又被称作条件规则,认识一个复杂对象,需要两类条件,即绝对的和相对的。应该首先找到绝对项,即最简单、最易

---

① René Descarte. *The Philosophical Writings of Descartes*, vol. I. trans., John Cottingham, Robert Stoothoff, Dugald Murdoch. Cambridge: Cambridge University Press, 1985, p. 120.

第二章
知识的确定性与方法

知的东西,然后再考察相对项与之拉开的距离,从而使我们能够依照由近及远、由易及难的次序考察事物。最后,它与规则七有一定的关联。规则五和规则六所关心的都是有着自然优先顺序的东西,但是有些东西在自然状况下并无优劣或难易之分。规则七在论述有序列举的时候,谈到了这种情况,并以易位构词(anagram)为例,指出为了解决易位构词的谜题,并不需要严格遵循从简单到复杂、从绝对到相对的次序,因为根本就没有这种次序。在此情况下,所需要的是对要求变化的名词或句子由以构成的字母的排列方式进行分类,借此就比较容易看出,哪个类型的排列方式更符合要求。例如,《哈利波特》里大反派里德尔(Tom Marvolo Riddle)的名字就成了一个易位构词谜题。构成这个名字的诸多字母之间是没有自然的优先顺序的,这就需要我们自己先行对之进行分类组合,然后选出可能性最大的结果,即"I am Lord Voldemort"。

规则四(整全规则):

  自始至终,列举要完备,综观要全面,从而我就可以确信没有遗漏任何东西。①

该规则关乎方法的最终目标,即就被关切的对象而言,获得整全知识,因此可被称作"整全规则"。显然,它与《规则》中的第七条相应。"自始至终"对应着规则七的"不间断的思维之流",无论是对复杂命题的分解,还是从简单命题开始的上升,都不能有断裂。"列举要完备",对应着规则七的"充足且有序的列举"。然而,需要注意的是,在规则七中笛卡尔对充足列举和完备列举做了区分,对获得确定知识而言,有时候不完备的列举也可以是充足的。但在

---

① René Descarte. *The Philosophical Writings of Descartes*, vol. I. trans., John Cottingham, Robert Stoothoff, Dugald Murdoch. Cambridge: Cambridge University Press, 1985, p. 120.

《方法谈》的规则四中,笛卡尔的要求提高了,从充足变成了完备。这也许是因为笛卡尔意识到,对于知识的确定性而言,充足的列举已然足够,但对于知识的整全性而言,所需的则是完备列举。"综观要全面"则是对前述两种活动的综合,通过反复检视思维在命题推移中的运动进程,使之对从头到尾被列举的各项形成一种近似直接的把握,从而使通过列举获得的知识具有似直观的确定性。

据此,《方法谈》中的四条规则,实际上是对《规则》中的前七条规则的概括,但比后者更加简约和通畅。《规则》的第五条和第六条规则虽被赋予不同的作用,但边界还是比较模糊,曾使一些读者和研究者误以为它们是一条规则。《方法谈》中的四条规则就没有这种缺陷,每条规则的界限都非常清楚,而且彼此相关、前后一贯,因此比《规则》中的思想更加成熟。

在一定意义上,可以说笛卡尔的四规则说摆脱了哲学上寻求方法通常会陷入的循环,即既然需要一套方法才能获得确定的知识,那么方法本身就应该是确定的知识,而要获得关于方法的确定知识,就还需要方法的方法,以至于无穷。其原因在于,笛卡尔的四规则说形成了一个自循环。首先,每一条规则都能符合明见性规则的要求。明见性规则自身即符合明见性,因此是一条确定的知识。其他三条规则,都是一步步建立在它之上的,因此也是明见的。其次,四条规则在一定程度上也符合分解规则的要求。《规则》原本打算写三十六条,但后二十四条不过是对前十二条的扩展;在前十二条中,最根本的是前七条,尤其是其中第五、六、七条,几乎包含了一切规则的内容,此后的规则不过是对这三条的阐释,而这三条均被吸收进四规则说的第二、三、四条之中;而《规则》的第一、二、三条,则被吸收进四规则说的第一条;《规则》的第四条是关于方法必要性的,不涉及方法的实际内容。因此,《方法谈》的四条规则,应该是对复杂的方法问题进行分解时,所能找到的简单命

第二章
知识的确定性与方法

题。再次,四条规则之间的关系,也符合排序规则的要求,从第一条到第四条,正是一个从简单到复杂的过程。明见性规则是最简单的、自明的,它是知识的基本特征,是运用方法应达到的基本目标。分解规则基于明见性规则之上,越简单越明见,因此当化繁为简,把复杂的对象尽最大可能地加以分解。排序规则基于分解规则,在被分解出来的简单对象中,找出最明见的那一个或几个作为开端或基础,然后有序地推出其他东西。整全规则基于前面所有的规则之上,是对前述环节的综合,是运用方法所要达到的最终目标。最后,四条规则也符合整全规则的要求。笛卡尔指出:"代替那构成逻辑的数量庞大的规则,我会发现以下四条就足够了,只要我坚定不移地去遵守它们。"[①]

最后是四条规则的适用范围。在《规则》中,笛卡尔把它所寻求的方法学称作一般数学或普遍数学,这意味着即便该著作按他预想的那样最终完整地提供出来,它所提供的规则体系也只适用于能够被称作数学的学科。当然,在《规则》的一些地方,笛卡尔也模糊地流露出另一种观点,即他所寻求的是适用于一切科学的方法。在《方法谈》中,笛卡尔便明确地宣称,"我没有把这套方法固定到任何特殊主题(subject-matter)之上,我希望运用它有效地解决其他学科中的问题,跟过去解决算术中的问题一样"[②]。所以,《方法谈》中的方法,是真正普遍的方法,它无关乎任何具体学科,却适用于一切学科。任何一门科学要摆脱过去被各种意见充塞的

---

① René Descarte. *The Philosophical Writings of Descartes*, vol. I. trans., John Cottingham, Robert Stoothoff, Dugald Murdoch. Cambridge: Cambridge University Press, 1985, p. 20.

② René Descarte. *The Philosophical Writings of Descartes*, vol. I. trans., John Cottingham, Robert Stoothoff, Dugald Murdoch. Cambridge: Cambridge University Press, 1985, p. 21.

状态,都需要严格遵守这四条规则。唯其如此,各门科学才能获得由确定知识构成的完备体系。随后,笛卡尔便用这些规则来解决形而上学的问题和物理学的问题。

六、分析法和综合法

在《沉思集》中,为了回应梅森所收集的相关意见①,笛卡尔引入了分析法和综合法的区分。梅森等人先是对《沉思集》的观点从七个方面加以批判,然后又提了一条关于方法的建议:

> 在解决了所有这些难题以后,如果你能以几何学的方式从事整个论证,从一些定义、假设和公理入手,将会是值得的。……将会使你的读者似乎一下子就明白了一切。②

笛卡尔指出,几何学中常用的证明方法有两种,即分析法和综合法。梅森等人所建议的,从定义、假设和公理到问题的方法,属于综合法。诚然,大多数几何学作品中,所见到的只是综合法,但这并不意味着几何学不需要分析法,或者几何学家不重视分析法。相反,在笛卡尔看来,真正有助于人们发现几何学真理的实际上是分析法,也正因为分析法有如此巨大的作用,伟大的几何学家们才把它当作不可示人的奥秘,从而使几何学的方法主要显现为综合

---

① 指《沉思集》中的第二组反驳意见。在 1641 年的拉丁文第一版中,该组意见被归于"神学家和哲学家"。但是,在 1647 年的法文版中,则为"由可敬的梅森神父收集"。实际上,这些意见大多是梅森自己提出的。参见 René Descarte. *The Philosophical Writings of Descartes*, vol. Ⅱ. trans., John Cottingham, Robert Stoothoff, Dugald Murdoch. Cambridge: Cambridge University Press, 1984, p. 64。

② René Descarte. *The Philosophical Writings of Descartes*, vol. Ⅱ. trans., John Cottingham, Robert Stoothoff, Dugald Murdoch. Cambridge: Cambridge University Press, 1984, p. 92.

第二章
知识的确定性与方法

法。显然,《沉思集》中的此种观点与《规则》中的主张完全一致,只不过《沉思集》关注的重点是形而上学应该运用怎样的方法。笛卡尔主张,尽管几何学隐藏了分析法,似乎仅利用综合法就能取得很好的进展;形而上学则不然,它应该以分析法为主导,没有对分析法的详尽运用,形而上学只能得到一些意见,而不会有任何确定的认识。为何会如此呢?这缘于笛卡尔对两种方法的独特理解。

首先,笛卡尔对"次序(order)"和"证明的方法(method of demonstration)"做出了区分,这是为了避免人们常抱有的一种误解,即用次序来界定方法,从而把分析法理解为后推法,从被给予的结果推出其原因;或把综合法理解为前推法,从被给予的原因推出其结果。笛卡尔认为:"次序仅在于此,即最先提出的项必须在无后项之助的情况下被完全认识,余下诸项必须以这样一种方式来安排,即它们的证明只取决于前面的项。"①这种次序,是一切推理都应遵守的,无此次序,推理自身就会是无效的。因此,无论是分析法还是综合法,都包含着此种次序。以综合法为主的几何学,无疑具有此种次序,定义先于假设,假设先于公理,公理又先于被解决的问题。笛卡尔声称,他以分析法为主的沉思,也是依照此种次序进行的,他虽然在沉思二中已经谈到了身体,但直到沉思六中才谈及身体与心灵的实在区分,因为在沉思二中还不完全具备认清该区分的条件。

其次,笛卡尔分别阐述了他对分析法和综合法的理解。关于分析法,他认为它是使讨论中的事物被有序地发现的真正方式。这意味着,如果文本是依照分析法解决所研究的问题,那么读者只

---

① René Descarte. *The Philosophical Writings of Descartes*, vol. II. trans., John Cottingham, Robert Stoothoff, Dugald Murdoch. Cambridge: Cambridge University Press, 1984, p. 110.

要足够细心,就会完满地理解作者关于该物的主张,就好像这些主张是读者自己发现的一样。然而,分析法有一定的不足,这种不足并不涉及方法自身的效力,而是由于它要求将复杂问题分解为尽可能多的简单问题,读者如果缺乏耐心或注意力分散,就容易错失某些细节,从而影响结论的可信性。所以,笛卡尔指出,运用此种方法所证明的内容,很难使"一个喜好争论者或不专心的读者"①相信。分析法的劣势,正是综合法的优势,一般而言,只要读者接受了综合法由以出发的前提,就不得不接受随后得出的结论,正如几何学里惯用的论证所表明的那样。但是,综合法的不足要大于分析法,综合法没有对自己由以出发的前提加以辩护,没有对证明所依赖的主要概念进行充分的说明,从而它就"没有说明有关事物是如何发现的"②。在前文谈及寻求方法的必要性时,笛卡尔曾在《规则》中批评数学研究的弊病,指出数学家们虽然给我展示了许多几何学的真理,并以逻辑论证的方式得出了它们,但他们似乎并没有使我的心灵清楚地知道,这些事情为何应该是这样,以及它们是怎样被发现的。这说明,早在《规则》之中,笛卡尔就明确意识到了数学证明方法的不足,尽管那时他未明确将之称作综合法,而是泛泛地称作"逻辑论证的方式"。既然综合法不关心论证的前提由以被发现的方式,它就不能使真正的求知者满足,因为真正的求知者不仅要知其然,还要知其所以然;既然它由以出发的基本概念没有被领会得清楚明白,它的结论就还不具有绝对的确定性,从而无法经

---

① René Descarte. *The Philosophical Writings of Descartes*, vol. Ⅱ. trans., John Cottingham, Robert Stoothoff, Dugald Murdoch. Cambridge: Cambridge University Press, 1984, p. 110.

② René Descarte. *The Philosophical Writings of Descartes*, vol. Ⅰ. trans., John Cottingham, Robert Stoothoff, Dugald Murdoch. Cambridge: Cambridge University Press, 1985, p. 111.

第二章
知识的确定性与方法

受全面怀疑的拷打。

然而,考察笛卡尔对分析法和综合法的描述,笔者发现了一个让人疑惑的问题,它涉及一对概念,即 a priori 和 a posteriori。笛卡尔先是用 a priori 来说明运用分析法研究问题时事物被发现的方式,随后又用 a posteriori 称呼运用综合法进行的研究所具有的特征。令人不解的是,在同一句话中,笛卡尔又声称综合法比分析法更加 a priori。为方便理解,将相关表述的英文引用如下。

(1) 关于分析法与 a priori 的关系:"Analysis shows the true way by means of which the thing in question was discovered methodically and as it were a priori,……"

(2) 关于综合法与 a posteriori 的关系:"Synthesis, by contrast, employs a directly opposite method where the search is, as it were, a posteriori(though the proof itself is often more a priori than it is in the analytic method)."

卡丁汉英译本为引文(1)中的 a priori 加了一个注释。卡丁汉指出,笛卡尔对 a priori 的运用既与该词在中世纪的意义不同,也与该词在莱布尼茨之后的现代哲学中的意义不同。例如,a priori reasoning 被托马斯·阿奎那用来指"从原因到结果的推理";a priori truth 被莱布尼茨用来指"独立于经验而被认识真理"。此外,康德对 a priori 的使用也值得关注。他在《纯粹理性批判》中阐明了 a priori 的两种意义:其一,先于具体经验,例如一个在挖自己房子根基的人,他不必等到房子真正倒下,就可以在先地知道它会倒下,这里"在先"即 a priori,它虽然在某个具体经验之先,但毕竟最终仍来源于经验。其二,先于一切经验,例如"凡是发生的事情都有原因",这个命题是纯粹知性的基本原理之一,它不仅先于一切经验,而且是经验自身得以可能的条件之一,这里的"先于"亦是 a priori,而先于一切经验的综合判断如何可能,正是康德《纯粹理性批判》的总问题。关于笛卡尔对 a priori 的使用,卡丁汉写道:"当笛卡尔说分析的进程'就像 a priori'(lanquam a priori)时,他的意思是,它是从那种认识论上在先(epistemically priori)的开始,亦即从就沉思者遵循的'发现的次序'而言在先的东西开始。"①

笔者赞成卡丁汉从认识论上的在先解读笛卡尔的 a priori 的做法,但不同意他把分析法等同于从认识论上在先的东西开始的观点。在笛卡尔的哲学中,可以找到三种意义上的在先。第一种是"本体论上的在先"。如前所述,《规则》第六条中,笛卡尔区分了两种划分事物的方式,其中之一即亚里士多德式的依照本体论上的类进行的划分,基于此种划分,实体便具有了相对于偶性而言的本体论上的优先性。第二种是"逻辑上的在先",这是前提相对于结论而言的在先,单就其逻辑论证形式而言的综合法,所具有即是此种意义上的在先,即推理的任何一个环节,都是在先环节的逻辑结果。这类似于托马斯·阿奎那意义上的 a priori。第三种是"认识论上的在先",即要获得关于某物确定的认识,就得先行认识其他物。《规则》的第六条,又被我们称作条件规则,一切条件由此被从认识论上区分为两类,即绝对的和相对的,前者乃是一个知识系列中认识论上最先的东西。例如,就形而上学的知识来说,我思是认识论上最先的,而从本体论上说,上帝则是最先的。但是,纵观笛卡尔的六个沉思,我思乃是第二个沉思的主题,在其之前的沉思乃是对一切物的怀疑。笛卡尔曾明确指出,《沉思集》是他依照分析法写的。这意味着,分析法并不能被理解为直接从认识论上在先的东西出发。这是因为,认识论上在先的东西并不是明显地摆在

---

① René Descarte. *The Philosophical Writings of Descartes*, vol. Ⅰ. trans., John Cottingham, Robert Stoothoff, Dugald Murdoch. Cambridge: Cambridge University Press, 1985, p. 110.

第二章
知识的确定性与方法

那里的，而是被掩映在一堆错综复杂的意见背后，需要经过一番操作程序才能被发现的，尽管一经发现它就会在理性之光的照耀下清晰无比。在形而上学的沉思中，此番发现认识论上在先东西的操作，就是沉思一中的普遍怀疑。因此，在笔者看来，分析法的进程并不简单地是从认识论上在先的东西开始，而是从求索认识论上在先的东西开始。实际上，联系前述《方法谈》中的四规则说，完整的分析法，至少得由其中的两个规则构成，即分解规则和排序规则。分解规则即是寻找认识论上在先的东西的程序；排序规则即是从认识论上在先的东西不断向在后的东西推移的程序。

与综合法相应地 a posteriori，也应该从两个层面来理解。第一，就其否定层面而言，它不是逻辑意义上的在后。因为，如果仅从逻辑维度看，运用综合法的研究也是一个从在先的向在后的推移的进程。例如，几何学从定义、假设、公理到具体问题的解决，就是从在先的不断地向在后的推移，假设包含在定义中，公理基于假设，对问题的解决因此以抽象的方式在先地包含在定义之中。甚至，在笛卡尔看来，就证明而言，由于人们对形式逻辑规则的熟悉，综合法的 a priori 要高于分析法。第二，就其肯定层面而言，它是认识论意义上的在后。从认识论的程序看，几何学中的抽象定义是在后的。几何学家们实际上先是通过一系列分析程序，得出一些简单要素，然后它们被概括进定义之中，作为综合法的前提。只不过这个过程极为重要且相对简单，似乎不利于伟大几何学家的光辉形象，才被他们作为行业奥秘隐藏起来。不仅在几何学中，而且在经院哲学的形而上学中，综合法也是常用的方法。托马斯·阿奎那的《神学大全》即从论上帝开始，作为被造物的自我或灵魂较晚才被探讨。依照笛卡尔的论述，相对于我思，从认识论上讲，上帝是在后的。正是鉴于此种认识论上在后的特征，笛卡尔才主张综合法不能使那些真正的求知者感到满意。真正的求知者不

仅想知道关于某个对象的知识,而且还想知道这些知识是按照怎样的方式被发现的。因为只有知道了后者,才能判定这种知识是可疑的意见,还是不可疑的真知。

因此,如果能从多个层面理解笛卡尔的在先的和在后的,那么上述令人疑惑的问题便变得可以理解了。当笛卡尔用 a priori 描述分析法,用 a posteriori 描述综合法的时候,a priori 和 a posteriori 要分别被解读为认识论上的在先的和在后的。当笛卡尔主张"the [synthetic] proof itself is often more a priori than it is in the analytic method"时,其中的 a priori,则要被解读为逻辑上在先的。逻辑上在先的,认识论上可能是在后的,正如认识论上在先的,本体论上可能是在后的那样。

前文没有用固定的汉译来称呼 a priori 和 a posteriori,对此做一个说明也许是必要的。a priori 的译法有很多种,常见的有在前的、在先的、先天的、先验的、演绎的、知其所以然的等。然而,这些译法都不足以传达出笛卡尔赋予它的独特意义。在先的、先前的,传达出的是该词的基本含义。在《牛津拉丁语词典》中,priori 的用法有 8 条。其中第一条内容为"in a more forward position (than somebody or something else), in front, ahead",大意是"在一个(比某人或某物)更为靠前的位置""在前的"等;第五条内容为"(w. ref. to pairs of things, opp. posterior, etc.) the former, the earlier, the first-mentioned"[①],即是说,就其与 posterior 对立而言,意思是较前的、较早的、最先被提及的。因此,a priori 的原初含义便是空间上的在某物之前,然后引申出时间上的在先,再推而广之便有了本体论的、认识论的、逻辑的运用。在本体论的运用中,一般依其基本含义译出,即在先的。例如,相比于偶性,实体是在先的(a priori);相

---

① *Oxford Latin Dictionary*. Oxford: Oxford University Press. 1968, pp. 1459-1460.

第二章
知识的确定性与方法

比于有限实体,作为无限实体的上帝是在先的(a priori)。在认识论的运用中,往往不再依其本义译出,而是与哲学家的特定用法相结合,例如在康德哲学中,当 a priori 与知识、判断、直观等术语连用时,学者们通常译作"先天的"或"先验的"。在逻辑的运用中,它特指一种推理方式,即从原因到结果的推理,因此译法就更为具体。托马斯·阿奎那对 a priori 的逻辑运用,被译作"知其所以然的"或"先验的"。庞景仁的《沉思集》的汉译本中,把与分析法相关的 a priori 译作"由原因检查结果"①,这表明他并未注意该词在笛卡尔这里有认识论运用和逻辑运用之分。笛卡尔对该词的逻辑运用与阿奎那等人并无太大区别,因此可能还比较好译。然而,他对该词的认识论运用则非常独特,不太好译。如上所述,那认识论上在先的并不一定就是独立于经验的。因为在对经验事物的认识中,如果有些认识是另外一切认识的条件,那么充当条件的就是认识论上在先的。"先天"和"先验",从字面上看,意味着独立于经验或先于经验,所以就没有传达出笛卡尔认识论上在先的这层含义。此外,笛卡尔在形而上学的知识之中亦区分出认识论上的先后,从我思,到上帝,再到有广延的物质,便有一个认识论上从前到后的顺序。这些完全独立于经验的事物所具有的"在先的",其含义也无法通过"先天"或"先验"来传达。例如,如果说相比于上帝,我思在认识论上是在先的,这是可以理解的;但是,如果说相比于上帝,我思在认识论上是先天的或先验的,则是难以理解的。然而,如果仅仅用在先的来翻译,似乎又会造成笛卡尔赋义的流失。例如,"Analysis shows the true way by means of which the thing in question was discovered methodically and as it were a priori,……"在该句子中,笛卡尔用 a priori 来称呼运用分析法时的特定研究方式,"在先

---

① 笛卡尔:《第一哲学沉思集》,庞景仁译,商务印书馆,2010年,第162页。

的"显然无法很好地传达出这种复杂的含义。鉴于此,前文做了双重处理,即基本含义与原词兼用。所以,前文主要用在先的来翻译 a priori;而当在先的无法传达出笛卡尔的意思时,就用原词 a priori。

再次,综合法不适用形而上学的主题。综合法在几何学中取得的成就,是有目共睹的。但是,不能由此推出,如果形而上学采用相同的方法就能取得类似的成就。原因在于,两者的研究对象截然不同。早在《规则》中,笛卡尔就指明了几何学和算术异军突起的原因之一,即其研究对象的单纯性。数字和图形的单纯性,使之能够被理性清楚明白地领会,因此不容易出错。在《沉思集》中,笛卡尔又给出了两个原因:其一,几何学的真理所预设的一些基本概念,都有感官的运用与之相符合。这意味着,几何学中的推理不仅不容易出错,即便出错也可以被感官的运用校正。其二,几何学已经形成一套比较规范的教学方式,它的命题被分解为最小的元素,而且被设计得适合学生记忆,因此即便它们对这些东西由以发现的方式不理解,也能较好地对之加以运用,从而不断扩展自己的知识范围。然而,形而上学却不可能用几何学的方式取得什么像样的成就。这并不是因为形而上学的基本概念不够清楚明白,相反,在笛卡尔看来,"它们在本质上与几何学家所研究的主要概念一样明见,甚至更明见"[1]。之所以如此,是因为几何学具有的优势,恰好都是形而上学的劣势。首先,形而上学知识不仅没有相应地感官上的运用与之相符合,因为它们只是纯粹理智的对象,反而常被一些来自感官的先入之见搞得混乱不堪。正是在感官的诱导

---

[1] René Descarte. *The Philosophical Writings of Descartes*, vol. Ⅰ. trans., John Cottingham, Robert Stoothoff, Dugald Murdoch. Cambridge: Cambridge University Press, 1985, p. 111.

第二章
知识的确定性与方法

之下,使不少人错误地断定外在对象恰如被我们感觉到的那样实际存在着。"只有那些集中精力沉思,并将我们的心灵从有形事物中抽离出来的人,才能获得事物的完善的知识。"[①] 其次,在形而上学的教学中,没有几何学中那种广为接受的基本概念,所具有的都是一些意见。在《方法谈》中,笛卡尔指出,千百年来,哲学虽然吸引了大量优秀的头脑去探索,却无一点不引起争论,无一处不是可疑的。形而上学作为哲学的根基,更是如此。因此,如果不对形而上学知识做一番彻底分解,寻找到认识论上的绝对条件,还是像过去那样,从某几个接受下来的概念出发,综合地向前推进,那么形而上学迄今为止糟糕的状况将不会有任何改观。

"沉思"是将分析法运用于形而上学探索所形成的习作风格。在对只有分析法才是适合形而上学探索的方法做出清楚阐明之后,笛卡尔写道:"这就是我为什么写'沉思',而不是像哲学家那样写'论辩',或者像几何学家那样写'定理与问题'的原因。我这样做是想表明,我不会与任何不愿意与我一起沉思并专注地思考这个问题的人有任何瓜葛。"[②] 几何学家运用综合法进行研究,所能够取得的成就是从公认的定义、假设和公理出发,推出一些新的定理,解决一些新的问题。所以,定理与问题,是几何学的写作风格。经院哲学家则沉迷于以"精密"的三段论为主要形式的辩证法为自己的主张进行辩护,给予对手以打击。即是说,在任何一个问题上,他们总要为自己树立一个对立面,通过驳倒对手的方式,显示

---

① René Descarte. *The Philosophical Writings of Descartes*, vol. Ⅰ. trans., John Cottingham, Robert Stoothoff, Dugald Murdoch. Cambridge: Cambridge University Press, 1985, p. 111.

② René Descarte. *The Philosophical Writings of Descartes*, vol. Ⅰ. trans., John Cottingham, Robert Stoothoff, Dugald Murdoch. Cambridge: Cambridge University Press, 1985, p. 112.

自己主张的正确性。所以,其写作形式主要是论辩。笛卡尔反对这种论辩的写作方式,因为通过这种方式不可能获得真理。在同一个问题上真理只有一个,而在经院哲学所讨论的问题中,关于同一个问题往往有众多看法,而每个看法无论多乖谬,似乎都有博学的人支持,这就表明在此根本就没有真理。笛卡尔认为,形而上学知识不仅应该具有和几何学知识一样的确定性,而且还要成为几何学知识的确定性的根基。这样的形而上学如上所述,只能通过分析法完成,而由此所展现出来的写作风格,则是"沉思"。

在《笛卡尔与〈第一哲学的沉思〉》中,G.哈特费尔德(Gary Hatfield)对笛卡尔"沉思"风格的来源,做了说明。沉思先是作为一种灵修的方式,在宗教中得以应用和发展。罗马天主教耶稣会的创始人依纳爵·罗耀拉(Ignacio de Loyola,1491—1556)发明了一套灵修的方法。笛卡尔八岁进入拉弗莱舍学校就读,十六岁毕业后离开,据说在此期间曾参与过灵修。灵修实际上是一种心灵的磨砺,它有一套既定模式。

> 首先,撤离感官世界,以便沉思宗教形象(追随依纳爵),或者,清除心灵中的形象,以便体验与上帝的融合(如同奥古斯丁)。然后,训练意志,避免原罪的错误。在这个过程中,修炼者始终关注相关的认知能力:首先是感觉,然后是想象和理智,最后是意志。[①]

笛卡尔把这套灵修的方式,转而运用到哲学中去,成为一种研究哲学问题的特殊风格。首先,它与行动或实践对立,而与理论和思辨相应。在"六个沉思内容提要"中,笛卡尔指出,沉思所关注的不是信仰的、行动上的真理,而是思辨的或形而上学的真理。其

---

① G.哈特费尔德:《笛卡尔与〈第一哲学的沉思〉》,尚新建译,广西师范大学出版社,2007年,第44页。

第二章
知识的确定性与方法

次，作为一种研究风格，它又与经院哲学的论辩和几何学的定理与问题相对立。它着力于通过分析法，发现复杂问题由以形成的最基本的要素，并从这些要素出发，一步步建构起形而上学的知识体系。最后，它和宗教灵修类似，大抵由三个环节：①排除自小以来基于感官所形成的各种各样的偏见，发动理性关注精神自身，以获取确定知识，此环节可谓之"抽离"；②运用理性，或者通过直观，或者通过演绎，把需要研究的问题搞得清楚明白，没有一丝可疑之处，这是整个沉思的核心环节，也是分析法的得以施展的环节，所以称作"分析"；③下判断，心灵一旦通过前两个环节，把某物领悟得清楚明白，便会做出肯定或否定的断言，因此该环节可称作"判断"。

最后，分析法和综合法并不是截然对立的，而是互补的。首先，在成就斐然的数学中，如上所述，并不是只有综合法在起其作用，分析法也至关重要。实际上，依照笛卡尔，伟大的数学家与普通人之间的区别，可能就在于前者深谙分析之道，所以在数学中才有新的发现，后者则只懂得运用综合法，便只能理解他人已经发现的东西。其次，在形而上学中，分析法固然重要，但综合法也非不必要。对此，笛卡尔写道：

> 我知道，即使那些专心致志、认真追求真理的人，也会发现，既搞懂《沉思集》的整体结构，同时又弄清楚它由以组成的各个部分，是非常困难的。然而，我认为，如果读者打算获得我作品的全部益处，那么整体的综观和细节的审视都是必要的。因此，我将在此附上一个以综合

风格写就的简要说明,希望它将对我的读者有一点点帮助。①

这个所谓的"简要说明"即附在他对第二组反驳的答辩之后,题目为"按几何学方式证明上帝的存在和人的精神与肉体之间的区别的理由"。② 它由四个部分构成,分别是定义、假设、公理或概念、问题。其中定义有十个,分别是思维、观念、客观实在性、形式地存在或卓越地存在、实体、思维、广延、上帝、属性、实在的区别。如上所述,在晚于《沉思集》的《原理》中,以及在更晚的《真理》中,笛卡尔都认为像思维、怀疑、存在这样的概念是无法被定义的。试图用精确定义的方式来把握一切概念含义的做法,是经院哲学式的。笛卡尔在此之所以为"思维"等下定义,有两种可能。第一,他向神父们、经院哲学家们让步,试图以他们所能理解的方式让他们信服。从笛卡尔在文字间流露出来的意思看,他对那些保守且好辩的人真正理解沉思不抱信心。从他们提供的反驳来看,笛卡尔似乎认为这些对手既无法把握沉思的细节,更无法把握其整体。第二,他自己的思想进程似乎也允许他对这些概念做出定义。当说这些概念不可定义时,所指的是在运用分析法删繁就简、去芜存真的过程中,怀疑、思维、存在等会自身显现,为思维者清楚明白地领会。而当分析的进程走完,这些概念便获得丰富的含义,比如思维就包含意志、理智、想象、感觉等。由此,在综合的进程开始时,

---

① René Descarte. *The Philosophical Writings of Descartes*, vol. I. trans., John Cottingham, Robert Stoothoff, Dugald Murdoch. Cambridge: Cambridge University Press, 1985, p. 113.

② René Descarte. *The Philosophical Writings of Descartes*, vol. I. trans., John Cottingham, Robert Stoothoff, Dugald Murdoch. Cambridge: Cambridge University Press, 1985, p. 113.

第二章
知识的确定性与方法

便有可能对这些已经获得丰富含义的概念进行精确定义。紧随十个定义的,是七个假设。这些假设并不是几何学意义上的假设,而是一些要求。例如,第一个假设是,"要认识到,截至目前导致他们信任自己感官的理由是那么微弱,而他们在感官的基础上建立的所有判断是多么不确定"[1];第二个假设是,"要反思自己的心灵,以及它的所有属性"[2]。在七个假设之后,是十个公理,涉及存在及其原因、实在性的程度等。最后,是四个问题,前三个是对上帝存在的三种证明,最后一个是灵魂和身体区分的证明。据此可知,用综合法写作的这个"简要说明",不是关于沉思局部细节的,也不是关于哪一个沉思的,而是关于全部沉思的,是对全部沉思的综合性重写。当然,这种重写是简练的。笛卡尔说,要是展开写,综合性的写作要比分析性的写作篇幅更长。之所以没写更长的原因在于,"这一方面是为了达到简洁的目的,另一方面是为了防止有人认为下面的内容(即综合性地重写的部分——作者注)本身就足够了。有这种想法的人可能会减少对《沉思集》的注意;但我坚信,《沉思集》将会带来更大的好处"[3]。

总之,分析法和综合法是两种截然不同的方法,前者主要关注确定的知识如何被发现的方式,后者关注确定的知识如何不断扩

---

[1] René Descarte. *The Philosophical Writings of Descartes*, vol. Ⅰ. trans., John Cottingham, Robert Stoothoff, Dugald Murdoch. Cambridge: Cambridge University Press, 1985, pp. 114-115.

[2] René Descarte. *The Philosophical Writings of Descartes*, vol. Ⅰ. trans., John Cottingham, Robert Stoothoff, Dugald Murdoch. Cambridge: Cambridge University Press, 1985, p. 115.

[3] René Descarte. *The Philosophical Writings of Descartes*, vol. Ⅰ. trans., John Cottingham, Robert Stoothoff, Dugald Murdoch. Cambridge: Cambridge University Press, 1985, p. 113.

展自身的方式。因此,运用分析法有助于探究认识论上在先的(a priori)的东西,运用综合法则是从认识论上在后的(a posteriori)东西开始。几何学中所运用的主要是综合法,而这种方法的运用使几何学取得了巨大成就。形而上学则应该以分析法为主,迄今为主的形而上学之所以混乱不堪,皆源于分析法的缺席。沉思正是运用分析法研究形而上学问题所形成的习作风格,它区分于几何学运用综合法得出的定理和问题,也区分于经院哲学运用综合法所陷入的论辩。然而,分析法和综合法并不是对立的,而是可以兼容的。综合法之于几何学乃是表层,伟大的几何学家实则把分析法深藏起来。形而上学固然要以分析法为主,但为了方便人们理解,也需要引进综合法。

第三章
知识确定性与我思

　　本章主要探讨我思命题与知识确定性之间的关系。笛卡尔为了寻求形而上学知识的绝对项,同时也是人类知识体系的第一项,首先进行的是全面怀疑。那么,怀疑是如何依照先前所确立的方法有序进行的? 笛卡尔在不同文本中从事的怀疑是否有所不同? 通过怀疑,笛卡尔找到了人类知识的阿基米德支点,即我思命题。那么,该如何理解命题中的两项之间的关系? 从我思到我在是个因果推理么,抑或是根本没有推理,两者是直接等同的? 在确立了我必然存在之后,笛卡尔探讨了我是怎样的存在,我为何不能确定身体的存在,为何只能确定思维的存在,以及为何只有理智才是思维的真正本质。从必然真的我思命题,笛卡尔得出形而上学知识的第二原理,即真理总则。那么,确定性和真理性的关系如何? 思维的哪些样式有真假之分? 真理性与实在性有何关联? 真理为何被划分为质料之真和形式之真? 错误产生的根源为何?

一、全面怀疑

　　笛卡尔的怀疑基于他对自己的知识状况的不满,他声称"童年时期我曾把大量虚假的东西接受为真实的"①,随后又把一些不确定的原则当作基础,由此所形成的就只能是一些非常可疑的知识,其真实性是没有保证的。笛卡尔想要做的是"在科学中建立某种可靠的和持久的东西"②,要达成这目标,在他看来得首先清除旧见解,找出新原则,在其上建立起科学的大厦。他的清算方式不是表明旧见解都是错误的,而是表明旧见解是可疑的,因为在他看来,理性是不会接受任何可疑之物的,即便可疑之处只有一点点。并且,他还主张没必要逐一把旧见解拎出来考察,只需考察它们所依照的基本原则即可,如果这些原则被证明是成问题的,那么由全部旧见解所构成的大厦就会被看作建立在沙滩之上,因此是不牢靠的,从而就会被理性判定为不可信的。

笛卡尔将旧见解的首要原则概括为"迄今凡是我接受为最真实的东西,我都是或者从感官之中或者通过感官获得的"③。显然,这是一条关于知识确定性的感觉主义或经验主义原则,知识与对象相符合的证据只能是感官经验。笛卡尔对这条原则发起了挑战,他不是要证明这条原则是错误的,而是意图表明它并不像人们所认为的那样确定无疑。笛卡尔对感性知识确定性的挑战是分层进行的,从最可怀疑的逐级深入到最不可怀疑的,从模糊混合的组

---

① René Descarte. *The Philosophical Writings of Descartes*, vol. Ⅱ. trans., John Cottingham, Robert Stoothoff, Dugald Murdoch. Cambridge: Cambridge University Press, 1984, p. 12.

② René Descarte. *The Philosophical Writings of Descartes*, vol. Ⅱ. trans., John Cottingham, Robert Stoothoff, Dugald Murdoch. Cambridge: Cambridge University Press, 1984, p. 12.

③ René Descarte. *The Philosophical Writings of Descartes*, vol. Ⅱ. trans., John Cottingham, Robert Stoothoff, Dugald Murdoch. Cambridge: Cambridge University Press, 1984, p. 12.

第三章
知识确定性与我思

合逐步还原到清晰单纯的要素。

首先,就"不明显和距离很远的东西"[1]而言,感官会欺骗我们。"不明显"的东西是指那些容易被感觉忽视的东西,这样的东西在生活中很常见。人的注意力总是有限的,我们看到和听到的往往只是自己所关心的,那些虽然处在我们视域之内,但不太显眼、不能引发我们兴趣的东西,对感觉而言等同于不存在。由于距离造成的视差,对那些离得很远的东西,感官给我们提供的往往是错误信息。例如,太阳实际上硕大无比,但在我们看来不过如圆盘大小。然而,无论是"不明显的"还是"离得很远的",它们都是感官对象中的特例。即便一个彻底的感觉主义者,也不会认为人类的感觉时时处处都是可靠的,他也会承认在某些特殊状况下感觉是会出错的。只不过感觉主义者们相信这些错误是可以得到校正的,如果观察得更加仔细,不明显的东西就会明显起来;如果附以理性思考,就能形成关于离得很远的东西的正确判断。因此,揭示特殊状况下感官的欺骗性,并不构成对感觉主义原则的真正挑战。

其次,那些我们最熟悉的东西,甚至我们自己的身体和行动,都可能是幻觉。笛卡尔以自己为例,指出"我在这儿,坐在炉火边,身着冬日长袍,手捧这张纸,等等"[2]这类事情不是特例,而是人们的日常经历。无论是普通人,还是感觉主义的思想家,对由感官所提供的此类知识都坚信不疑。笛卡尔也认为,虽然此类知识来自感官,但人们通常并没有理由怀疑它们。然而,他并不认为此类知

---

[1] René Descarte. *The Philosophical Writings of Descartes*, vol. II. trans., John Cottingham, Robert Stoothoff, Dugald Murdoch. Cambridge: Cambridge University Press, 1984, p. 12.

[2] René Descarte. *The Philosophical Writings of Descartes*, vol. II. trans., John Cottingham, Robert Stoothoff, Dugald Murdoch. Cambridge: Cambridge University Press, 1984, p. 13.

识就是绝对确定的。因为除正常人之外,还存在一些"疯子",他们的大脑发生了病变,会产生一些幻觉,虽然衣衫褴褛地躺于冰冷的街角,但大脑中的画面却可能是舒服地坐在炉火边,身着长袍,手拿纸张思考哲学问题。从笛卡尔的论证目标来看,疯子的设想已足以表明人们最熟悉的感官知识也不是完全可靠的。然而,尽管在此感官知识不再是特例,但认识的主体却是特例,即不是正常人,而是疯子。因此,从论证效力来看,还是不充分的。笛卡尔尚需表明就一切正常人而言,最熟悉的事物也有可能是幻觉。为此,笛卡尔想到的是睡梦。每个正常人都需要睡眠,都会做梦,而我们"在睡梦中有着和疯子们在醒着时相同的体验,有时甚至更荒唐"①。在普通人看来,清醒状态和睡梦状态是比较容易被区分开来的,例如我可以判定我的头脑并没有发昏,我能够很好地控制我的肢体行动等,以此证明我是清醒的,而不是在做梦。但是,在笛卡尔看来,我们所以为的清醒可能只是假象,我们在梦中也并不会觉得自己在做梦,"决没有任何我们能由之将处于清醒还是处于梦中区别开来的可靠标记"②。因此,既然一切正常人都没办法很好地区分清醒和睡梦,那么我们所感知到的最为熟悉之物就并非绝对必然地是事物自身,从理论上无法彻底排除它们作为心灵自生幻觉的可能性。

最后,构成一切感官事物的基本要素,同样可能是不真实的。笛卡尔把前述两类感性事物都看作复合物,主张人们尽可以把这

---

① René Descarte. *The Philosophical Writings of Descartes*, vol. Ⅱ. trans., John Cottingham, Robert Stoothoff, Dugald Murdoch. Cambridge: Cambridge University Press, 1984, p. 12。

② René Descarte. *The Philosophical Writings of Descartes*, vol. Ⅱ. trans., John Cottingham, Robert Stoothoff, Dugald Murdoch. Cambridge: Cambridge University Press, 1984, p. 13.

第三章
知识确定性与我思

些复合物当作梦中之物,当作虚幻的假象,但无论如何不能将之等同于纯粹的虚无。它们皆由一些基本要素构成,这些要素通常被看作真实的,甚至是绝对必然的。在此,笛卡尔便运用分析法,对要解决的问题进行分解,并逐级还原为简单要素。他先是把"我穿着长袍坐在炉边拿着纸张"这样的复杂现象,还原为"眼睛、脑袋、手等等"①。复杂现象本身可能是心灵的虚构,但心灵不可能凭空造物,因此"眼睛"等要素或原料,应该是真实的。笛卡尔以画家作画为例,指出尽管画家可以运用想象力创造一些新奇事物,例如"人鱼"和"人羊"等,但它们由以组成的素材并不是画家虚构出来的,而是现实中动物的一些肢体。然而,一个极富创造力的画家可以不以现实世界中的任何事物为原型进行作画,他也许可以凭借自己的想象力创造出完全新奇的东西,但即使这样他还是不得不采用颜料来作画,而颜料毕竟是真实不虚的。这意味着,还可以对复杂现象进行二次还原。即是说,假使眼睛、脑袋、手等一切感觉现象所依附的器官及人的身体本身被看作虚构之物,那么是否还有一些简单的、真实的东西留下来呢?笛卡尔认为的确有比人的身体及感觉器官更为基本的东西,它们就是"一般的物质本性及其广延,有广延之物的形状,这些物的量、大小和数目,它们存在其中的位置,以及它们延续的时间,等等"②。画家作画,无论他是写实还是写意,无论他的作品多么地奇幻,总离不开颜料。感觉现象,无论它是清醒意识的具有客观实在性的观念,还只是梦中人的幻

---

① René Descarte. *The Philosophical Writings of Descartes*, vol. Ⅱ. trans., John Cottingham, Robert Stoothoff, Dugald Murdoch. Cambridge:Cambridge University Press,1984, pp. 13-14.

② *The Philosophical Writings of Descartes*, vol. Ⅱ. trans., John Cottingham, Robert Stoothoff, Dugald Murdoch. Cambridge:Cambridge University Press,1984, p. 14.

觉，都离不开广延、时间，都具有一定的形状、大小和数量。我的身体可以是虚构的，但它必定被设想为占据某个位置，具有某种形状，有多高、多重，延续了多长时间，是静止还是运动等。由此，笛卡尔指出，以具体的、复合的感觉现象为研究对象的物理学、医学等很容易就能发现其可疑性，但是，以一般的、简单的感觉要素为研究对象的算术、几何学，由于它们不依赖于具体的经验之物，因此就显得是确定无疑的。"二加三等于五""正方形总有四条边"等数学命题，无论我是清醒的还是睡梦中，不管整个感性的自然界存在与否，都是正确的。因此，这类知识应该是绝对必然和普遍有效的，绝对必然意味着其反面不可设想，普遍有效意味着它适用于一切条件。然而，笛卡尔的彻底怀疑的思想实验表明，它们并非如此。

为此，笛卡尔先是设想了一个骗子上帝。原本这世界上可能并没有天地，没有占据广延的物体，没有形状和大小，没有数量和时间，然而那创造了我的上帝却使我相信有这一切，且使我相信它们都如我感觉到的那样现实地存在着。并且，我以为绝对必然的数学知识，不过是他设计的一套错误程序而已，原本二加三不等于五，他却使算出五，而且使我坚信这样计算是绝对正确的。这个大胆的设想，影响深远。贝克莱接受了这个设想的第一方面，只不过不再把它当成骗局，而是将其看作被偏见遮蔽的真相。在他看来，天地万物并不像我们平常所以为的那样实存于精神之外，物质根本不是什么占据广延的实体，而是只存于精神之中，只是上帝放入我们心中的观念而已。康德接受了设想的第二个方面，但并不把它看作骗局，而是当成人类心灵的实际状况。在康德看来，算术是关于时间的学说，几何学是关于空间的学说，而时间和空间不过是人类直观的先天形式，因此算术和几何学只是对人类而言才是绝对必然和普遍有效的，就物自身而言，或者就上帝而言，二加三是

第三章
知识确定性与我思

不是等于五,正方形是不是只有四条边,则是我们无法知道的。当然,笛卡尔不是唯心主义者,他后来证明了物体的真实存在;他也不是不可知论者,实际上他坚信数学知识是关于事物自身的普遍真理,是来自上帝的确定知识。只不过此时他还没有找到建立科学大厦的首要原则,还行走在怀疑的道路上。所以,他说:"我们怎么会知道上帝没有这么做过。"①即是说,谁能向他担保上帝不是一个骗子呢。

佩尔格兰指出,"骗子上帝"这个假设的形象是在《沉思集》中才首次出现,它表明笛卡尔怀疑标准的彻底性,"任何论点、任何概念都不能逃脱这条独一无二的哲学标准,没有它,任何真理都不可靠"②。然而,这个假设毕竟太过激进,笛卡尔也许是担心会激起宗教人士的批评,就没有坚持。在假设上帝是骗子的同一段的末尾,笛卡尔就指出,上帝是被人们设想为全能和全善的至上存在者,"如果他创造了我,使我一直被欺骗,这不符合他的善意,那么,允许我偶尔被欺骗,也同样不符合他的善意"③。这似乎意味着,笛卡尔又否定了前述"质问",否定了骗子上帝的假设。这种前后矛盾似乎可以从当时的时代状况得到理解。十七世纪的法国存在着一个普遍的悖论,即一方面哲学开始宣称人的绝对的独立性和自决性,另一方面这又是一个政治和宗教强权的世纪,"如果人们不考

---

① René Descarte. *The Philosophical Writings of Descartes*, vol. Ⅱ. trans., John Cottingham, Robert Stoothoff, Dugald Murdoch. Cambridge: Cambridge University Press, 1984, p. 14.

② 丹尼斯·于斯曼主编:《法国哲学史》,冯俊、郑鸣译,商务印书馆,2015年,第133页。

③ René Descarte. *The Philosophical Writings of Descartes*, vol. Ⅱ. trans., John Cottingham, Robert Stoothoff, Dugald Murdoch. Cambridge: Cambridge University Press, 1984, p. 14.

虑到思想的内在自由与表达思想的外在不可能性之间的这种紧张关系，就不可能理解这个世纪的法国哲学历史"①。联系到笛卡尔本人，可能是鉴于伽利略的遭遇，他虽然于1633年就完成了《论世界与人》一书，但由于其中的力学观念以及对日心说的维护，他最终放弃了该书的发表。因此，出于哲学思考的自由和彻底性，笛卡尔做了"骗子上帝"的假设，毕竟从理性自身出发，没有什么能够阻止这个假设；然而，可能是出于宗教的考虑，他旋即又中止了这个假设，换了另一个更容易接受的假设，即"狡诈的妖怪"。实际上，这个狡诈的妖怪和骗子上帝只有名称上的不同，它拥有与后者一样的大能和骗术，可以使我们相信明明并不存在的万事万物，使我们在做数学题的时候每次都算错却又自以为绝对正确。既然设想这样一个大骗子并不存在什么矛盾，这就足以表明，我们过去的一切见解都是不确定的，我们有可能一直被愚弄。

　　这一番有序的怀疑，尤其是最后对狡诈妖怪的设想，使得过去一切"从感官或通过感官得来"的知识，都失去了确定性。从一方面看，这样做似乎并未带来什么积极的东西，它未能产生新的真理，也没有告诉我们知识确定性的标准究竟是什么；然而从另一方面看，它却给精神带来了"消极自由"，即"至少我有能力中止判断"②。尽管可能是狡诈的妖怪让我产生了一切旧见解，让我盲目相信各种各样的观念，但是他并不能完全控制我。相反，彻底的怀疑使我意识到"他决不能施加给我任何程度的强迫，无论他有多么

---

① 丹尼斯·于斯曼主编：《法国哲学史》，冯俊、郑鸣译，商务印书馆，2015年，第123页。

② René Descarte. *The Philosophical Writings of Descartes*, vol. II. trans., John Cottingham, Robert Stoothoff, Dugald Murdoch. Cambridge: Cambridge University Press, 1984, p. 15.

第三章
知识确定性与我思

强大和狡诈"①。

因此,通过一套逐级递进的怀疑操作,笛卡尔第一次向世人证明了精神的自由和理性的独立,一切感觉经验,一切外部权威,哪怕是高高在上的宗教信仰,都不能迫使理性相信任何东西,都不足以成为知识确定性的最终保证。我所相信的只能是理性证明为可信的。由此,笛卡尔便完成了对一切旧见解在原则高度上的清算。然而,笛卡尔同时也意识到了理论和实践的矛盾。尽管通过沉思,人们可以在理论上怀疑万物,保持思想的自由,但这是一个艰苦吃力的过程,而"惰性会把我带回日常生活"②。在日常生活中,人们自然地倾向于相信自己通过感觉经验获得的一切,会怀疑他所获得的理论自由不过是南柯一梦,与其艰辛地保持这种自由,不如沉浸于现实生活的愉快。"当他开始怀疑自己是否在梦中时,他却惧怕醒来,而是愿意尽可能长久地与这些令人愉悦的幻想共舞"③,由此便会重新掉入那些旧的见解之中。

以上关于笛卡尔怀疑的阐述主要以他的《沉思集》为依据,但是在早先发表《方法谈》时,笛卡尔就已经进行了类似的怀疑。对比两本书的相关内容,对理解笛卡尔思想的发展,乃至把握其知识

---

① René Descarte. *The Philosophical Writings of Descartes*, vol. Ⅱ. trans., John Cottingham, Robert Stoothoff, Dugald Murdoch. Cambridge: Cambridge University Press, 1984, p. 15.

② René Descarte. *The Philosophical Writings of Descartes*, vol. Ⅱ. trans., John Cottingham, Robert Stoothoff, Dugald Murdoch. Cambridge: Cambridge University Press, 1984, p. 15.

③ René Descarte. *The Philosophical Writings of Descartes*, vol. Ⅱ. trans., John Cottingham, Robert Stoothoff, Dugald Murdoch. Cambridge: Cambridge University Press, 1984, p. 15.

确定性理论的形成脉络,都大有裨益。从总体上看,《方法谈》不像《沉思集》一样专辟一个章节来细讲怀疑,其中对怀疑的论述比较简略,仅由如下一段话构成:

> 由于我们的感官有时会欺骗我们,我决定假设一切都不像它们引导我们想象的那样。由于有些人在推理中会犯错误,在最简单的几何学问题上也会犯逻辑谬误,而且我觉得自己和其他人一样容易犯错误,所以我把以前用作证明理由的证据都视作不可靠的加以拒绝。最后,考虑到我们在清醒时的想法也可能在我们睡觉时发生,而在睡梦中没有一个想法是真的,我就决心假装所有曾经进入我头脑的东西都不比我梦中的幻象更真实。①

引文虽然简要,但内容十分丰富。可以看出,就怀疑的对象而言,《方法谈》和《沉思集》似乎并无太大区别,都有三类,都涉及特定的感官现象、几何学、清醒与睡眠的难以区分等。当然,两本书的差别也很明显:从整体上看,其所怀疑的内容的排序方式不同;从细节上看,其对相关内容的怀疑方式也不同。

首先,从整体上看,《沉思集》以"从感官或通过感官得来"的知识为主线,先揭示出在不明显和离得很远的东西上感官的欺骗性,再进一步揭示出我们最为熟悉的感官之物的不确定性,最后表明那构成一切感官现象的最基本要素以及以这些要素为研究对象的科学的可疑性。因此,根本上说,《沉思集》的怀疑所针对的是一切

---

① René Descarte. *The Philosophical Writings of Descartes*, vol. Ⅰ. trans., John Cottingham, Robert Stoothoff, Dugald Murdoch. Cambridge: Cambridge University Press, 1985, p. 127.

第三章
知识确定性与我思

感性知识的确定性，当然感性知识不一定都是来自感觉经验的具体知识，如物理学、天文学等，也可能是关于一切感性现象基本要素的先天知识，如算术、几何学等。《方法谈》中的整体进程则与之不同，它先表明感性知识的欺骗性，再进一步断定理性推理的不确定性，最后得出一切思想如同睡梦般的虚幻性。因此，《方法谈》的怀疑所针对的就不仅是感性原则，理性自身也成了错误或可疑的根源。

其次，就细节而言，《方法谈》中对相关内容的怀疑方式也不同于《沉思集》。《方法谈》从经验表明在某些特定情况下感官具有欺骗性，直接推出一切感官现象都是不可靠的。《沉思集》则摒弃了这种武断的做法，把相关论证细分为三步：①就特定的感性现象而言表明感官的欺骗性；②就特定主体（疯子）而言表明一切感官现象的虚幻性；③（借助无法区分清醒与睡眠）表明就一切主体而言一切感官现象的虚幻性。此外，在论及几何学知识的不确定性时，《方法谈》的论证方式是表明我们在推理过程中经常犯错误，哪怕是在非常简单的几何学推理中，人们有时候也会搞错，据此推出一切基于推理的证明都是不可信的。《沉思集》的论证方式与之截然全不同，它不是把几何学当成推理知识，而是当成关于构成感官现象的最基本要素的知识。因此，人们在几何学中的错误，并不是所谓的推理错误。按照笛卡尔的论述，如果一个人能够时刻对自己运用理性的方式保持清醒，能够使自己求知的意志保持在适度的范围之内，那么他就能够避免推理错误。所以，在《沉思集》中，笛卡尔就摒弃了通过诉诸推理错误而使一切论证陷入可疑之中的做法，转而诉诸骗子上帝和狡诈的妖怪的假定，从而表明即便人们完全正确地运用了自己的理性，并进行在自己看来绝无错误的推理，但最终的结论依然不是完全确定的。

总之,相比于《方法谈》,《沉思集》中关于怀疑的论述,内容更加丰富,从一段变为一章;逻辑更加一贯,从简单罗列到由一个线索组织起全部怀疑;论证更加严谨,不再从特殊直接跳跃到普遍,而是从具体逐步还原到一般;怀疑更加彻底,不仅指向我的世界、身体和思想,而且还指向上帝。这种对比也印证了佩尔格兰的判定,即《沉思集》"这一文本在结构上比《方法谈》更为复杂也更为深入。它提出的入门起点或许比前一部作品所要求的更高,然而其成果也更扎实"①。据此,他甚至宣称《沉思集》在多个方面构成了"笛卡尔主义的完结语"。

二、我思,所以我存在

笛卡尔的怀疑尽管是全面而彻底的,但并不是怀疑主义式的,他不是为了怀疑而怀疑,不是把怀疑当作目的,而是当作消解成见的手段,当作通向确定知识的必由之路。依照笛卡尔的方法学,只有找到一个坚不可摧的阿基米德支点,作为人类知识的绝对项,才有希望建立起牢固的科学知识的大厦。既然通过一番彻底怀疑,全部旧见解都被归入不可靠之列,那么这是否意味着没有任何观念具有绝对的确定性,没有任何事物是真实不虚的呢?笛卡尔的回答是否定的。他主张,有一个观念是不可怀疑的,即"我思"。

笛卡尔在《方法谈》中写道:"我立即注意到,当我试图把一切东西都思考为假时,那个正在如此思考的我,必然是某物。并且,

---

① 丹尼斯·于斯曼主编:《法国哲学史》,冯俊、郑鸣译,商务印书馆,2015年,第139页。

第三章
知识确定性与我思

观察到'我思,所以我存在'[1]这条真理非常确实和可靠。"[2] 关于笛卡尔这里的论述,有两种常见的解读:第一,把"我思,所以我存在"视作一个从原因向结果的推理,其中"我思"是原因,"我存在"是结果。第二,把"我思"和"我存在"看作同位关系,"所以"被理解为"即"。

首先,因果关系的解读是错误的。我思不可能是我存在的原因。依照笛卡尔对因果关系的论述,结果所包含的实在性不能多于原因所包含的实在性。"存在"在笛卡尔看来,是像大小、数量一样的实在性。他在论证从上帝本质即可推出其存在时,所诉诸的

---

[1] 王太庆主张把"Je pense, donc je suis(拉丁文为 Ego cogito, ergo sum)"译作"我想,所以我是"。他认为该表达的旧译"我思故我在"未能准确传达笛卡尔的原意,因为人们一般把"在"理解为"在场"或"未死",但笛卡尔则把"suis(sum)"说成"是个东西""是个本体(实体)"。王太庆还认为,"是(sum)"比"存在(existentia)"更为根本。只是到了中世纪,在讨论"神是"问题时,"为了生动,将这个根本范畴加以具体化,描述成在时间空间中的'是',即所谓'存在(existentia)'。笛卡尔也继承了这个传统,所以他也说'是或存在'。"(笛卡尔:《谈谈方法》,王太庆译,商务印书馆年版 2000 年版,第 26—27 页)就 Ego cogito, ergo sum 而言,本文未采用王太庆的译法,也与旧译有分别,译作"我思,所以我存在"。理由如下:第一,"想"过于口语化,并且该字在单独使用时,往往被用来表达愿望,即"想要""想念"等,不如"思"的含义宽广。第二,汉语中的"是"与西语中的 sum 并不对应,这一点王太庆也是承认的,为了弥补这个缺陷,他建议赋予"是"以"起作用"的新含义,并改变它的读音,"请读者将'我是'的'是'字读重音,以区别于可以读轻音的系词'是'"。然而,赋予常用汉字以新义和新音,似乎并不是翻译中的通行做法。第三,笛卡尔本人并未严格区分 sum 和 existentia,将 existentia 理解为时空中的"是"的做法并不适合笛卡尔。对笛卡尔而言,existentia 和实义的 sum 的所指一样宽泛,无论是时空中的可感事物,还是单凭理性判定的精神性的东西,都可以用 exitentia 来描述。因此,把用作实义动词的 sum 译作"存在",是能够准确传达出笛卡尔原意的。

[2] René Descarte. *The Philosophical Writings of Descartes*, vol. I. trans., John Cottingham, Robert Stoothoff, Dugald Murdoch. Cambridge: Cambridge University Press, 1985, p. 127.

理由就是,既然上帝被设想为拥有一切实在性,那么它也一定包含存在,否则上帝概念就是自相矛盾的。因此,按照笛卡尔的逻辑,我存在应该比我思包含更多的实在性。所以,即便承认两者之间有因果关系,作为原因的也不应该是我思,而只能是我存在。

其次,同位关系的解读也是错误的。我思和我存在,两者并不直接等同。"思维,我用这个术语指一切在自我们心里、被我们直接意识到的东西。因此,意志、理智、想象和感觉的一切活动,都是思维。"①因此,我思乃是指意识的各种活动。我存在所意谓的则是这些意识活动必定是在某个现实的东西之中发生的,这个现实的东西乃是这些活动的载体。"那种被我们知觉到的一切直接寓于其中当作主体的东西,或者凭借它我们知觉到的一切方能存在的东西"②,就叫作实体。"思"是一种偶性,存在着的"我"则是其得以发生的实体。因此,我思和我存在之间并不是一种同位关系,而是偶性和实体的关系。

在论及从我思得出我存在为何如此确定时,笛卡尔指出,这无非是因为我们清楚地认识到"为了思考,必须存在"③。因此,"存在"是"思"的前提条件。就此而言,从我思到我存在的确可以被看作一个推理过程,不过它不是从原因到结果的前进式推理,而是有

---

① René Descarte. *The Philosophical Writings of Descartes*, vol. Ⅱ. trans., John Cottingham, Robert Stoothoff, Dugald Murdoch. Cambridge: Cambridge University Press, 1984, p. 113.

② René Descarte. *The Philosophical Writings of Descartes*, vol. Ⅱ. trans., John Cottingham, Robert Stoothoff, Dugald Murdoch. Cambridge: Cambridge University Press, 1984, p. 114.

③ René Descarte. *The Philosophical Writings of Descartes*, vol. Ⅰ. trans., John Cottingham, Robert Stoothoff, Dugald Murdoch. Cambridge: Cambridge University Press, 1985, p. 127.

第三章
知识确定性与我思

条件者到其条件的回溯式推理。然而,从另外一个维度看,它又不能被视作推理,因为在笛卡尔看来,这整个过程是可以直接被理性把握到的,属于理智直观的对象。存在方能思考,偶性基于实体,都是直接被领会到的,从而是绝对确定的知识,是最高的形而上学原理。

《沉思集》关于"我思,所以我存在"的论述与《方法谈》中的论述有两处不同。

第一,关于我思的描述。《方法谈》中的我思比较狭隘,仅指那把一切旧见解都视作假的或不可信的这类"我思"。《沉思集》中的我思则比较宽泛,"如果我使自己确信什么,或者仅仅想到什么,那么我就确定地存在着"①。这意味着,对《沉思集》的读者而言,即便你不接受笛卡尔的怀疑,不把世俗之见看作不可信的,而是相信感官世界的存在,相信物理学、几何学的可靠性,在此你也必定会得出我存在,只不过这里的"我"不是怀疑着的"我",而是相信着的"我"。

第二,添加了一个可能的反驳。在对一切旧见解展开怀疑时,尤其是对似乎具有绝对必然性的几何学知识进行怀疑时,笛卡尔假定了一种"狡诈的妖怪"。既然这个妖怪的假定,能够使我们关于世界的一切知识都失去原以为的确定性,那么它是否也同样使我关于自己的知识变得不确定呢?我关于自己存在的观念是否有可能只是这妖怪让我产生的虚幻假象呢?笛卡尔对此做了否定的回答,他写道:"如果他在欺骗我,那么在此情况下我毫无疑问地存在着;无论他如何欺骗我,只要我认为我是某物,那么它就决不会

---

① René Descarte. *The Philosophical Writings of Descartes*, vol. II. trans., John Cottingham, Robert Stoothoff, Dugald Murdoch. Cambridge: Cambridge University Press, 1984, p. 17.

使我成为无物。"①因此,即便存在一个这样的妖怪,他最多会引诱我在我究竟是什么的问题上犯错,我可能会错误地把自己当成占据空间的物质实体,但是他决无可能使我在我存在还是不存在的问题上搞错。一切对我的欺骗必定以我存在为前提,正如一切思维,无论真实还是虚幻,都必定依赖于我的存在一样。因此,狡诈的妖怪的假定所能削弱的只是一切对象知识的确定性,而不会影响到作为主体之我的存在的确定性。

总之,通过对"我思"内容的扩展和对一个可能驳论的添加,《沉思集》关于"我思,所以我存在"的论证更加严密了。

在确立了"我存在"是必然真的命题之后,笛卡尔面临的任务是阐明我是什么样的存在。这个任务被分解为三个问题:我曾认为我是什么?我能确知我是什么?我之所是拥有怎样的本性?

笛卡尔概述了对"我曾认为我是什么"的三种回答。首先,我曾以为我是"一个人",对于我是什么的追问,据此被转换成更为一般的关于人是什么的思考。其次,笛卡尔排除了从权威定义出发解答该问题的做法。"有理性的动物"是亚里士多德对人的定义,影响深远。但是笛卡尔认为通过它并不能清楚明白地得知人是什么,因为理性、动物这些概念本身的含义是模糊的,是有待阐明的。因此,这个看似简明的定义,如果细究之,则会引入另一些问题,另一些问题又会引入新的问题。最后,笛卡尔主张,应该关注的是那些来自我自己的本性,从而我一旦思考,我自己的存在就会涌入我心中的东西,因此是关于我存在的一些现象。这些现象被笛卡尔

---

① René Descarte. *The Philosophical Writings of Descartes*, vol. Ⅱ. trans., John Cottingham, Robert Stoothoff, Dugald Murdoch. Cambridge: Cambridge University Press, 1984, p. 17.

第三章
知识确定性与我思

分成两类,即身体和灵魂。其中,身体被笛卡尔描述为一架机器,它由头部、四肢、骨头、肉等组合而成;灵魂则是那使我自发地进行活动的东西。吃饭、走路、感觉、思维等行动,都是基于灵魂。至于灵魂的本性,笛卡尔声称,"我尚未细思之,或者我把它设想为某种稀薄的东西,像风,或火焰"①,精细且可散布于身体各处。笛卡尔还认为,我们决不会把灵魂与物体相混淆,物体占据空间,受到外力的推动才会运动,可以被感受和认识,灵魂则是主动的,是能感受、能思维的。

笛卡尔通过还原的方法解决"我能确知我是什么"的问题。还原的方法即寻求绝对项的方法,这需要先将复杂的问题分解为一些简单要素,然后把相关的不确定的东西排除掉,最后所剩之不可还原、不可排除的东西,即为绝对项。首先,那显现为一架机器的身体与外界物体并无实质差异,基于前述狡诈的妖怪的假定,一切物体的存在都是可疑的,都有可能是这个妖怪施加给我的幻觉。因此,我的身体可以被排除掉。其次,吃饭和走路尽管基于灵魂才可能,但并不是灵魂独立从事的活动,还依赖于身体的参与。我用嘴巴吃饭,用双腿走路,因此如果身体被还原掉,吃饭和走路及一切类似的人类活动也都被排除掉了。再次,感觉亦可被排除掉。离开身体就不会有感觉。感觉依赖于感官,感官依附于身体,因此感觉将随着身体一起被还原掉。最后,"只有它(指思维——作者注)不能与我分开"。"我是,我存在,这是确定性。但是,我存在多久呢?我思维多久,就存在多久。因为有可能我一旦停止思维,便

---

① René Descarte. *The Philosophical Writings of Descartes*, vol. II. trans., John Cottingham, Robert Stoothoff, Dugald Murdoch. Cambridge: Cambridge University Press, 1984, p. 17.

完全停止了存在。"①。在笛卡尔看来,存在总是在时间中的存在,我唯有凭借思维才能确定地判定我存在,因此我何时思维我便何时必定存在,一旦停止思维我就再也无法确知我是否存在。据此可知,笛卡尔对存在与思维关系的理解是双向的:一方面思维依赖存在,必须存在,才能思维;另一方面存在又依赖思维,唯有思维,才能判定存在。所以,唯有思维才是与我的存在内在相关的东西,它是对我之所是进行还原时最终剩下的东西,是我的本质属性。

笛卡尔还表明,联结存在和思维的是时间,存在总是时间中的存在;思维一旦停止,我的存在同时就失去了确定性。此种对"存在-时间-思维"三位一体的理解,对后来的思想家影响巨大。例如,康德把时间看成内感官的直观形式,所谓内感官就是经验自我,就是那感觉着的、欲求着的、认知着的、作为内部现象之统一体的存在者。海德格尔接受了笛卡尔的"必须存在,才能思维"的观点,借此从胡塞尔的认识论的现象学,转向存在论的现象学。此外,他还在一定意义上承袭了笛卡尔的"存在-时间-思维"三位一体的结构,存在于时间中方能展开自身,而此展开过程唯有通过"我"或"此在"之思,其意义才能开显出来。当然,这只是表明后来的这些思想家与笛卡尔之间具有一种思想上的亲缘性,并不意味着他们对这个问题的见解与笛卡尔完全相同。实际上,康德区分了两个"我",一个是作为内感官的经验自我,一个是作为本源统觉的先验自我,康德往往只在后一种意义上谈论"我思"。海德格尔则反对笛卡尔对我与世界及我与自身关系的表象式理解,把我在世界之中理解为类似于水在杯中,把我的存在首先理解为反思的对象。

---

① René Descarte. *The Philosophical Writings of Descartes*, vol. Ⅱ. trans., John Cottingham, Robert Stoothoff, Dugald Murdoch. Cambridge: Cambridge University Press, 1984, p. 18.

海德格尔认为此在在世界之中的更加本源的方式,是实践活动,是我与人和物打交道的活动,只有在这活动发生"残断"时,人们才会产生求知的需求。

三、思维与理智

笛卡尔通过区分观念内容、观念活动和观念主体,来判明我之所是的本性。在确立思维作为我的本质属性之后,笛卡尔追问道:"我是什么?一个思维之物。那么,一个思维之物是什么?"①这就是在追问我之所是拥有怎样的本性。

笛卡尔在对思维现象进行描述的基础上,主张我们可以通过直观来把握事情的真相。根据他的论述,如果一个人观察自己基于本性所从事的思维活动,他就会发现:一开始他可能会对很多问题充满怀疑,假如通过掌握一些关键概念揭穿了事情的真相,他就会做出肯定或否定的判断,这会导致他意欲或厌恶某物;而在愿望得不到实现时,他有可能会发动想象以获得某种虚假的满足,当通过努力终于把想要的东西做出来时,他看到或摸到该物就会感到愉悦。依据此种关于思维现象的描述,笛卡尔主张:"一个思维之物,就是一个在怀疑,在领会,在肯定,在否定,在想要,在不想要,也在想象,在感觉的东西。"②笛卡尔指出自己得出结论的方式是非常清楚明白的,因为事情本身就是如此明见,所要做的仅仅是如实

---

① René Descarte. *The Philosophical Writings of Descartes*, vol. Ⅱ. trans., John Cottingham, Robert Stoothoff, Dugald Murdoch. Cambridge: Cambridge University Press, 1984, p. 19.

② René Descarte. *The Philosophical Writings of Descartes*, vol. Ⅱ. trans., John Cottingham, Robert Stoothoff, Dugald Murdoch. Cambridge: Cambridge University Press, 1984, p. 19.

地加以描述,"我在怀疑、在领会、在意愿,是如此明见的事实,以至于我们决不会实质更清楚"①。即是说,我们只需把注意力转移到思维自身,不需要复杂的逻辑推理或别的什么手段之助,就可以直观到思维的本性。

直观之所以可能,依据的是笛卡尔对观念结构的理解。笛卡尔认为唯有通过观念,思维才被我们意识到。因此,上述思维现象实际上是观念现象,而一切观念之所以可能,都基于三个要素:①拥有观念的主体,即存在着的我,我是各种观念的承载者,是实体;②主体所从事的观念活动,即怀疑活动、领会活动、肯定或否定活动、意欲或厌恶的活动、想象活动、感觉活动等;③观念所具有的内容,即被怀疑的问题、所领会的概念、肯定或否定的判断、意欲或厌恶的事项、想象或感觉到的事物等。当笛卡尔追问"什么是一个思维的东西"时,他所问的并不是观念具有怎样的内容,而是那作为观念主体的我从事着怎样的观念活动。依照他的全面怀疑,观念的内容尽管是主体观念活动的结果,却有可能受到一个狡诈妖怪的作祟而是虚假的,从而与现实地存在于观念之外的对象毫无关联。然而,那拥有观念的主体的存在是不可怀疑的,主体所从事的观念活动也不会因为其内容的虚假而被取消。相反,只要主体存在,这些活动就必定存在。这些活动与我的思维没有分别,实际上它们都被直观为思维的诸样态。

然而,笛卡尔关于我是什么的还原与直观的论述,似乎存在矛盾。在寻求与我的存在不可分离地相结合的东西时,笛卡尔主张感觉同吃饭、走路等活动一样,都可被还原掉,唯有思维才是最后

---

① René Descarte. *The Philosophical Writings of Descartes*, vol. Ⅱ. trans., John Cottingham, Robert Stoothoff, Dugald Murdoch. Cambridge: Cambridge University Press, 1984, p. 19.

第三章
知识确定性与我思

的剩余,这意味着感觉和思维完全不同。在探究我之所是的本性时,笛卡尔又主张感觉同想象、领会等活动一样,与思维无法分别,它们被直观为思维的不同类型。那么,笛卡尔此处的矛盾是由表述不慎造成的,还是内在于其思想之中呢?笔者认为是前者。虽然同为感觉一词,但是被还原掉的感觉和作为剩余的感觉是本性不同的东西。前者是指那种凭借感觉器官接受和认识对象的活动,感觉器官存在于身体之中,既然身体可被悬置,此种意义上的感觉就也可以被还原掉。后者是作为纯粹思维活动的感觉,即便基于感官活动的感觉丧失了确定性,但是由此依然会有一种思维现象被保存下来,即我觉得自己好像看到了或听到了什么等等。因此,尽管作为感官活动的感觉以及由此所获得的事物的观念都可能是虚假的,都可以被还原掉;然而,作为纯粹观念活动的感觉则不可能为假,"所谓'拥有感性知觉'就完全是这种东西,在这个语词的严格意义上,它就是思维"①。所以,笛卡尔关于感觉的观点实际上并无矛盾,他只是有时用词不太严格。

当然,笛卡尔在此并未真正否认感觉器官的存在,他只是对其存在的确定性存疑,只是设想感觉自身可以是脱离肉体的纯粹思维。但是,此种大胆设想,却激发了后来的思想家,并使彻底的唯心主义哲学得以可能。在笛卡尔之前,哲学史上并无真正彻底的唯心主义者。以柏拉图为例,他因其著名的理念论经常被人们称作客观唯心主义者。理念论所描画的世界,实际上包含三个维度:第一,现实世界,它是可感事物的集合体,任何可感事物都具有两方面要素,即形式和质料;第二,理念世界,由作为事物形式之原型

---

① René Descarte. *The Philosophical Writings of Descartes*, vol. Ⅱ. trans., John Cottingham, Robert Stoothoff, Dugald Murdoch. Cambridge: Cambridge University Press, 1984, p. 19.

的理念构成,它高高在上,是世界呈现出如此这般状况的决定者,也为世界未来之发展规定了方向;第三,质料或物质世界,由不具任何形式的质料构成,它无形无相却又无时无处不在,离开它一切形式便失去了依附。因此,从本体论上看,柏拉图实际上是个二元论者,精神和物质是两类截然不同的东西,两者相结合才使现实的可感世界得以可能。他之所以被当作唯心主义者,是因为人们看到柏拉图把理念看作事物之所以如此这般地呈现的根源,然而却忽视了物质才是事物之所以能够呈现的根基。精神可以规定物质,却不能产生物质。因此,被看作古代唯心论代表的柏拉图并不是彻底的唯心主义者。当然,作为近代哲学创始人的笛卡尔也是个二元论者,但他提出的大胆的设想,即把我们所感觉到的物质以及用以感觉物质的器官和基于这些器官的感觉都设想为虚假的,设想为纯粹思维活动及其产物,这显示出将物质彻底观念化的可能,激发了贝克莱、费希特等人提出彻底的唯心主义体系。

笛卡尔通过观念内容与观念活动的必然相关性,论证理智活动是"我"确定无疑地拥有的且比感觉和想象更加高级的思维样态。

首先,笛卡尔探究了我们关于物体的知识由怎样的观念构成的。他的回答是,相比于感觉和想象,由理智得来的观念更加可靠,更能够反映事物的客观状况。他为此所提供的论证包含密切相关的三个层面。

第一,证明由感觉形成的对事物的认识不可靠。以蜂蜡为例,笛卡尔写道:

> 当蜂蜡刚从蜂房取出时,它还没有完全失去蜂蜜的味道;它还保留一些从花里采来的香味;它的颜色、形状和

第三章
知识确定性与我思

大小一目了然;它坚硬、冰冷,可以毫不费力地处理;如果你用指节敲打它,它会发出声音。①

味道、香气、颜色、形状、声音等都是人们关于蜂蜡的感性认识,它们如此清楚明白地呈现在心灵之中,似乎是切实可靠的。然而,一旦把蜂蜡拿到火炉旁,受到炙烤后,原先所感到的一切都会发生变化,甜味将消散,香气将消失,颜色和形状都会改变。这表明,经由感觉所获的观念是不可靠的,它们并不是对事物状况的客观反映,甜味、大小等只是人的主观感受,蜂蜡本身无所谓甜与不甜。

第二,证明关于蜡的确定认识无法由想象获得。笛卡尔追问,当剥除一切基于心灵而产生的感觉之后,就蜡自身而言,还剩下些什么东西呢?在他看来,所剩下的只有广延,以及与广延相关的伸缩性、变动性等。蜡作为有广延的可变之物,意味着自身既可以是方的,也可以变成圆的、三角形的等,这种变化的可能性是无限的,而无限的东西是没有办法通过想象把握到的。在笛卡尔看来,凭借想象力,我们尽管可以清晰地构想一个五边形或十边形,却无法构想一个千边形,更不可能构想变化的无限可能性。因此,凭借想象无法真正认识蜡自身。

第三,唯有凭借理智才能认识这块蜡以及一般的蜡。这块蜡作为有广延的可变之物,由于变化的无限性,只有凭借理智才能被领会。眼睛等感官所得到的仅是主观观念,想象力所想到的仅是有限物,那具有无限可能的物体自身便只能够用精神来观察。在此,笛卡尔还试图通过语言分析的方法,揭示日常语言如何使人们误入歧途。假如有一个白色的柱状物摆在面前的桌上,人们可能

---

① René Descarte. *The Philosophical Writings of Descartes*, vol. Ⅱ. trans., John Cottingham, Robert Stoothoff, Dugald Murdoch. Cambridge: Cambridge University Press, 1984, p. 20.

会根据其颜色和形状说"我看到一个蜡块"。笛卡尔认为,这种说法是错误的,它导致人们把主观感觉等同于事物自身。实际上,白色和柱状并不是蜡本身的性质,能够使我们产生同样观念的东西可能是一块糖果或别的什么东西。正确的表达应当是"我判断这是一块蜡"。各种感觉和想象观念为理智活动提供材料,而对一个事物本身究竟是什么,必须由理智通过判断做出。尽管感觉和想象观念可能是清晰的,但它们同样可以为其他动物具有,唯有理智才是人类特有的精神活动。当然,主张我们唯有通过判断才能把握事物的本质,并不意味着判断就不会出错,在证据有问题或不够充分的时候,人们往往会做出错误的判断。比如,那被判定为蜡块的白色柱状物实际上是方糖,但这并不是对精神活动的否定,它恰好是人类精神自由本性的证据。笛卡尔对知识的此种分析,极富有启发性。哪怕是最基本的知识,也无法单独通过感觉经验被给予。甚至即便有想象力的加入,也无法获得有关对象自身的确定知识。判断才是知识的基本单位,而唯有凭借理智活动才能下判断。外部对象无疑都是经验的对象,关于此种对象的知识都是经验知识,经验知识的基本形式是经验判断,唯有经验判断才是关于对象自身的,因此是客观的知识。康德对经验知识的分析便受到笛卡尔的影响。在《纯粹理性批判》第一版中,康德主张一切经验知识都基于三重综合之上,即直观中领会的综合、想象中再生的综合、概念中认定的综合。通过前两种综合,即通过感觉和想象的活动,我们并不能获得确定知识,而只是得到一些材料,唯有通过第三种综合,通过基于概念之上的理智的判断活动,才可能形成客观有效的知识。对康德而言,经验就是经验知识,而经验知识都是由经验判断构成。这种对经验及其知识的智性化理解,在笛卡尔这里就已经有了较为明确的表述。

其次,笛卡尔探究了我之所是的精神性,这种探究基于观念内

第三章
知识确定性与我思

容与观念活动的必然相关性,它亦有三个层面。第一,我作为感觉者而存在比存在着可感的物体更加确定无疑。"如果我从我看到蜂蜡的事实来判断它的存在,显然,这同一事实更加明见地意味着我自己也存在。"① 被看到的蜡,甚至看蜡的眼睛,都因狡诈妖怪的假定而可被设想为虚幻的,但蜡作为观念的内容并未被否定,它之所以产生,必是因为我拥有相应地观念活动。因此,"看"作为纯粹思维活动现实地存在着,就比被看到的东西现实地存在着更加确定无疑。第二,我作为想象者而存在比存在着被想象到的物体更加确定无疑。"如果我是从我想象它这个事实判断它存在,……我也会得到完全相同的结论。"② 即是说,如果被想象的物体因其被想象而使我判定其存在,那么我对作为想象者而存在的判定,就更加确定无疑。第三,我作为精神性的东西而存在,是最为确定无疑的。通过上一段论述得知,在笛卡尔看来,要获得关于物体的可靠认识,仅凭感觉和想象是不够的,还必须依赖理智的判断活动。这意味着,关于蜡块以及其他一切外部物体,我们通过理智所获得的概念和知识,要比通过感觉和想象获得的观念更加清楚明白。相应地,我关于我作为精神性存在者的观念,就要比我作为感觉者和想象者的观念更加清楚明白。因此,"每个有助于我知觉蜡或任何

---

① René Descarte. *The Philosophical Writings of Descartes*, vol. Ⅱ. trans., John Cottingham, Robert Stoothoff, Dugald Murdoch. Cambridge: Cambridge University Press, 1984, p. 22。

② René Descarte. *The Philosophical Writings of Descartes*, vol. Ⅱ. trans., John Cottingham, Robert Stoothoff, Dugald Murdoch. Cambridge: Cambridge University Press, 1984, p. 22。

其他物体的理由,都不能不更有效地确证我自己的精神本性"①。

据此,笛卡尔通过观念内容和观念活动的必然相关性,不仅证明了我作为"一个思维的东西"是在感觉、在想象、在领会的存在者,而且证明了我作为具有理智的精神性存在者的观念,要比我作为在感觉、在想象的存在者的观念更为清楚明白。因此,理智的精神性才是我之所是的真正本性,是我区别于其他一切动物的标志。

总之,通过普遍怀疑确立"我存在"的不可怀疑性后,笛卡尔旋即分三层探求"我是怎样的存在"。首先,他探讨了我曾以为我是怎样的存在,相关现象被他归为两类,即身体和灵魂,前者与物体无异,其本性都是占据广延,后者是自发能动的东西,可促使身体从事各种行动,能进行感觉、思维等活动。其次,他以还原的方法寻求我真正之所是,并发现就我的存在而言,身体、行动、感觉等现象都可以被排除掉,而唯一不可排除的是思维,因为唯有凭借思维才能判定我之存在。最后,他以观念内容和观念活动必然相关为线索,证明我作为思维而存在比物体存在的观念更清楚明白,而我作为理智的精神性的存在者比我作为在感觉、在想象的存在者更为清楚明白,由此理智的精神性被判定为我区别于其他一切事物的本性。

四、确定性与真理性

方法学关乎寻求真理的一般方法,它不仅适用于数学,而且适用于形而上学、物理学等。普遍怀疑被称作形而上学怀疑,它实际上是笛卡尔对既有形而上学知识运用分析法的一个步骤,即将复杂问题还原为简单命题,并从中找到最简单、最确定的命题,该命

---

① René Descarte. *The Philosophical Writings of Descartes*, vol. II. trans., John Cottingham, Robert Stoothoff, Dugald Murdoch. Cambridge: Cambridge University Press, 1984, p. 22.

第三章
知识确定性与我思

题随后便可充当一个认识条件系列的绝对项。寻求绝对项,在《规则》中被笛卡尔视作其方法学中最有用的规则,视作"秘密的秘密"。在《原理》中,笛卡尔把科学体系比作一棵树,形而上学乃是树根,这意味着形而上学乃是科学体系的绝对项,因此寻求形而上学知识的绝对项即寻求全部人类知识的绝对项。这个绝对项不是一个概念或观念,而是一个命题,即"我思,所以我存在"或"思维之我存在"。该命题不再可以被怀疑,因此是绝对确定的;该命题最简单,因此是凭借直观就可领会的。在《沉思集》中,与该直观相伴随的是思维如何存在,它作为感觉、想象、记忆和理智而存在,而理智随即又被直观为思维的本质。因此,通过"沉思一"和"沉思二",我们便收获了关于思维的存在与本质的真理,使形而上学知识有了坚实的立足点。然而,随后出现的问题是,如何从这个阿基米德支点开始,使思维走出自身,从而建立人类知识的牢固大厦。为此,笛卡尔提出了那个关于真理的著名规则,即"凡是我们领会得非常清楚和明白的东西,都是真的"[①]。这个清楚明白的规则并不如表面看起来那么清楚明白,而是有不少难解之处。首先,清楚明白不仅是真理的标准,它也常被笛卡尔用于描述确定性,那么确定的和真的,或确定性和真理性之间是什么关系?其次,该如何理解真的或真理,真的东西有哪些类别?

[①]《方法谈》中的此规则的英译为:"… the things we conceive very clearly and very distinctly are all true."(René Descarte. *The Philosophical Writings of Descartes*, vol. I. trans., John Cottingham, Robert Stoothoff, Dugald Murdoch. Cambridge: Cambridge University Press, 1985, p. 127);《沉思集》的拉丁版英译为:"… whatever I perceive very clearly and distinctly is true.";《沉思集》法文版英译为:"… all the things which we conceive very clearly and very distinctly are true."(René Descarte. *The Philosophical Writings of Descartes*, vol. II. trans., John Cottingham, Robert Stoothoff, Dugald Murdoch. Cambridge: Cambridge University Press, 1984, p. 24)

(一）真理性与确定性的关系

对于笛卡尔哲学中确定性和真理性的关系，通常有以下三种理解。

第一，"确定的"高于"真的"，即真的可能是不确定的，但确定的都是真的，因此确定性的要求高于真理性。此类解读的文本证据是，在笛卡尔的作品中，truecertainty 的表达几乎见不到，certain truth 却是个常见表达，它意味着，至少从语言层面看，不是一切 truth 都是确定的，否则 certain truth 就会是一个无意义的表达了。依此，上述总则就不是关于一切真理的，而只是关乎"确定的真理"，或者说"非常地清楚和明白"乃是真理之具有确定性的标准。从哲学内涵来看，此解读至少有两方面的合理性。

首先，有些认识虽被称作真理，却是不确定的。当时，诸多既有学科都自诩与真理打交道，然而经过甄别，笛卡尔发现很多所谓的真理都是不确定的，他的全面怀疑向世人揭示出，不仅关乎具体感官事物的物理学、天文学是不确定的，甚至连看似最严格的数学也不具有绝对的确定性。实际上，在《规则》中，笛卡尔对方法的关注，即是意图寻求获取具有确定性的真理的规则。在此，笛卡尔写道，"除了明显的直观和必然的演绎之外，没有通向关于真理的确定的知识的可行之路"，以及"针对复杂事物，演绎是我们能确定其真理的唯一手段"。① 所以，既有学科所宣称的真理之所以不具有确定性，或是因为妄图使用直观和演绎之外的其他方式，或是因为没有掌握直观和演绎的相关规则从而对之做了错误的运用。在"沉思五"中，笛卡尔指出，每个人都可以正确地领会一个三角形，尽管

---

① *The Philosophical Writings of Descartes*, vol. Ⅰ. trans., John Cottingham, Robert Stoothoff, Dugald Murdoch. Cambridge: Cambridge University Press, 1985, p. 48.

第三章
知识确定性与我思

我们不能由此判定它的存在是确定的真理,但是像"三角形内角之和等于两直角""最大的角对着的边最长"等,"所有这些属性都确定地为真,因为我们清楚地意识到了它们,因此它们就是某物,而不仅仅是无"①。清楚地被意识到,乃是真之确定性的标准。在领会一个三角形时,其实际存在并未被清楚地意识到,因此"该三角形存在"虽然不一定为假,但也不确定为真;但是其本质属性则被清楚地意识到了,因此"三角形内角之和等于两直角"便确定地为真。

其次,真理有或然的和必然的之分。或然的真理主要与人们的日常行为有关。在《原理》中,笛卡尔指出,"我们不应该怀疑那些关乎生活行为的或然真理,然而同时也不应该把它们看得如此确定,以至于当一些明见的理由迫使我们做出改变时,我们依然不为所动"②。实际上,在大多数情况下,笛卡尔并不把日常行为所依照的东西称作规则,而是称作准则,规则是客观的、普遍的,准则是主观的、私人的;也不把人们对行为的具体情境和应当采取的最佳方式的判断称作真理,而是称作意见。但是,有时候他把此类意见称作或然真理,引文中即是如此。真理的或然性体现在,它不是确定不变的,而是随着具体情况的变化而变化。在《沉思集》中,笛卡尔的相关主张更加极端。他指出,在涉及日常行为时,"我不认为我们应该只赞同清楚地知觉到的东西。相反,我认为我们甚至不应该总是等待或然的真理"③。这是因为,在一些情境下,尤其在事

---

① *The Philosophical Writings of Descartes*, vol. Ⅱ. trans., John Cottingham, Robert Stoothoff, Dugald Murdoch. Cambridge:Cambridge University Press,1984,p. 45.

② *The Philosophical Writings of Descartes*, vol. Ⅱ. trans., John Cottingham, Robert Stoothoff, Dugald Murdoch. Cambridge:Cambridge University Press,1984,p. 182.

③ *The Philosophical Writings of Descartes*, vol. Ⅱ. trans., John Cottingham, Robert Stoothoff, Dugald Murdoch. Cambridge:Cambridge University Press,1984,p. 106.

情复杂或情况紧急时,行动者对自己的选择可能根本没有任何知识,不仅没有确定的真理,甚至或然的真理也不具备。但他仍必须做出选择,那么他只要意识到所选方案相比于其他可能的方案更优即可,因为此时选择的果断性和执行的坚决性,比认识的确定性更加迫切和重要。与或然真对立的是必然真。通过怀疑一切的分析程序,笛卡尔求索到人类知识的绝对项,一个最简单,因之亦最确定无疑的形而上学命题——"有我(I am)"或"我存在(I exist)"。对于该命题,笛卡尔写道:"每次我提及它或心中领会到它时,它都必然是真的。"① 那么,其中的必然性缘于何?依照笛卡尔的论述,缘于该命题的形而上学的确定性。此种确定性是绝对的,思维的一切内容都可以怀疑,但思维自身无论如何都不可怀疑。笛卡尔曾在《沉思集》中声明,他在单独使用确定性一词时所指的是形而上学的确定性,此类确定性所保证的并不仅是真理性,而且是真的必然性。"非常地清楚和明白"恰好是此种确定性的标志,因此,"凡是我清楚地和明白地领会到的东西,都是必然真的"②。

总之,依此解读,并不是所有被称作真的东西,都可以被领会得清楚明白,清楚明白的知觉只是确定性的标志。一个真理被称作确定的,意味着它不可再被怀疑,从而超越既有科学中的诸多真理;意味着它不再是或然的,而是必然的。

第二,"真的"高于"确定的",即确定的可能不是真的,但真的都是确定的,因此真理性的要求高于确定性。哈特费尔德认为,笛

---

① René Descarte. *The Philosophical Writings of Descartes*, vol. Ⅱ. trans., John Cottingham, Robert Stoothoff, Dugald Murdoch. Cambridge: Cambridge University Press, 1984, p. 17.

② René Descarte. *The Philosophical Writings of Descartes*, vol. Ⅱ. trans., John Cottingham, Robert Stoothoff, Dugald Murdoch. Cambridge: Cambridge University Press, 1984, p. 48.

第三章
知识确定性与我思

卡尔《沉思集》中回应"反驳二"的一段话,为此解读提供了依据。相关论述为:

> 一旦我们认为自己恰切地知觉到某物,我们就会自发地确信(convince)它是真的。现在,如果这种信念(conviction)如此坚定,以至于我们不可能有任何理由怀疑我们所确信的东西,那么我们就无需再发问,我们已拥有我们能合理地拥有的一切。有人可能会提出,我们坚定地确信其真理性的知觉,就上帝或天使而言也许是虚假的,因此从绝对意义上讲,就是错误的。这对我来说意味着什么?既然我并不相信"绝对错误",甚至对之没有丝毫的疑惑,那么何必为之烦恼呢?因为我们在此所假定的是一个坚定不移,从而决不可摧毁的信念,而此种信念显然与最完满的确定性是一样的。①

"确信"原本不同于"确定"。确信所带来的是信念,是心灵的主观状态;确定所带来的是知识,是具有客观性的东西。然而,确信与确定又不是全然无关的。如果确信足够强烈,就会带来确定性,就能使信念变成知识。因此,笛卡尔就把坚定不移的信念等同于最完满的确定性。既然最完满的确定性也不过是心灵的信念,那么它在上帝眼中,或者在其他非人的理智存在者看来,就可能不是真正客观的,因而从绝对意义上讲,就不是真理,而是错误。对于此种可能,至少在此段引文中,笛卡尔并未直接予以否认,而只是主张我们不相信会有这种情况,以及我们从未对之表示过疑虑。显然,这并未表明绝对意义上的不可能。据此,哈特费尔德认为,

---

① René Descarte. *The Philosophical Writings of Descartes*, vol. Ⅱ. trans., John Cottingham, Robert Stoothoff, Dugald Murdoch. Cambridge: Cambridge University Press, 1984, p. 103.

在上述引文中,笛卡尔把"坚定不移的信念等同于'完满的确定性',而'完满的确定性'(看来)不同于'绝对的'真理或错误"①。依此解读,笛卡尔写作《沉思集》的目的便被弱化了,他不是意图向人们证明自己是真理的占有者,不是意图建构一套关乎绝对真理的形而上学,而是旨在表明,"他的形而上学获得人类最大的确定性"。因此,他的方法"很像古代的怀疑论者,试图寻求心灵的宁静"②,只不过这宁静的获得方式,不是中止一切判断,而是中止对绝对真理的无止境的追求,接受其确定性最高的形而上学。

第三,"确定的"即"真的",即被领会得清楚明白,不仅是确定性的标志,亦是真理性的标志,因此两者并无高低之分,而是等同的。笛卡尔在"沉思三"中首提真理总则时的那段论述,可作为此类解读的文本依据。

> 此后我思忖,一般而言命题要成为真的和确定的需要什么。因为既然我已经发现了一个我知其为真的和确定的命题,我想我应该亦知其确定性在于什么。在命题'我思,所以我存在'之中,我除了清楚地看到为了思,存在是必须的之外,再没有观察到任何使我确信我在言说真理的东西。因此,我决定,我可以把它当作一条总则,即凡是我领会得非常清楚和非常明白的东西,都是真的。③

第一句话中,真的和确定的并置,此种表达形式在笛卡尔作品

---

① G. 哈特费尔德:《笛卡尔与〈第一哲学的沉思〉》,尚新建译,广西师范大学出版社,2007年,第181页。

② G. 哈特费尔德:《笛卡尔与〈第一哲学的沉思〉》,尚新建译,广西师范大学出版社,2007年,第182页。

③ René Descarte. *The Philosophical Writings of Descartes*, vol. Ⅱ. trans., John Cottingham, Robert Stoothoff, Dugald Murdoch. Cambridge: Cambridge University Press, 1984, p. 24.

第三章
知识确定性与我思

中很常见,最直接地传达出他将二者等而视之的见解。第二句话,合二为一,即从已然得知一个具有真理性和确定性的命题,推出我必定知道该命题确定性的标志是什么。第三句话,一分为二,从我把该命题领会得清楚明白,推出它是真的,而且确信其为真。第四句话,即真理的总则。据此,被领会得清楚明白,首先是命题具有确定性的标志,而所谓确定性,不过是我们确信其为真,因此亦是真理的标志。只不过,此种真理不是笛卡尔所批评的既有科学中的不确定的真理,也不是日常行为所关涉的或然真理,而是确定的、必然的真理。此种真理,可称作严格意义上的真理,唯有此种真理性,才与确定性相等同。当然,等同并不意味着两者在各方面都完全一样,尽管两者有着同样的标志,但侧重点有所不同。确定性,究其根源,来自主体的确信,只不过由之形成的信念不是摇摆不定的,而是坚不可摧的。因此,确定性偏重于主体侧,尽管它不能被等于主观性。真理性则偏重于对象侧,它意味着命题所包含的内容不是心灵的虚构,而是实际存在着的。清楚明白是心灵对命题内容的知觉,因此本质上是主体侧的。它作为确定性和真理性的共同标志,意味着笛卡尔是通过命题所具有的主观特征,来判定它的客观状况。一个命题被领会得清楚明白,意味着心灵只能如此去领会,决不会再有别的领会的可能性,因此也就决不可再怀疑,从而便具有了绝对的确定性。之所以如此确定,必是因为实际情况就是这样,即是说它必然是真的。

在笔者看来,关于真理总则的第三种解读最合理。第一种解读经过轻微调适,可与第三种解读相一致;第二种解读则是成问题的,与笛卡尔的意旨相冲突。

第一种解读之所以出现,缘于笛卡尔用词不够严谨。如前所述,他对确定性和真理性的使用,皆有广义和狭义之分。从广义来看,确定性分为形而上学的和行动的,前者在程度上是绝对的,后者则是相对的;从狭义来看,确定性则专指前者。真理亦如此,广义的真理关涉知识和行动,具有必然真和或然真之分,狭义的真理则专指必然真。当笛卡尔谈及 certain truth 或 certainly true 时,truth 或 true 要从广义上来理解,而 certain 或 certainly 则应从狭义来理解。据此,certain truth 就不是"确定的"高于"真的"的证据。所谓确定的真,不过是必然真,是狭义的真。笛卡尔在单独使用"确定性"或"真理"时,往往专指其狭义。真理总则中的真理即是如此。按照笛卡尔的习惯用语,它呈现为三种等效形式:①凡是领会得非常清楚和明白的东西,都是真的;②凡是领会得非常清楚和明白的东西,都确定为真;③凡是领会得非常清楚和明白的东西,都是必然真。

第二种解读与笛卡尔的意旨相悖。无论是《规则》中对方法的求索,还是《沉思集》中怀疑的全面展开,其目的都是获得真理,而且是绝对意义上的真理。在《规则》时期,笛卡尔认为,既有学科中,唯有算术和几何学知识,被人们领会得清楚明白,因此是确定的和真的。在《方法谈》中,笛卡尔指出,即便在几何学中,人们依然会在做一些简单推理时出错,从而几何学知识的确定性也是相对的。在《沉思集》中,笛卡尔的观点又有所变化。一方面他像在《规则》中那样主张,相比于一切有关感性事物的知识,几何学知识最为清楚明白,因此确定性程度也最高;另一方面他又主张,此种确定性并不等同于真理性,上帝可能是个骗子,几何学知识在绝对意义上可能是假的。这正是《沉思集》的怀疑的彻底性的表现。然而,笛卡尔并未止于此,他声称还有比几何学更加清楚明白的知识,即"我思,所以我存在"。"沉思二"已然表明,即便上帝是个骗子,它也不可能在这个命题上欺骗我们,所以该命题在上帝眼中亦为真。因此,我思命题就被笛卡尔称作必然真,即在绝对意义上为真。真理总则是从我思命题中直接演绎出来的。依照笛卡尔方法

第三章
知识确定性与我思

学的相关理论,直接演绎实质上就是直观,从绝对项直观得到的东西具有接近于绝对项自身的确定性。因此,真理总则中的清楚明白所标志的首先就是绝对的确定性,而带有此种确定性的知识则是绝对意义上的真理。当然,我们完全可以跳出笛卡尔的体系,指责他并没有实现自己的规划,通过清楚明白所达到的确定性依然是一种主观性,根本达不到客观的、绝对意义上的真理。仅仅就此而言,第三种解读可以有一些合理性。但是,就笛卡尔的理论意图而言,此种解读就太弱了,完全达不到他的要求。如果我思命题具有的确定性依然不足以使之在绝对意义上为真,那么他全面怀疑的操作就是徒劳无益的,他重建形而上学和人类知识体系的雄心就得不到任何支撑。显然,笛卡尔并不以为如此,他在多部作品中对其形而上学和物理学的真理性都表现出了极大的信心。

(二) 真理性与思维的样式

在抽绎出真理总则后,笛卡尔旋即指出,真正的难题在于,是否有东西可以被领会得清楚明白,从而是真的,以及如果有,它们是什么。次序规则是《规则》中的方法学的总纲,要解决一个难题,先要搞清楚使之得以理解的认识条件。在《沉思集》中,笛卡尔称之为"沉思的次序",即"仅从我在心中首先发现的那些概念出发,并逐步过渡到我随后可能发现的东西"[①]。依照次序,在解决思维把何物视作真的之前,先要"把我的思维划分为有限的类"。对此,《沉思集》写道:

> 有些思维似乎是事物的影像(images),并且只是在此

[①] René Descarte. *The Philosophical Writings of Descartes*, vol. II. trans., John Cottingham, Robert Stoothoff, Dugald Murdoch. Cambridge: Cambridge University Press, 1984, p. 25.

情况下,"观念"一词才完全适当,例如,在我想到一个人,或一个怪物,或天空,或一个天使,或上帝时。其他思维则具有各种各样的附加形式,因此当我想要,或害怕,或肯定,或否定时,总有某个特殊事物被我当作思维的对象,但是我的思维包含有比与该事物相似更多的东西。归于此类的思维,有些叫作意愿(volitions)或情感(emotions),另一些叫作判断。①

首先,笛卡尔对思维进行了二分,即分为观念和非观念。此处的观念,应从其狭义理解,即"事物的影像",它是思维凭借其认识能力获得的东西。《规则》中曾把认识能力分为四类,即感觉、记忆、想象和理智;相应地,观念亦有四类。在笛卡尔所举的例子中,"一个人"和"天空"既可以是感觉观念,也可以是记忆观念;"怪物"是想象观念;"上帝"则是理智观念。观念作为事物的影像,意味着观念总是某物的观念,而我们通常认为作为影像的观念和事物之间应该具有一定的相似性。

其次,非观念的思维并非与观念完全无关,而是不止于观念。观念作为事物的影像,意味着观念总是某个对象的观念,作为影像的观念和其对象之间往往具有一定程度的相似性。此种相似性,会激发心灵产生出观念以外的东西,从而使思维具有三类不同的"附加形式":①或者想要得到或占有观念的对象,此即意愿;②或者被观念的内容打动,从而有喜怒哀惧,此即情感;③或者对观念与对象之间的关系,加以肯定或否定,此即判断。

如此,思维便具有四种形式,即观念、意愿、情感和判断。依照

---

① René Descarte. *The Philosophical Writings of Descartes*, vol. Ⅱ. trans., John Cottingham, Robert Stoothoff, Dugald Murdoch. Cambridge: Cambridge University Press, 1984, pp. 25-26.

第三章
知识确定性与我思

次序规则,接下来就应该分别考察四种形式的真假问题。

首先是观念。笛卡尔指出:"假如观念仅在其自身中被考察,而不被我用于指涉任何他物,严格说来它们就不可能为假。"①观念是事物的影像,如果只就影像自身的内容而言,不去管这影像和事物之间的相似或不相似,那么其就不可能有假。对此,有些研究者认为,笛卡尔主张观念就自身内容而言并无真假之分,因为真假关乎观念与对象之间的关系。显然,该观点是对笛卡尔的误解,此处表述即是明证。"不可能为假"意味着,观念就其自身而言,只能是真的,而非无真假之分。例如,"无论我想象一只山羊,还是一个怪物,我对前者的想象和对后者的想象一样,都是真的"②。据此,一个观念,无论由感觉而生,还是作为记忆的留存,无论是单纯想象的虚构,抑或是自然之光照耀的结果,就其自身而言,都是真的。

其次是意愿和情感。对此二者,"沉思三"中没有分开讨论,而是被归并到一起。笛卡尔指出:"在此亦无须担心虚假性,因为即便我所欲求的东西是恶的,甚至是不存在的,也决不会减损我对它们的欲求。"③这表明笛卡尔与苏格拉底不同。后者主张无人有意为恶,一个人之所以作恶源于他对善的无知;前者则主张,人会有意作恶,一个人明知某件事情是恶的,却不会减损行动的意愿。在

---

① René Descarte. *The Philosophical Writings of Descartes*, vol. Ⅱ. trans., John Cottingham, Robert Stoothoff, Dugald Murdoch. Cambridge: Cambridge University Press, 1984, p. 26.

② René Descarte. *The Philosophical Writings of Descartes*, vol. Ⅱ. trans., John Cottingham, Robert Stoothoff, Dugald Murdoch. Cambridge: Cambridge University Press, 1984, p. 26.

③ René Descarte. *The Philosophical Writings of Descartes*, vol. Ⅱ. trans., John Cottingham, Robert Stoothoff, Dugald Murdoch. Cambridge: Cambridge University Press, 1984, p. 26.

苏格拉底看来,为恶的意愿是虚假的,那些作恶的人其意愿真正说来还是善;依照笛卡尔,为恶的意愿则是切实存在的,因此是真的。如果说,意愿具有主动性,为善为恶基于意志自由,那么,情感往往是被动发生的,它可能由观念的对象刺激身体而产生,也可能由观念自身的内容引发。无论哪种方式,都表明情感是不由自主地发生的,因此似乎比意愿更加真实。

　　最后是判断。不同于其他三种思维形式,判断会出错,从而我们就有做出虚假判断的可能性。判断可以从三个维度加以理解:①心灵的一种能力,"通过体验我知道我心里具有一种判断能力(faculty of judgment)"[①]。人类的心灵有多种能力,这些能力之间相互关联且有层次之分,有些能力是独立的、基本的,有些能力则是依赖性的、次生的。相比于理智和意志,判断就是依赖性的。理智是领会能力,意志是选择能力,判断则是运用理智和意志的能力。②心灵的一种活动,即"下判断"或"做出判断",它是对判断能力的使用,是意志对理智领会到的观念自由地加以选择,或肯定,或否定。判断的真假,究根到底源于下判断的活动。只有以正确的方式下判断,得到的才是真理;如果以错误的方式下判断,所得到就会是虚假的东西。③心灵能力活动的结果,即以命题形式呈现出来的判断。唯有此维度的判断,才有真假之分。判断有不同的类型。判断有复合与简单之分,简单判断又有直言、假言和选言之分,其中直言判断的形式最简单。直言判断又有两种类型,即"S存在"和"S是P"。

　　判断的真假,不仅与其形式有关,更与其内容相关。在《原理》

---

① René Descarte. *The Philosophical Writings of Descartes*, vol. Ⅱ. trans., John Cottingham, Robert Stoothoff, Dugald Murdoch. Cambridge: Cambridge University Press, 1984, p. 37.

第三章
知识确定性与我思

中,笛卡尔将知觉的对象分为三类,我们知觉的所有对象,"或者被视为事物或事物的情状(affection),或者被视为永恒的真理(eternal truth)"[①]。判断的内容基于知觉对象。依照内容之不同,判断首先可被分成两类,即关于具体事物的判断和关于一般事物的判断;其次,关于具体事物的判断,又可分成关于作为实体之物存在的判断和关于该物情状的判断。

永恒真理即关于一般事物的判断。关于永恒真理,笛卡尔指出,它们是这样一类命题,既与任何实存的具体事物无关,亦与其情状无关,而是一些"普遍概念(communis notio)或公理(axioma)",它们永恒为真,决不可为假。笛卡尔举了一些永恒真理的例子,如:无物来自虚无;同一物在同一时间不可能既是又不是;已做的事情不可能是未做的;等等。从这些例子来看,永恒真理似乎并不是一些数学命题,也不是一些形式逻辑公式,而是一些普遍性的形而上学命题。因为这些命题包含着本体论设定,它们并不是纯粹形式化的,而是关于一般物的。无物来自虚无,意味着物即存在,而且存在最终以自身为原因。实际上,此类判断之所以永恒为真,正在于它们对一切物都适用。所以,虽然可以说此类判断不关注任何具体事物,却不可以说它与任何意义上的事物都无关,它们所涉为一般意义上的物,是一切物都要遵守的基本原理。

关于具体事物的两类判断分别与事物本身及其情状相关。以具体事物为知觉对象所形成的判断,乃是关于具体事物的存在判断,它的形式是"S存在"。例如,我存在,上帝存在,蜂蜡存在等。相应地,以具体事物的情状为知觉对象所形成的判断,乃是关于具

---

① 笛卡尔:《笛卡尔主要哲学著作选》,李琍译,徐卫翔校,华东师范大学出版社,2021年,第183页。

体事物的属性判断,它的形式是"S是P"。例如,心灵的本质是思维,物体的本质是广延,这块蜂蜡是方形的等。关于具体事物的判断,既不是完全虚假的,也不是永恒为真的,而是可能为真亦可能为假。

(三) 实在性

能够被称作真的,不仅有判断,还有观念、意愿和情感。那么,它们是在同一个意义上为真么?不是!一个明显的标志,是观念、意愿和情感只能为真,而不可能为假,但判断既可以为真,又可以为假。如此,两类真理性有何区别?要解答这个问题,需要厘清比真理性更加基础的概念,即实在性。

1. 客观实在性

实在性被笛卡尔区分为三个类型,即客观的实在性、形式的实在性和卓越的实在性。

关于客观的实在性,笛卡尔写道:"我指的是,观念所表象的东西的存在,就其存在于观念中而言。同样,我们可以谈论'客观的完满性''客观的复杂性'等等。"① 在此值得注意的是笛卡尔关于存在的主张。通常我们认为存在与观念相对立,只有观念的对象才存在,观念自身不过是存在的反映或关于存在的思想。笛卡尔则不然,他认为观念自身也存在。所谓客观的实在性,实在性即观念内容的存在,客观的则意指此种存在的性质,即"观念内的"或"观念自身中的"。观念的内容即观念所表象的东西。例如,"蜂蜡"是一个观念,"有蜜的甜味的、圆柱状的、硬硬的物体"等,则是该观念

---

① René Descarte. *The Philosophical Writings of Descartes*, vol. Ⅱ. trans., John Cottingham, Robert Stoothoff, Dugald Murdoch. Cambridge: Cambridge University Press, 1984, pp. 113-114.

第三章
知识确定性与我思

所表象的东西，它们作为蜂蜡的内容客观地存在于该观念自身之中。

显然，笛卡尔关于"客观的"运用，与该词今天的用法有所不同。研究者们也注意到了此种不同。王太庆所译《谈谈方法》中，摘录了《沉思集》中的部分作为附录，其中就包含上述所引内容，并为其中的"客观实在性"加了一个注释："realitas objectiva，法译 la réalité objective，指观念中的实在性；这里的 objectiva 是中世纪的用法，与近代的用法相反。"① 当客观实在性在《沉思集》中首次出现时，中译者庞景仁也为之做了注释，即"'客观的'（objectif），或'客观地'（objectivement），在十七世纪的含义和今天的含义不同。在笛卡尔的用法是：仅就其在观念上的存在而言的就叫作'客观的'，或'客观地'存在。十七世纪，'客观的'一词的反义词不是'主观的'，而是'真实的'或'形式的'"。② 《布莱克维尔笛卡尔词典》的作者也认为，笛卡尔对 objective 一词的用法深受经院哲学的影响，而该用法在十六、十七世纪相当流行。比笛卡尔稍早一些的著名哲学家、神学家苏亚雷斯（Francisco Suárez，1548—1617）写道："一个'客观的'观念，是指完全且直接地经由观念所表象出来的事物或概念；例如，当我们领会一个'人'，为了设想'此人'所进行的精神活动被称作'形式的概念'，而由此种活动认识地加以表象的'此人'则被称作'客观的观念'。"③

与客观实在性相近的是客观完满性。在笛卡尔的形而上学中，实在性与完满性几乎同义。

首先，从语言表达的层面看，笛卡尔在多部作品中，尤其在《沉

---

① 笛卡尔：《谈谈方法》，王太庆译，商务印书馆年版，2000年，第85页注释。

② 笛卡尔：《第一哲学沉思集》，庞景仁译，商务印书馆，1986年，第43页注释。

③ John Cottingham. *A Descartes Dictionary*. Oxford: Blackwell Publishers, 1993, p. 137.

思集》中，多次将二者互换使用。例如，"如果我的某一观念的客观实在性（或完满性）使我清楚地认识到它既不是形式地，也不是卓越地存在于我"①。该句的拉丁文版和法语第二版有所不同。拉丁文版只有"客观实在性"，法文第二版则加上了"或完满性"。这意味着，客观实在性与客观完满性可以互换使用。"一物具有的一切实在性或完满性，皆或形式地、或卓越地存在于它的首要或充足原因之中。"②如果说上句中实在性或完满性还局限在"客观的"层面，此句则打破了此种限制，任何类型的实在性都有与之相应地完满性。

其次，从哲学内涵层面看，两者都指某种属性或性质。例如，"我"作为实体，具有各种各样的完满性，而"这些完满性仅是实体的一些属性"③。此外，关于一般实体，笛卡尔认为它指"那种被我们知觉到的一切直接寓于其中当作主体的东西，或者凭借它我们知觉到的一切方能存在的东西。'我们知觉到的一切'意指任何我们对之拥有实在观念的特性（property）、性质（quality）或属性（attribute）"④。因此，观念中的实在性，即是我们关于某个观念所知觉到的东西，它是观念所表象的实体具有的各种各样的性质。

---

① 笛卡尔：《第一哲学沉思集》，庞景仁译，商务印书馆，1986年，第46页。

② René Descarte. *The Philosophical Writings of Descartes*, vol. Ⅱ. trans., John Cottingham, Robert Stoothoff, Dugald Murdoch. Cambridge: Cambridge University Press, 1984, p.116.

③ René Descarte. *The Philosophical Writings of Descartes*, vol. Ⅱ. trans., John Cottingham, Robert Stoothoff, Dugald Murdoch. Cambridge: Cambridge University Press, 1984, p.118.

④ René Descarte. *The Philosophical Writings of Descartes*, vol. Ⅱ. trans., John Cottingham, Robert Stoothoff, Dugald Murdoch. Cambridge: Cambridge University Press, 1984, p.114.

第三章
知识确定性与我思

正是据此，笛卡尔指出，实在性有等级之分，即不同类别的东西所包含的实在性的多少是有差别的。由特性或性质组合而成的"偶性或样式"，包含的实在性最少；特性或性质寄居其上的实体，比偶性或样式拥有更多的实在性；作为绝对实体的上帝，相比于作为有限实体的人类心灵和物体，则拥有最多的实在性。由此，上帝便可称作"最实在的存在者"或"至上完满的存在者"。

最后，完满性比实在性的适用范围大。完满性在一些语境中又被译作完善性，此类语境之下，它往往不再能等同于实在性。例如，《规则》中指出，方法学的目标有两个，一是获得具有确定性的知识，二是获得具有完满性的知识。如前所述，此时的完满性所指的是确定知识的整全性，而非其实在性。不仅知识可以具有完满性，人格、行动等也都可以具有完满性，只不过此时的完满性要理解为完善性。只有在形而上学的语境中，论及事物所具有的性质时，完满性才可以被恰当地理解为实在性。之所以如此，乃是因为实在性意味着肯定，意味着某种存在；与之相对立的是不实在，意味着否定、缺乏或不存在。相比于否定或缺乏，肯定或拥有便是一种完满性。

诚然，如许多研究者指出的那样，笛卡尔的"客观的"意味着"观念的"。但是，在笔者看来，"观念的"却不足以表达"客观的"这一术语的完整意蕴。在《原理》中，笛卡尔写道：

> 当我们进一步考虑我们里面的那些观念之时，我们发现，有一些观念，就它们仅仅是思想的样式（modi cogitandi）而言，它们相互之间没有太大差别；但是，就一个观念表象（repræsentat）一个事物并且另一个观念表象另一个事物而言，它们差别很大；它们自身中所包含的客观完满性（perfectionis objectivæe）越多，它们的原因

(causam)必定越完满。①

观念如同意愿、情感等,是思维的基本样式之一。因此,如果仅就其作为思维形式而言,观念本无所谓客观不客观,一切观念共同的本性是观念性而非客观性。"客观的",即"对象的",它源于拉丁词"object"。因此,当把观念中的实在性称作客观的实在性时,就意味着笛卡尔是在与对象的关系中考虑观念。这关系便是,"我们知觉为存在于观念对象之中的任何东西,都客观地存在于观念自身中"②。因此,我们知觉到某种客观实在性时,便意味着它不是纯然与心灵有关,而是在对象中有着起源。就此而言,笛卡尔的"客观的"与今天我们对该词的运用并非毫无相通之处。今天,我们不仅把那种源于对象且准确反映对象的知识称作客观的,甚至那些单纯想象的产物在一定意义上也被看作具有某种程度的客观性,因为它们依然与对象有着微弱的关系,毕竟想象的素材最终也要追溯到对象。

2. 形式的实在性与卓越的实在性

与客观的实在性相对应的是形式的实在性与卓越的实在性。对此,笛卡尔写道:

> 凡是以与我们对它的知觉完全符合的方式存在于我们的观念的对象之中的东西,都被称作形式地存在于那些对象之中。当某种东西与我们对它的知觉并不完全相符,不过由于它足够伟大,从而使之能够起到完全符合的

---

① 笛卡尔:《笛卡尔主要哲学著作选》,李琍译,徐卫翔校,华东师范大学出版社,2021年,第170页。

② René Descarte. *The Philosophical Writings of Descartes*, vol. Ⅱ. trans., John Cottingham, Robert Stoothoff, Dugald Murdoch. Cambridge: Cambridge University Press, 1984, p.114.

第三章
知识确定性与我思

作用时,此种东西就被称作卓越地存在于对象之中。①

形式地存在于对象之中的东西,即"形式的实在性",它又等于"现实的实在性(actual reality)"②。卓越地存在于对象之中的东西,即"卓越的实在性","卓越"意味着它比形式的实在性更伟大。因此,实在性的三种形式,不过是事物存在的三种不同方式。被心灵直接知觉到的是事物在观念中的客观存在,既然它是某种实在,而非虚无,并且不是始终存在,那么它的存在就一定基于某种原因。原因所具有的实在性至少不能小于结果,因为承认原因小于结果,就意味着承认有些结果是没有原因的,就意味着承认"无可以生有",而这是笛卡尔坚决反对的。某个具有实在性的观念 A,其原因可能是另一个观念 A_1,而 A_1 来自观念 A_2,观念 A_2 来自观念 A_3,以此类推,观念 A_n 来自观念 A_{n+1}。但是,在笛卡尔看来,这个系列"不可能是无穷无尽的,它最终必须达到第一个观念"③,这作为第一个原因的观念就不再是观念自身,而只能是非观念的存在者。即是说,观念的实在性是不自足的,如果一切实在性最终都是观念内的东西,那么实在与虚无便无分别。观念内的实在性被称作客观的,意味着它们有着对象性的起源,意味着它们虽然在心灵之中,根源却在心灵之外。心灵之外的、非观念的存在物,其存

---

① René Descarte. *The Philosophical Writings of Descartes*, vol. Ⅱ. trans., John Cottingham, Robert Stoothoff, Dugald Murdoch. Cambridge: Cambridge University Press, 1984, p. 114.

② René Descarte. *The Philosophical Writings of Descartes*, vol. Ⅱ. trans., John Cottingham, Robert Stoothoff, Dugald Murdoch. Cambridge: Cambridge University Press, 1984, p. 28.

③ René Descarte. *The Philosophical Writings of Descartes*, vol. Ⅱ. trans., John Cottingham, Robert Stoothoff, Dugald Murdoch. Cambridge: Cambridge University Press, 1984, p. 29.

在方式或者是形式的,或者是卓越的。例如,"一块坚硬的方形蜂蜡",其中"坚硬的""方形的"作为观念的内容,皆有客观实在性。然而,在非观念的、作为物质的方腊中,却只有"方形的",而无"坚硬的"。因此,作为物体的蜂蜡所具有的方形,便是其形式的或实际的实在性,它与被知觉到的方形完全符合。然而,尽管实际存在的方腊中没有任何东西可以被称作"坚硬的",但却有"坚硬的"知觉产生的原因。这原因与在观念内呈现的结果之间,并无任何相似性,因此不能被称作后者的形式。但是,它却比结果中的实在性更加完满,它不仅是被知觉到的坚硬的原因,同时也是被知觉到的甜美的原因。此种更加完满的存在方式,便被笛卡尔称作"卓越的"。

关于笛卡尔的"卓越的实在性"或"卓越的存在",有一种常见的误解,即将之理解为上帝的实在性或上帝之中的存在。首先,笛卡尔通常将上帝领会为一个至上完满的精神性的存在者。基于此,上帝之中的实在性便有两种存在方式,即客观的和卓越的。一方面,人的心灵是有限的理智的存在者,上帝则是无限的理智的存在者,因此上帝如同人类心灵一样,拥有各式各样的观念,这些观念皆具有客观的实在性。只不过与心灵中的观念不同,它之所以是客观的,不是因为它最终根源于对象,而是因为它是对象的最终根源,一切对象皆来自上帝的创造。另一方面,上帝作为理智实体是不具有广延的,广延乃是被创造的物质实体的本质。如此,物质中的广延相应于人类心灵对广延的知觉而言,是现实的或形式的实在性;上帝心中的广延观念相应于物质中的广延,则是卓越的实在性。其次,以广延作为本质属性的物质,亦具有两种维度的实在性,即形式的和卓越的。广延以及基于广延的形状、大小、运动等,它们如同被知觉到的那样存在着,就此而言是形式的实在性;它们还是一些与之毫无相似性的知觉的根源,如颜色、声音、味道、冷热

第三章
知识确定性与我思

等,就此而言它们又是卓越的实在性。最后,与人类心灵相关的实在性,也可以从两个维度来理解。其一,就其拥有各种各样的观念而言,它所具有的是客观的实在性。其二,就其作为观念的载体,即作为实体而言,它也有可能具有卓越的实在性。在"沉思一"的全面怀疑阶段,笛卡尔怀疑物质存在的理由之一是,我们无法真正地把睡梦和现实世界区分开来。这意味着,现实的物质世界有可能和睡梦中的事物一样,乃是心灵自身的产物。然而,在随后的沉思中,这种主张引发了一个问题:既然心灵的本质是思维,而物质的本质是广延,那么不具有广延的心灵如何可能是广延的原因呢?对此,笛卡尔指出:"至于构成物质性事物观念的所有其他要素,即广延、形状、位置和运动,它们都不是形式地在我之中的,因为我只不过是一个思维之物;但是,由于它们只是实体的样式,而我是一个实体,因此它们似乎有可能卓越地在我们之中。"[①]当然,广延卓越地存在于人类心灵之中,只具有一种形而上学的可能性,而非现实性。随着对上帝存在和属性的证明,此种可能性或可疑性便被消除了。从现实之维来看,唯有在上帝之中,广延才卓越地存在着。

(四)两种真理

在探明实在性和存在的不同类型之后,便可进一步阐明笛卡尔关于真理的观点。

首先,他主张,真理如同思维、存在、形状、运动等基本概念一样,其本质是不可定义的。在 1639 年致梅森的信中,他明确地表

---

① René Descarte. *The Philosophical Writings of Descartes*, vol. Ⅱ. trans., John Cottingham, Robert Stoothoff, Dugald Murdoch. Cambridge: Cambridge University Press, 1984, p.31.

达自己关于真理本质的见解。相关论述如下:

> 就我而言,我从来没有对真理产生过任何怀疑,因为它似乎是一个极为清楚的概念,没有人可以对它一无所知。在使用天平之前,有很多方法可以检验它,但一个人如果不是本质上知道真理,他就没有办法了解什么是真理。我们如果不知道真理是真的,即是说,不知道真理,我们有什么理由接受任何可以教导我们真理本质的东西呢?当然,我们可以向不懂语言的人解释这个词的含义,告诉他"真理"这个词在严格意义上是指思维与对象的一致性,但当它被赋予思维之外的事物时,它只意味着它们可以成为真正思维的对象,无论是我们的思维,还是上帝的思维。但没有任何逻辑定义可以帮助任何人发现真理的本质。①

一个概念不可被定义,在笛卡尔这里,并不意味着该概念无法清楚明白地被领会。实际上,在他看来,相比于必须凭借定义才能被领会的东西,那不可被定义的东西,在清楚明白的程度上要高得多。这是因为一个概念不可被定义,意味着它只能通过直观来把握;一个概念只有通过逻辑定义才能被领会,则意味着它是从某个更高或更基础的概念演绎而得。早在《规则》中,笛卡尔便主张,直观的内容要比演绎所得更加清楚明白,更加确定无疑。直观之物虽然不可以被定义,但可以被描述和归类。在对真理加以描述之前,我们必定已经在本质上知道了真理,否则我们就不会知道我们加以描述的是不是真理。对真理的描述,实际上是阐明我们称之

---

① René Descarte. *The Philosophical Writings of Descartes*, vol. Ⅲ. trans., John Cottingham, Robert Stoothoff, Dugald Murdoch, Anthony Kenny. Cambridge: Cambridge University Press,1991,p.139.

第三章
知识确定性与我思

为真理的东西所具有的特征。

上述引文中,笛卡尔指出了两种被称作真理的东西:①思维与对象的一致性(下文简称"真理Ⅰ");②思维的对象(下文简称"真理Ⅱ")。

真理Ⅰ,即判断的真理。一个真的判断,意味着判断的内容与对象相符合。判断的内容可以是一般物,也可以是具体物。例如,"无物来自虚无"以及"事物的原因小于其结果",这两个判断都是关于一般物的。前者与一般物的实际状况相符合,因此是真的,并且永恒为真;后者则与一般物的实际情况相违背,因此是假的,并且永恒为假。

关于具体事物的判断,或者是存在判断,或者是属性判断。例如,"我存在""这个蜡块存在",这两个都是关于具体事物的存在判断。如果前一个判断中"我"指的是思维之我,而非身体之我,那么"我存在"就是一个必然真的判断。不过,必然真不等于永恒为真。因为只有在我思维着时,我才能确定无疑地断定我存在;当我不在思维时,我究竟是怎样的,则是我无法断言的。"这个蜡块存在"则不仅不是必然真的,而且还可能为假。"这个蜡块"的观念,既有可能是外物刺激感官并在心灵中产生出来的,也有可能只是想象力的虚构。如果是前者,则该判断为真;如果是后者,则该观念只具有客观实在性,而无相应地形式的或卓越的实在性,因此是假的。

关于具体事物属性的判断,其真假情况比较复杂。例如,"这块蜂蜡是有广延的""这块蜂蜡是甜的",其中"有广延的"是该蜂蜡观念所具有的一种客观实在性,并且在作为观念对象的蜂蜡之中,"有广延的"实际地或形式地存在着,因此"这块蜂蜡是有广延的"这个判断就与对象相符合,因此是真的;"甜的"亦是该蜂蜡观念所具有的一种客观实在性,但是在作为观念对象的蜂蜡中决没有任何东西可被称作"甜的",因此"这块蜂蜡是甜的"与对象就不相符合,所以是假的。由此似乎可得出,只有那既有客观实在性同时亦有与之相应地形式的实在性的判断,才是真的。然而,情况并不完全如此。例如,"三角形内角和等于两直角"也是个属性判断,笛卡尔却宣称,即便心灵之外并无三角形实际存在着,该判断也是真的。几何学和算术中的判断皆与此类似。因此,这两门学科中的判断之真,并不意味着观念与对象相符合,而是观念与自身相符合。设想一个三角形而不设想它有三个角,是矛盾的;设想一个三角形而不设想它的三角之和等于两直角,亦是矛盾的。既然其反面不可设想,就意味着算术和几何学中的真,乃是必然真。

真理Ⅱ,是对象之真理或存在之真。只要这对象可以被真正地思维,即被思维成某物、某种存在或某种实在性,那么它就是真的,无论是被人类心灵思维,还是被上帝思维。

首先,被思维的东西是思维自身,或是思维寓于其中的实体,或是思维的诸样态。当笛卡尔指出,观念就其自身而言都是真的,意愿是真的,情感也是真的时,他就是在"思维的诸样态"作为被思维的对象的意义上使用"真的"一词。就此意义而言,一切观念中的实在性都可以称作"真的"。

其次,被思维的东西可以是物质及其诸样态。物质的广延可以设想为并不形式地存在于物质之中,而是卓越地存在于思维之中,然而即便如此,作为我们思维对象的广延依旧可以被领会得清楚明白,因此就是真的。颜色、声音、味道等,比广延及其变化形式如形状、大小的等级更低,广延等可以形式地存在于物质中,而颜色、声音等则只能卓越地存在于物质之中。即是说,即便物质实际存在,在其之中也没有与颜色、声音等知觉相似的东西。然而,在

第三章
知识确定性与我思

笛卡尔看来,当我们只是把颜色、声音等之类的东西,"仅仅作为感觉或思想的时候",它们都可以"被清楚明晰地知觉到"①。

最后,被思维的对象还可以是上帝及其属性。当然,作为思维对象的上帝观念与其他一切东西都不同。从对任何其他事物的思维,决不可推出该物的存在,只有从我们对上帝的思维中,才能推出上帝的存在。这是因为,我们对任何他物本质的思维,都可以与该物的存在分开;唯独在上帝的本质中包含着存在。对于该问题,下一章将展开讨论,在此暂不详述。

目前需要关注的是另一个问题,即有没有与真理 II 相对立的虚假。对于该问题,笛卡尔的论述似乎前后不连贯。笛卡尔先是主张观念就其自身而言不可能是假的,然而,此后他又主张,观念可以具有"质料上的假"。对此,他写道:

> 至于其他的东西,包括光和颜色、声音、气味、味道、热和冷以及其他触觉性质,我只能以一种非常混乱和模糊的方式加以思考,以至于我甚至不知道它们是真还是假,即是说,不知道它们的观念是关于实在之物的还是虚无的。因为,正如我以前所指出的,虽然严格意义上的假,或形式上的假,只能发生在判断中,但还有另一种假,即质料上的假,当观念把虚无表象为物时,此种假便发生在观念中。例如,热和冷的观念,所包含的清楚明白性是如此之低,以至于它们不能使我分辨出冷是否只是热的缺乏,或者反之亦然,或者两者都是实在的性质,抑或都不是。由于不可能有不属于事物的观念,如果冷不过是热的缺乏为真,那么对我来说,把它表象为实在的和肯定

---

① 笛卡尔:《笛卡尔主要哲学著作选》,李琍译,徐卫翔校,华东师范大学出版社,2021年,第194页。

的事物的观念,就应该被称为假的;对这类的其他观念也是如此。①

对于此段充满歧义的文本,可以有两种不同的解读:

(1)强解读,即笛卡尔主张,只有广延及其诸样态,才是真观念,它们被领会得非常清楚明白,因此是实在之物而绝非虚无;颜色、声音、气味等一切经由感官得到的观念,都只能被模糊地领会,因此不具有真正的实在性,都是在质料上为假的东西。此种解读似乎与引文相贴近,却与笛卡尔在其他地方的主张不能相容。如前所述,颜色、声音等观念,在笛卡尔看来像广延、形状一样,具有观念的实在性;只不过,后者在物质中形式地存在着,而前者在物质中卓越地存在着。在《原理》中,笛卡尔指出,在可知之物中,除了上帝和我们的心灵之外,"还有关于有形的自然——它是有广延的、可分的、运动的等等——的知识,关于各种刺激我们之感觉的知识,比如疼痛、颜色、味道等等感觉,尽管我们还不知道它们如此刺激我们的原因"②。所谓可知之物,就是我们能够对之形成清楚明白的知觉的东西。关于颜色、味道等感觉,只能被模糊领会的并不是这些观念自身的实在性,而是其实在性的原因。此外,在"沉思三"中,笛卡尔曾主张连想象虚构出来的怪物,就其作为想象的观念而言,亦是真的;如此,眼睛看到的蜂蜡的颜色,味蕾品尝到的蜂蜡的味道,指尖感受到的蜂蜡的硬度,就它们作为感觉的观念而言,更应是真的。

---

① René Descarte. *The Philosophical Writings of Descartes*, vol. Ⅱ. trans., John Cottingham, Robert Stoothoff, Dugald Murdoch. Cambridge: Cambridge University Press, 1984, p.30.

② 笛卡尔:《笛卡尔主要哲学著作选》,李琍译,徐卫翔校,华东师范大学出版社,2021年,第199页。

第三章
知识确定性与我思

（2）弱解读，即笛卡尔在此并非主张一切感觉观念都是假的，而是那些不具有实在性，或实在性极其模糊的观念才是假的，属于此类的观念，都是一些相对观念。例如，冷，只有在与热的关系中才存在，不知热，便不知冷；黑暗，只有在与光明的关系中才存在，无有光明，便不知黑暗。冷、黑暗一类的性质，通常被看作不具有真正的实在性，而只是实在性的缺乏。此种主张不仅为笛卡尔持有，后来的康德也有类似的说法。康德在《纯粹理性批判》中写道：

> 没有人能够确定地设想一个否定却不把那个相对立的肯定作为基础的。天生的盲人不可能使自己对黑暗有丝毫的表象，因为他没有任何光明的表象；野蛮人不知道贫穷，因为他不知道富裕。无知的人对自己的无知没有任何概念，因为他对科学知识没有任何概念，如此等等。所以甚至对诸否定的一切概念都是派生的，而那些实在的东西则包含有对于一切物质可能性和通盘规定的材料和所谓质料，或先验内容。①

只有实在的东西，才能充当物的质料；实在性的缺乏，即质料上为假。因此，只有实在东西的反面，即否定的东西，才是观念中假的东西。冷是对热的否定，黑暗是对光明的否定，因此冷和黑暗以及诸如此类的概念，都是质料上假的观念。此种弱的解读，与笛卡尔的思想体系更一致，尤其是与《原理》中笛卡尔更加成熟的思想相一致。它所存在的问题，是与上述引文并不完全一致。引文中，笛卡尔似乎并未把冷的概念明确地视作一个否定概念，而是视作一个模糊概念，究竟是肯定还是否定，搞不清楚。所以，如果严格依照上述引文，笛卡尔的主张应该是，一切相对观念，其双方都不具有实在性。即是说，不仅冷和黑暗是质料上假的，热和光明也

---

① 康德：《纯粹理性批判》，邓晓芒译，杨祖陶校，人民出版社，2004年，第460页。

是质料上假的。然而,依照笛卡尔惯常的主张,光明乃是一切颜色得以可能条件,如果光明为假,则一切颜色观念也为假。由此便又成了强解读。如上所述,强解读难以与笛卡尔的体系相一致。因此,笔者认为,更应该把质料上为假的观念,理解为一些否定观念。

(五)错误的缘由

就真理Ⅱ而言,我们不可能犯错。即便存在质料上假的观念,也不是我们的无知或错误导致的,"假"乃是否定观念的本性。只有在事关真理Ⅰ时,即在与判断的真理相关时,人们才会犯错。一般而言,在涉及一般物时,即在事关永恒真理时,我们很难犯错,因为它们是每个有良知的人,只要动用理智,就容易直观到的东西。只有在涉及具体事物的存在判断和属性判断时,我们才容易犯错。那么,一般来说,我们犯错的原因是什么?对此,笛卡尔给出了两个层面的解答,即本体论的和认识论的。

首先,从本体论层面看,"我"是一种居间存在者。上帝是一个无比完满的存在者,拥有一切实在性,是绝对的肯定。相应地,我们也可以设想一个与无限完满的存在者对立的观念,"一个关于'无'的否定观念"①。这样一来,"我"就是居于"上帝与无之间""至上存在者和非存在者之间"。至上存在者是全知全能的,因此不可能犯错;非存在作为绝对的虚无,则不可能拥有任何意义上的真理。只有作为居间者的"我",既不是无限的完满,也是不绝对的虚无,因此"我"既可以拥有真理,也难免会犯错误。

其次,从认识论上来看,判断之所以出错,不在于判断的能力,

---

① René Descarte. *The Philosophical Writings of Descartes*, vol. Ⅱ. trans., John Cottingham, Robert Stoothoff, Dugald Murdoch. Cambridge: Cambridge University Press, 1984, p.38.

第三章
知识确定性与我思

而在于我们对该能力的使用。判断能力是一种次生能力,依赖于理智和意志。单就理智而言,我们不可能犯错。理智的功能是领会,即获得各种各样的观念,这些观念如果是肯定的,就在质料上为真;如果它是否定的,则在质料上为假。由于理智单凭自身并不对观念与对象的关系做出判定,因此它不可能犯错,"当完全依照自然之光看待理智时,就错误一词的恰当意义而言,理智便不包含什么错误"①。单就意志而言,我们也不会犯错。笛卡尔赋予意志以一种非常独特的地位。他认为人的意志极为广大,在我们之内没有什么比它更广大的了,"什么界限都限制不住它"。而人之所以被看作依照上帝的形象创造的,主要也是因为其意志。关于意志,笛卡尔指出,"它仅在于这样一个事实,当理智提出某物供我们肯定或否定、追求或逃避时,我们具有一种不会感到被任何外部力量所强迫的倾向"②。因此,意志本质上是一种选择能力,并且是基于理智之上的选择,而不是被本能所左右,或被想象力所驱使,或被外部力量所强迫而进行的选择,所以它具有自由的属性。意志之所以是广大的,甚至是无限的,就在于它可以对理智所提供的任何东西进行肯定或否定。无论是经验的还是超验的,无论是善的还是恶的,无论是清楚明白的还是晦暗不明的,只要理智能将其提交给心灵,意志就能做出判定。然而,在对不同的东西进行判定时,意志的自由程度是不同的。在两个或多个选项之间,意志越是有明显的倾向,它就越自由。影响意志倾向的因素有两个方面,或

---

① René Descarte. *The Philosophical Writings of Descartes*, vol. Ⅱ. trans., John Cottingham, Robert Stoothoff, Dugald Murdoch. Cambridge: Cambridge University Press, 1984, p. 39.

② René Descarte. *The Philosophical Writings of Descartes*, vol. Ⅱ. trans., John Cottingham, Robert Stoothoff, Dugald Murdoch. Cambridge: Cambridge University Press, 1984, p. 40.

者是我们关于善和真的自然知识,或者是来自上帝的恩宠。无论哪个因素左右了我,都不是对我自由的否定,反而是我有较大程度自由的表现。"我如果总是清楚地领会到什么是真和善,就完全没有必要费心思虑正确的判断或选择;在此情况下,我应该是完全自由的,但我决无可能处于无所谓的状态。"①相应地,如果我对真和善没有清楚的认识,对某物的情况没有足够的了解,那么在做判断的时候就会持有一种"无所谓的态度",不能确定自己究竟应该选择什么。"无所谓的态度"表面上看起来非常自由,似乎是想怎么做就怎么做,但笛卡尔却认为这是最低程度的自由,是知识方面存在缺陷的表现。

因此,在笛卡尔看来,错误的产生,是在与理智的关系中不恰当地运用意志的结果。一旦在下判断的时候抱有一种无所谓的态度,我们就不可避免地犯错。理智自身不是谬误的原因,理智所领会的"都是实事求是地去领会"的东西;意志自身也不是谬误的原因,意志非常宽广,是我们所拥有的最大完满性;谬误根源于"不正确地使用自由意志"。所以,笛卡尔写道:

> 我错误的根源是什么呢?它必定只是这样:意志的范围比理智的范围更广大,但我不是将它限制在与理智相同的范围内,而是将其扩展到我并未领会的问题之上。既然意志在这种情况下是无所谓的,它很容易背离真和善,这就是我错误和犯罪的根源。②

---

① René Descarte. *The Philosophical Writings of Descartes*, vol. Ⅱ. trans., John Cottingham, Robert Stoothoff, Dugald Murdoch. Cambridge: Cambridge University Press, 1984, p. 40.

② René Descarte. *The Philosophical Writings of Descartes*, vol. Ⅱ. trans., John Cottingham, Robert Stoothoff, Dugald Murdoch. Cambridge: Cambridge University Press, 1984, pp. 40-41.

第三章
知识确定性与我思

　　就是说,意志虽然无限广大,但它的使用必须受到理智的限制,只有理智先于意志而使用,我们才有最大程度的自由,所下的判断才是真理;如果意志先于理智而使用,在没有获得清楚明白的观念的情况下就进行肯定或否定,那么我们所拥有的就是最低程度的自由,所下的判断就必定是错误的。

　　在一切类型的判断中,最容易出错的是涉及事物感性性状的判断。如前所述,颜色、声音、气味、疼痛等观念,原本只具有客观的实在性,却被看作在观念之外形式地存在着,由此就会产生一些假判断。例如,"这块蜂蜡是黄色的""我的伤口很疼"等,实际存在的蜂蜡之中并无颜色,有的只是产生颜色的某种难以知晓的要素;伤口处也并无疼痛实际存在,有的只是诱发痛感的某种难以名状的刺激。在《原理》中,笛卡尔将此种错误主要归结为自儿时以来形成的偏见,并把此类偏见称作一切错误"最初的和最重要的原因"。关于此种偏见的形成机制,笛卡尔做了非常生动的刻画,现引述如下:

　　　　事实就是,早在幼年时候,我们的心灵与身体如此紧密地相连,以至于,它自由地注意到的仅仅是这样的思想,凭借这些思想它感觉那些刺激身体的东西。在那个阶段,它并不将这些思想归于任何位于自身之外的事物,只是每当有害于身体的事情发生时感觉到痛,每当有益的事情发生时感觉到愉快。每当身体受到刺激但既没有受益也没有受害之时,随着受刺激部位的不同以及被刺激方式的不同,心灵就会有不同的感觉,我们称这些感觉为味觉、嗅觉、听觉、热感、光感、色觉等等,它们并不表象任何外在于我们思想的东西。与此同时,心灵知觉到大小、形状、运动等等,这些不是作为感觉而是作为某些事物或事物的诸样式呈现给心灵,这些事物实存于——或至少能够实存于——我们的思想之外，即使心灵尚未意识到它们之间的区别。最后，当身体机器——自然如此建构身体机器以至于它能够凭借自己的能力向各种方向运动——随意地朝各个方向转动，随机地逐益避害时，那系缚于身体的心灵开始注意到，它正在追逐或逃避的东西存在于自己之外；心灵不仅将它知觉为事物或事物之样式的大小、形状、运动等等归结为对象，而且将那些它感觉到是由事物自身产生的味道、气味等等也归结为对象。而且，既然心灵将每样事物都与身体——它自己融入在这个身体中——之福利建立关系，它就根据它受对象刺激之多少来确认对象更多地还是更少地作为一个事物。结果就是，它认为岩石和金属中比水或空气中存在更多的实体或形式性（multò plus substantiae, seu corporeitatis），因为它在前者里面比在后者里面感觉到更多的硬度和重量。①

简言之，偏见的根源在于我们有身体，身体具有各种各样本能的欲求，促使它趋利避害，而正是对利害的关切，遮蔽了心灵之眼，使那些原本被领会得清楚明白的观念蒙尘。

---

① 笛卡尔：《笛卡尔主要哲学著作选》，李琍译，徐卫翔校，华东师范大学出版社，2021年，第 195-196 页。

第四章

知识确定性与上帝

本章主要探讨至上存在者与知识确定性之间的关系。首先,考察笛卡尔赋予上帝观念的意涵,我们领会上帝的方式,以及它在何种意义上是个真观念。其次,考察笛卡尔对上帝存在所做的第一种证明。从表面上看该证明与康德在《纯粹理性批判》中所勾画的宇宙论证明并不相同,但从内在结构上看,二者是一致的,因此可被看作宇宙论证明的非典型形式。再次,考察笛卡尔对上帝存在所做的第二种证明,并将之与安瑟伦的本体论证明进行比较,阐明二者的同与异,以及笛卡尔的本体论证明遭到了当时各方人士怎样的反驳,他如何回应这些反驳。最后,考察笛卡尔哲学中的一个著名的难题,即笛卡尔的循环论证,它涉及"确定性和真理性的标准"与"上帝存在及其属性"之间的关系。通过对《方法谈》和"六个沉思"与循环有关的内容的剖析,笔者指出了笛卡尔逃避循环论证指责的可能。

一、上帝观念

(一)上帝观念的意涵

关于上帝观念的意涵,《沉思集》给出了几种不尽相同的回答。

其中,"沉思三"中的说法最为明确,即"通过'上帝'一词,我领会到一个实体,它是无限的、永恒的、不朽的、独立的、全知的、全能的,它是自身的创造者,也是一切其他存在的创造者"①。这个回答突出了上帝的无限性、至上性和作为万物来源的根本性。"沉思五"在论及上帝及其存在时,用"一个至上完满的存在者"②来描述上帝,"每当我选择思考第一和至上的存在,并从我思想宝库中提出上帝的观念时,我必须将所有的完满性归于他"③。完满性即实在性,"至上完满的"意味着上帝具有一切实在性。据此,笛卡尔指出,人们如果真正理解了上帝一词,就会相信"没有比他更伟大的东西能够被设想"④。因为某物要想比上帝更伟大,就要比上帝包含更多的实在性,而这是自相矛盾的,它意味着包含一切实在性的东西并不包含一切实在性。

关于上帝作为完满存在者的观点,《沉思集》收录的"第二组反驳"中的一些批评意见很有代表性。相关批判意见有四个方面:①意指完满存在者的上帝观念"不过是一个概念化的存在体

---

① René Descarte. *The Philosophical Writings of Descartes*, vol. Ⅱ. trans., John Cottingham, Robert Stoothoff, Dugald Murdoch. Cambridge:Cambridge University Press,1984, p.31.

② René Descarte. *The Philosophical Writings of Descartes*, vol. Ⅱ. trans., John Cottingham, Robert Stoothoff, Dugald Murdoch. Cambridge:Cambridge University Press,1984, p.45.

③ René Descarte. *The Philosophical Writings of Descartes*, vol. Ⅱ. trans., John Cottingham, Robert Stoothoff, Dugald Murdoch. Cambridge:Cambridge University Press,1984, pp.46-47.

④ René Descarte. *The Philosophical Writings of Descartes*, vol. Ⅱ. trans., John Cottingham, Robert Stoothoff, Dugald Murdoch. Cambridge:Cambridge University Press,1984, p.82.

第四章
知识确定性与上帝

（conceptual entity），它并不比正在思维着的你的心灵更加高贵"①；②没有受过教育的野蛮人，或一些无神论者，根本就不具有上帝的观念；③最完满的存在者的观念不一定就是上帝的观念，它甚至可以从人们对具有广延的物质性事物的认识中生成；④作为至上完满性的上帝又被设想为"一"，即被想象为一个"个体"，而与此相关的统一性和单纯性在这些神学家和哲学家看来，不过是理智抽象的结果，因此和共相所具有的统一没有实质差别。

笛卡尔对这些批判意见进行了逐一回应。

（1）笛卡尔承认他关于上帝的观念是一个"概念化的存在体"，但对这个概念做了辨析。他指出，如果一个观念被称作概念化的存在体即意味着它是虚构的、不存在的，那就是错；如果概念化的存在体意味着由理性所做的东西，那么我心中的上帝观念连同万事万物都可以被称作概念化的存在体，因为它们都是上帝理智的创造行为的结果。此外，如果把上帝作为概念化的存在体理解为一个只有凭借理智才能领会的观念，那么在笛卡尔看来这也是正确的。

（2）对于野蛮人和唯物论者，笛卡尔主张"那些人只是拒绝上帝之名，而承认上帝之实"②。一个人，不管他是野蛮还是文明，是笃信唯物论还是唯心论，只要他有健全的良知，便能够拥有一些观念。在这些观念中，我们稍加注意，就会发现一些高于我们自身完满性的观念。例如，在计数时就会遇到这样的观念。无论从哪个

---

① René Descarte. *The Philosophical Writings of Descartes*, vol. Ⅱ. trans., John Cottingham, Robert Stoothoff, Dugald Murdoch. Cambridge: Cambridge University Press, 1984, p. 88.

② René Descarte. *The Philosophical Writings of Descartes*, vol. Ⅱ. trans., John Cottingham, Robert Stoothoff, Dugald Murdoch. Cambridge: Cambridge University Press, 1984, p. 99.

数开始计数,我们都可以设想一个比我们已经达到的数更大的数。既然这个数无法达到,就意味着它超出了我们的能力。不过,我们可以设想一个这样的数,却是无法回避的事实。据此,笛卡尔断言,"比一切既有数都要大的数"这个观念,一定不是来自我们自身,而是来自比我们更加完满的存在者。那么,这个"更加完满的存在者"该如何理解呢?笛卡尔认为,一旦我们尝试理解这个观念,就必然会发现,最终它只能是上帝。这里的潜台词时,只要我们动用理智,就必定会接受他关于上帝存在的证明,后文将对这些证明展开讨论。笛卡尔坚信良知的均等和上帝的普遍,坚信人们一旦真正理解了上帝的概念,就会具有相同的看法;哲学家们亦是如此,"令人震撼的是,形而上学家们在他们关于上帝属性(至少那些仅可被人类理智认知的属性)的描述上十分一致"[1],此种一致性的程度之高,超越了他们有关任何可感之物的意见所能达成的一致性。

(3)笛卡尔认为把绝对完满的存在者视作物体是自相矛盾的。因为在他看来,物体是有限实体,其本性中包含着许多不完满性。例如,一切物体作为占据空间的有广延的东西,都是无限可分的,而相对于"能被分割","不能被分割"则是更大的完满性。因此,如果把完满的物体称作上帝,那它就是"虚构的上帝",而非"真正的上帝"。并且,笛卡尔指出,物体与上帝之间的差异,要比颜色和声音之间的差异更大,后两者乃同一实体内的差异,前两者则是两种属性不同的实体间的差异。因此,把上帝观念看作可由物体性的东西做成,比单凭对颜色的观看就获得声音的知觉更难以理解。

---

[1] René Descarte. *The Philosophical Writings of Descartes*, vol. II. trans., John Cottingham, Robert Stoothoff, Dugald Murdoch. Cambridge: Cambridge University Press, 1984, p. 99.

第四章
知识确定性与上帝

（4）上帝所具有的统一性完全不同于共相的统一性。上帝的统一性和单纯性，是一种专属上帝的"积极的完满性"①，就如永恒性和全能性一样，缺乏其中之一，上帝便不再是真正意义上的上帝。共相的统一性则不然，一切共相都来自对个体的抽象，所以其对个体的完满性不会有任何积极的、实在的增加。在笛卡尔看来，统一性和单纯性对领会上帝的本性而言是极为重要的。他宣称，"我们领会到，上帝拥有绝对的无限性，以及囊括了其他一些属性的单纯性和统一性"②。"绝对的无限性"可以理解为上帝观念中所包含的"多"。这些"多"不是散乱的，而是统一的，是至上的"一"。因此，上帝的完满性是作为单一实体的绝对完满性。

概言之，上帝是每个作为理性存在者的人只要正确运用其理智都必定会拥有的观念，而真正理解了该观念的人均能对它的意指达成一致：它是那至上完满的存在者，既具有无限、永恒、全知、全能、全善等诸多广大无垠的属性，同时又是绝对单纯的"一"。

（二）上帝观念的领会

上帝是无限的，而我是有限的，有限的我如何可能领会无限的上帝？对此，笛卡尔批评了一种错误的领会方式，即"仅凭借对有

---

① René Descarte. *The Philosophical Writings of Descartes*, vol. Ⅱ. trans., John Cottingham, Robert Stoothoff, Dugald Murdoch. Cambridge: Cambridge University Press, 1984, p. 100.

② René Descarte. *The Philosophical Writings of Descartes*, vol. Ⅱ. trans., John Cottingham, Robert Stoothoff, Dugald Murdoch. Cambridge: Cambridge University Press, 1984, p. 98.

限的否定来领会无限"①。这是"否定神学(apophatic theology)"惯用的领会上帝的方式。"否定神学是从否定方法(via negativa)演绎而来,这方法基本上是尝试用否定的词句来言说上帝的超越性。"②否定神学并不是否定上帝的存在,而是否定上帝的可知性。传统的肯定神学主张通过《圣经》中的文字来领会上帝的超越性。经院哲学时期,托马斯·阿奎那等神学家试图通过理性证明上帝的存在,并推导出上帝的种种属性。否定神学则主张,作为至上存在者和万物终极根源的上帝是"不可知的存有,他难以被万物所接近,并且完全无法解释"③,人类无法通过自身的语言对上帝进行任何形式的肯定理解,而只能通过否定的方式来领会上帝的超越性,通过否定有限性才能获得无限性的概念,通过否定暂时性才能理解永恒性。笛卡尔反对否定神学从有限出发方能领会无限的观点,主张"我关于无限的知觉,即上帝,以某种方式先于我关于有限的知觉,即我自己"④。笛卡尔为此提供的论据是:我意识到我在怀疑、我在希望等,由此我便认识到我是有缺陷的;我之所以能意识到自己是有缺陷的,必定是因为我首先拥有了一个无缺陷的观念,正是在与后者的对比中,我才认识到我的存在是不完满的。因此,我必定是先拥有无限的上帝观念,才可能拥有有限的自我观念。所以,对笛卡尔而言,上帝的无限性决不是一种否定性,而是一种

---

① René Descarte. *The Philosophical Writings of Descartes*, vol. II. trans., John Cottingham, Robert Stoothoff, Dugald Murdoch. Cambridge: Cambridge University Press, 1984, p.31.

② 袁蕙文:《论否定神学对宗教对话的意义》,《比较经学》2013年第2期,第29-60页。

③ 袁蕙文:《论否定神学对宗教对话的意义》,《比较经学》2013年第2期,第29-60页。

④ René Descarte. *The Philosophical Writings of Descartes*, vol. II. trans., John Cottingham, Robert Stoothoff, Dugald Murdoch. Cambridge: Cambridge University Press, 1984, p.31.

第四章
知识确定性与上帝

肯定性,是对上帝绝对完满的肯定;相应地,我的有限性才是一种否定性,意味着我是带有缺陷的、不完满的存在者。

对于笛卡尔领会上帝观念的方式,伽桑狄给予了犀利的批评,这一批评有四个层次。

(1) 伽桑狄先是摆出自己与笛卡尔截然不同的立场。在笛卡尔看来,那些被领会得清楚明白的观念所具有的客观实在性与其形式实在性完全一致;伽桑狄则主张,"观念,或其客观实在性,不应依照事物的全部形式实在性(即事物自身中所具有的实在性)来衡量,而应依照理智获得其知识的那个部分(即依照理智关于该物所具有的知识)来衡量"①。这意味着,在伽桑狄看来,我们任何时候都无法认识事物本身的全貌,因此实际上很难获得关于事物自身真正完满的观念。由此,他进一步主张,既然我们对事物的认识总是凭借它所显现出来的偶性,那么偶性的观念就是清楚明白的,实体的观念反而是模糊的。他甚至否认我们拥有实体观念的合法性,即便承认这一合法性,他也不认为在客观实在性方面实体会超过其偶性,因为实体"就是从偶性或者依照偶性的方式领会出来的"②。

(2) 用无限来描述上帝是毫无意义的。伽桑狄主张,人类精神无法领会无限,因为人类自身不是无限的,也无法拥有任何无限之

---

① René Descarte. *The Philosophical Writings of Descartes*, vol. II. trans., John Cottingham, Robert Stoothoff, Dugald Murdoch. Cambridge: Cambridge University Press, 1984, p. 199.

② René Descarte. *The Philosophical Writings of Descartes*, vol. II. trans., John Cottingham, Robert Stoothoff, Dugald Murdoch. Cambridge: Cambridge University Press, 1984, p. 199.

物,甚至无法在观念中真正表象无限。所以,对人类而言,无限就是一个毫无意义的名词,用它来描述上帝并不能给上帝增加任何实在性。

(3) 上帝并不比他所创造出来的东西拥有更多的完满性。与无限类似,永恒、全能、全知、全善等,也是我们无法真正领会的。笛卡尔归于上帝的一切属性,在伽桑狄看来不过是人们从具体事物中抽象出来并加以放大的观念而已。既然如此,就像实体的实在性不可能多于偶性的实在性,上帝的实在性也不会多于被造物之和所具有的实在性。

(4) 即便能够把上帝设想为一个无比完满的事物,该物也不一定就是实际的上帝。这个观点是(1)和(3)的必然结论。我们所具有的上帝观念,仅仅是我们精神的产物;既然我们对上帝的描述,都是来自对具体事物的抽象与放大,那么它们就不能确定地被看作上帝自身的属性。对此,伽桑狄做了一个形象的类比。笛卡尔把上帝的完满性理解为相对于人而言的广大无垠性,而上帝和人之间的大小比例要比大象和蛆虫之间的大小比例小得多。因此,对蛆虫而言,大象所具有的就是一种无与伦比的完满性。然而,如果蛆虫把自己关于大象的观念看作是对大象自身如实的表述,那就是荒唐可笑的,因为两者是完全不同的物种,蛆虫根本不可能正确表述大象,类似地,我们关于上帝的观念也不应被看作真实地表象了上帝。

对于伽桑狄的批评,笛卡尔逐一做了回应。

(1) 笛卡尔主张,通过感官和想象固然无法获得实体的真正观念,但通过理智则可以。我们也不是通过伽桑狄所谓的领会偶性的方式来领会实体的,实际情况刚好相反,"没有任何实在

第四章
知识确定性与上帝

性……可归之于偶性,除非它取自实体观念"①。

(2) 关于无限,笛卡尔区分了两种不同的领会方式。其一,构思一个无限观念。在笛卡尔看来,每个人实际上都可以具有一些无限观念。例如,可以构思一个比现有的一切数都要大的数,还可以构思一条向两端无限延伸的直线。其二,构思完满的无限。即是说,不仅构思一个无限的事物,同时还要把该物的一切细节呈现出来。此种领会方式是我们人类不可能具有的。伽桑狄的错误在于没有对两种无限做区分,全然否定人们拥有无限观念的可能性。

(3) 对于第三个批评,即伽桑狄认为我们关于上帝的完满性不过是来自我们对具体事物属性的扩大,笛卡尔直接以一个反问句进行回应,即"难道如此这般扩大的东西不比未被扩大的东西更大么"。

(4) 在笛卡尔看来,上帝并不是相对于我们更大的东西,而是无限大的、没有比之更大的东西,因此把我对上帝的思考类比于蛆虫对大象的思考是不合适的。上帝是无限大,大象只是相对大;我是凭借理智思考上帝,蛆虫所拥有的只是想象,以此种方式思考上帝,"我和你一起承认这非常愚蠢"②。

有关伽桑狄的批评和笛卡尔的回应,佩尔格兰评论道:"他们的哲学构想无论在方法上还是在实质上都是背道而驰的。……可以说两个人的看法是不可调和的。笛卡尔带着某种不快的情绪作

---

① René Descarte. *The Philosophical Writings of Descartes*, vol. II. trans., John Cottingham, Robert Stoothoff, Dugald Murdoch. Cambridge: Cambridge University Press, 1984, p. 251.

② René Descarte. *The Philosophical Writings of Descartes*, vol. II. trans., John Cottingham, Robert Stoothoff, Dugald Murdoch. Cambridge: Cambridge University Press, 1984, p. 252.

了回应。"①从二者关于领会上帝观念的方式的交锋来看,佩尔格兰的评论是相当准确的。伽桑狄重视感觉,笛卡尔重视理智。通过感觉只能感知偶性而无法感知实体,因此伽桑狄主张真正的实体观念是不可能的,实体最多只能被理解为偶性的集合体,其实在性不可能超过偶性;笛卡尔则认为我们能够通过理智认识真正的实体,而一切偶性只有依附于实体才能存在,除了我们所认识的偶性外,事物自身往往还包含着大量的尚未被认知的偶性,因此实体的实在性必定多与我们所知的偶性的实在性。被感知的事物总是有限的,因此伽桑狄主张无限是无法理解的,所以上帝即便真实存在也不是我们认识的对象。无限无法被感知,却可以被理智构想,所以笛卡尔主张虽然我们无法全面理解上帝的完满性,却可以对之加以构想。正是这种截然相反的、不可调和的立场,使笛卡尔有时候并不认真反驳伽桑狄的批评,而是直接抛出相反的观点。例如,面对上述第三个批评,笛卡尔竟然只用了一个反义疑问句来回应。实际上他在此有故意曲解伽桑狄的意思之嫌。伽桑狄之所以认为对具体事物性质的放大,并不会使上帝比具体之物更加完满,乃是因为通过此种放大并不会增加任何新的实在性,所以就实在性的总量上来看,上帝的确不可能比具体之物的总和更加完满。笛卡尔则完全是在另一个维度上谈论更加完满,即在每一类实在性的程度上,上帝超越一切具体事物。

(三)上帝是真观念

被我们领会为至上完满的存在者的上帝观念,乃是一个真观念,对此可从以下三个方面加以阐明。

---

① 丹尼斯·于斯曼主编:《法国哲学史》,冯俊、郑鸣译,商务印书馆,2015年,第142页。

第四章
知识确定性与上帝

首先,观念的真假如上所述乃是质料上的。假观念基于我们自身的缺陷而产生,是那些自身为"无"却被表象为"某种东西"的观念,例如冷热等。真观念是那些具有客观实在性的观念。上帝既然被领会为至上完满的存在者,它就"比任何别的观念都含有更多的实在性"①。所以,上帝是最真实的观念。

其次,上帝的观念非常清楚明白。它是概念化的存在体,被理智构想为一方面具有各种广大无垠的属性,另一方面又是绝对单纯的"一"。"凡是我清楚明白地知觉为实在的和真的,并且表现任何实在性的东西,都完全包含在这个观念之中了。"②即是说,它之所以能够被清楚明白地领会,乃是因为它自身就是由各种被清楚明白地领会的观念构成。关于上帝作为清楚明白的观念,最引人生疑的还是无限问题。如上所述,笛卡尔区分了两种构想无限的方式。既然无限所包含的诸多细节是我们无法完全理解的,那么如何能够表明我们所构想的无限观念是清楚明白的呢?以射线为例,在欧几里得几何学中,射线通常指线段的一端无限延长所形成的直的线。显然,射线的定义是被理智清楚明白地领会的,尽管我们无法确知无限延长实际上究竟是怎样进行的,但我们确知所有这些被延长的部分都形式地存在于这条射线之中。类似地,尽管我们不能确知无限的上帝究竟拥有怎样的完满性,但这并不影响我们确知它是无限的,因为我们可以断定"所有我清楚地知觉并知

---

① René Descarte. *The Philosophical Writings of Descartes*, vol. II. trans., John Cottingham, Robert Stoothoff, Dugald Murdoch. Cambridge: Cambridge University Press, 1984, p. 252.

② René Descarte. *The Philosophical Writings of Descartes*, vol. II. trans., John Cottingham, Robert Stoothoff, Dugald Murdoch. Cambridge: Cambridge University Press, 1984, p. 32.

道其意味着某种完满性的属性——也许还有无数我不知道的属性——都形式地或卓越地存在于上帝之中"①。

最后,从上帝观念的清楚明白性、真实性,并不能直接推出观念所表象的对象正如其被表象的那般实际存在着。这是因为观念之真并不能直接等同于判断之真,"也许可以设想这样一个存在者并不存在"②。上帝观念固然是个真观念,但这并不意味着我们就不能设想上帝实际上是不存在的。因此,要想表明上帝存在,就还需要提供进一步证明。

二、上帝存在的宇宙论证明

(一) 笛卡尔对上帝存在的第一种证明

如何证明"上帝存在"是个真判断?对此,笛卡尔提供了两种不尽相同的思路。第一种证明的思路,是从我能够领会一个上帝观念推出上帝的存在。该证明由三个步骤构成。

首先,证明我自身不可能是上帝观念的原因。对此,笛卡尔写道:

> 诚然,由于我是一个实体,所以我有实体的观念;但这并不能说明我为何有无限实体的观念,因为我是有限

---

① René Descarte. *The Philosophical Writings of Descartes*, vol. II. trans., John Cottingham, Robert Stoothoff, Dugald Murdoch. Cambridge: Cambridge University Press, 1984, p. 32.

② René Descarte. *The Philosophical Writings of Descartes*, vol. II. trans., John Cottingham, Robert Stoothoff, Dugald Murdoch. Cambridge: Cambridge University Press, 1984, p. 31.

第四章
知识确定性与上帝

的,除非这种观念来自某种真正无限的实体。①

该主张基于他所坚信的两条原则。其一,原因不可小于结果的原则,即结果的实在性决不能大于其原因的实在性;其二,观念所具有的客观实在性基于对象中形式的或卓越的实在性。前文已对这两条原则做出阐明,在此不再赘述。一个无限实体的观念,即是一个拥有无限实在性的至上完满存在者的观念。既然原因不能小于结果,那么该观念的原因也应具有无限的实在性。然而,具有该观念的"我"却是有限的,"我怀疑""我希望"等活动,已赤裸裸地表明了我的有限性。因此,无限实体的观念只能客观地存在于我之中,而不可能形式地或卓越地在我之中。

关于这个论证,笛卡尔提出了一个可能的反驳,即"所有我归之于上帝的完满性以某种方式潜在于我之中"②。支持这个可能反驳的论据有:①现有的历史经验表明,人类的认识是逐渐增长着的,而这个增长似乎是朝向无限的;②通过不断增长的认识,人类最终可能拥有我们在上帝观念中所设想的完满性;③既然人类的潜能是无限的,那么心中拥有一个无限实体的观念就是可理解的。

对这些论据,笛卡尔进行了逐一反驳。

(1)历史经验的确表明人类似乎具有无限的潜能,然而这些潜能的发挥与实现并不能使我们接近上帝。其中,一个根本原因正在于我们具有潜能,潜能即意味着现实的缺乏,所以潜能恰好是我们有缺陷的标志。

---

① René Descarte. *The Philosophical Writings of Descartes*, vol. II. trans., John Cottingham, Robert Stoothoff, Dugald Murdoch. Cambridge: Cambridge University Press, 1984, p. 31.

② René Descarte. *The Philosophical Writings of Descartes*, vol. II. trans., John Cottingham, Robert Stoothoff, Dugald Murdoch. Cambridge: Cambridge University Press, 1984, p. 32.

（2）我们的认识尽管随着潜能的实现会不断增加，然而它却无法达到上帝所具有那种完满性，因为它永远无法达到不可再增加的地步，而上帝则完满地拥有一切。因此，就有两种不同的无限，人类潜能的无限是永远无法完成的无限，而上帝的无限则是直接被给予的无限。

（3）如果我的无限只是潜在的无限，那么我就不可能产生一个关于无限实体的清楚明白的观念，因为"我知觉到，观念的客观存在，不能仅由严格说来等同于虚无的潜在存在产生出来，而只能产生自现实的或形式的存在"①。因此，只有一个现实的无限的存在者才能是我们观念中的无限存在者的观念的原因。笛卡尔所设想的这个可能的反驳后来被黑格尔继承了下来，只不过不是以肯定的形式。绝对精神作为自在的上帝所具有的完满性只是抽象的，它必须外化自身，先成为物质性的存在者，即自然界，然后从自然界发展出人类精神，人类精神在其发展过程中，经由主观精神、客观精神，最终在哲学家的思想中认识自身，成为自在自为的绝对精神。这意味着，上帝自在的、抽象的完满性乃是潜能，它终究需要通过人类精神来具体化和实现自身。因此，无限实体就潜在于有限的实体之中，唯有通过有限实体的不断发展才能实现出来。

其次，证明离开上帝"我存在"是不可理解的。一般而言，我存在的根据有四种可能，即我自身、我的父母、高于我却低于上帝的存在者、上帝。因此要完成这个证明，就必须逐步表明我自身、我的父母、居于我和上帝之间的理智存在者都不可能是我存在的终极原因，离开上帝我不可能存在。

---

① René Descarte. *The Philosophical Writings of Descartes*, vol. II. trans., John Cottingham, Robert Stoothoff, Dugald Murdoch. Cambridge: Cambridge University Press, 1984, p. 32.

第四章
知识确定性与上帝

（1）我不可能是自身存在的根源。假如我是我存在的最终根据，那么，"我就会把我对之拥有观念的任何完满性给予自身，而这样一来，我自己就成了上帝"①。这是因为，在笛卡尔看来，如果我是自己产生和存在的作者，那么我必定是在虚无中创造了自身。我既然是产生出来的，就说明我曾经不存在；我的产生既然只因为我，那我必定只能来自虚无。我们知道，笛卡尔哲学的最基本原则就是无不能生有，连因果律都是建立在它之上。所以，无中生有是最不可能发生的，即便发生也是不可认识的。在笛卡尔看来，对"我"而言，设想我拥有上帝所拥有的一切属性，要比设想我从虚无中来更容易。因此，假如能设想我完全是独立自在的，那么必定要设想我是我的一切属性的创造者，我能够拥有上帝一样的完满性，因此我即上帝。然而，从"我怀疑""我希望""我总是缺少某种完满性"的清楚意识中，必然可以领会到我绝无可能是上帝自身。此外，笛卡尔还主张，我们凭借自然之光可以清楚地领会到，"保存和创造的区别只是概念上的（conceptual），两者事实上是一回事"②。这是因为，在他看来，人们如果了解时间的本性，就会发现时间由无数连续的点构成，前一个点和接续而来的点之间并无必然联系，因此就无法从某物过去存在推断出它现在一定存在，更无法得知它未来必将继续存在。某物尽管在过去长期存在着，然而设想它现在不存在并不包含任何矛盾。所以，我现在之所以存在的真正原因，并不是我过去的存在，而是在此时有某个原因重新产生了

---

① René Descarte. *The Philosophical Writings of Descartes*, vol. Ⅱ. trans., John Cottingham, Robert Stoothoff, Dugald Murdoch. Cambridge: Cambridge University Press, 1984, p. 33.

② René Descarte. *The Philosophical Writings of Descartes*, vol. Ⅱ. trans., John Cottingham, Robert Stoothoff, Dugald Murdoch. Cambridge: Cambridge University Press, 1984, p. 33.

我,创造了我,从而使我得以保存下来。因此,如果我是自身存在的原因,那么我就不仅是过去和现在之我的原因,而且我还必定具备使我在将来继续存在的能力。然而,作为思维着的存在者,我却对于自身的这种能力不具有任何观念。所以,我既不可能是自我产生的原因,也不可能是自我保存的原因,或者说我既不是我最初存在的根据,也不是我持续存在的根据。

(2) 我父母也不是我存在的根源。关于我和父母的关系,可以肯定他们是我出生的原因,但他们不是我持续存在的原因,也不是我作为思维之物的原因。一方面,"我存在"有两个维度,即产生和保存,既然他们不是我得以持续存在的原因,就不能说他们是我存在的全部原因;另一方面,即便父母可以被看作我产生的原因,这种"产生"也是不全面的,他们最多只能被看作物质或身体之我的根源,而不是思维之我的根源,"我一直认为这物质包裹着我,毋宁说包裹着我的心灵,我现在只把自己视作心灵"①。因此,严格来讲,我既不由父母产生,更不由父母保存,因此父母决不是我存在的根源。

(3) 任何低于上帝的理智存在者也不可能是我存在的根源。在笛卡尔看来,首先可以肯定的是,根据原因不能小于结果的原则,既然我是思维着的存在者,那么创造我的东西一定也是一个在思维之物。需要阐明的是这个低于上帝的理智物自身存在的根源是什么。无非有两种情况,或者它是自身的原因,或者它也是比其更高的理智存在者的造物。如果是前者,那它自身便是上帝了,而非介于上帝和我之间的东西。如果是后者,问题依然存在,作为它

---

① René Descarte. *The Philosophical Writings of Descartes*, vol. Ⅱ. trans., John Cottingham, Robert Stoothoff, Dugald Murdoch. Cambridge: Cambridge University Press, 1984, p. 35.

第四章
知识确定性与上帝

的根源的东西又是如何存在的呢?由此,就会产生一种恶的无限,需要不断地追问更高存在者存在的原因。因此,笛卡尔主张,要想避免陷入"无穷无尽的追问",就必须把上帝设定为"终极原因(ultimate cause)"[①]。所以,介乎上帝和我之间的理智存在者,有可能是我存在的直接原因,但决不可能是我的终极根据。并且,按照笛卡尔的表述,这个论证也支持父母不是我存在的终极根据的说法。

(4)我存在也不可能是多种原因的共同作用的结果。在笛卡尔看来,即便"我自身""我父母""介乎我和上帝之间的理智之物"联合起来协同作用,也无法将我产生出来。这是因为,我拥有的是"一个"上帝观念,"上帝所有属性的统一性、单纯性或不可分割性,是我在上帝里所领会到的最重要的完满性之一"[②],而作为我存在根据的东西也应该是这个上帝观念的原因。既然原因不能小于结果,那么作为我的原因的东西也一定是个单纯的东西,而决不可能是各种要素的混合。概言之,我自身、我的父母、高于我却低于上帝的存在者,无论各自单独起作用,还是共同起作用,都不可能是我产生和保存的终极原因。因此,不诉诸上帝,"我存在"就只能是个不可理解的命题。

最后,拥有上帝观念的我的存在正是上帝存在的最好证据。在证明了我自身不可能是上帝观念的原因,以及离开了上帝"我存在"便是不可理解的之后,笛卡尔写道:

---

① René Descarte. *The Philosophical Writings of Descartes*, vol. Ⅱ. trans., John Cottingham, Robert Stoothoff, Dugald Murdoch. Cambridge: Cambridge University Press, 1984, p. 34.

② René Descarte. *The Philosophical Writings of Descartes*, vol. Ⅱ. trans., John Cottingham, Robert Stoothoff, Dugald Murdoch. Cambridge: Cambridge University Press, 1984, p. 34.

我存在以及我拥有一个最完满的存在者(即上帝)的观念,仅仅这一事实,便提供了上帝确实存在的非常清楚的证据。①

然而,"我存在"和"我拥有一个上帝的观念"毕竟是两个不同的事实,那么究竟哪个事实才是最根本的?笛卡尔写道:

该证明的全部力量在于:我认识到,如果上帝真不存在,那么我就不可能以现有的此种本性存在着,即我不可能在心中有个上帝观念。②

显然,依照该论述,"我拥有一个上帝的观念"应是最根本的,因为正是凭借这个事实,我的存在才具有异于他物的本性,我自身以及除上帝以外的一切他物才不可能是我存在的最终原因。然而,这似乎只是问题的一个方面,问题的另一方面是,"我存在"是先于上帝观念被认识到的,并且只有我存在,我才能拥有该观念。因此,无论是从认识的秩序,还是从本体的秩序来看,我存在都是更为根本的。所以,两个事实是并重的,只有将两者联合起来,才能推出上帝的存在。如果我存在,却不具有上帝的观念,那么我就与动物、植物无异,从而无法从我存在推出上帝的存在;如果我存在的真理性尚未被证明,那么"我拥有一个上帝的观念"就会和"我感到冷热"一样,不可能被清楚明白地领会,从而无法成为证明上帝存在的有效证据。然而,到此为止,对整个证明而言,还有一个需要阐明的问题,即上帝这个观念究竟是以何种方式进入我心中

---

① René Descàrte. *The Philosophical Writings of Descartes*, vol. II. trans., John Cottingham, Robert Stoothoff, Dugald Murdoch. Cambridge: Cambridge University Press, 1984, p. 35.

② René Descarte. *The Philosophical Writings of Descartes*, vol. II. trans., John Cottingham, Robert Stoothoff, Dugald Murdoch. Cambridge: Cambridge University Press, 1984, p. 35.

的。这是因为,前述证明所解决的是"为什么",即为什么只有上帝本身才是我具有一个上帝观念的原因,还未解决"怎么样",即上帝这个观念究竟是怎样被我拥有的。如上所述,笛卡尔认为我们获得观念的方式有三种:或者由感觉提供出来,或者是精神自身产生或虚构出来,或者是在我被创造时与生俱来。上帝观念与感觉观念具有一定程度的类似性,因为笛卡尔认为感觉观念具有不依赖于意志而产生的特征,不管我期待不期待,我都有感觉,上帝观念亦是如此,只要我们正确运用理智,它就会不可避免地产生。然而,上帝观念又具有与感觉观念截然不同的特征,即感觉观念往往不能够被清楚明白地领会,而上帝却是我们所能领会的最清楚明白的观念。上帝观念与纯粹精神的虚构也有一定程度的一致性,即它们都完全不依赖于外部世界,都是内在于精神的东西。当然,不同于任何虚构,上帝观念是最实在的,因为它拥有最多的客观实在性。由此,上帝观念只能是与生俱来的。因此,"我存在"和"我拥有一个上帝的观念"不仅同等重要,而且同时并存。

总之,笛卡尔通过上述三个步骤完成了关于上帝存在的第一种证明。在对上帝观念做出详细阐述之后,他首先证明我自身不可能是上帝观念的根源,无论是在怀疑、在希望的现实之我,还是不断发展着的潜在之我,其中最重要的证据是上帝观念包含着无限性,而我是有限的。然后,他证明离开上帝"我存在"是不可理解的,因为无论是我自身,还是我的父母,抑或任何介于我和上帝之间的理智存在者,都不可能是我存在的最终根据。最后,笛卡尔表明,凭借"我存在"和"我拥有一个上帝观念"这两个同等重要且同时并存的事实,我就能够有效地推出上帝存在。由此,"上帝存在"这个判断的真就得到了辩护。

(二) 第一种证明为何是宇宙论的

那么,该如何为第一种证明命名呢?在笔者看来,可将之称作上帝存在的宇宙论证明。这个称呼取自康德的《纯粹理性批判》。康德主张"上帝、自由和不朽"是纯粹理性的三个主要课题,解决这些问题的科学是形而上学。但是,传统形而上学解决这些问题的方法都是独断的,即"不预先检验理性是否有能力从事这样一项庞大的计划,就深信不疑地承担了这项施工"①。其中,与上帝相关的核心问题是如何证明上帝存在,解决该问题的形而上学通常被称作理性神学。《纯粹理性批判》的"纯粹理性的理想"部分的主要任务即是对传统理性神学进行全面系统的批判。在此,康德首次把传统理性神学关于上帝存在的证明划分为三个类型,即本体论证明、宇宙论证明和自然神学证明。其中,本体论证明完全与经验无关,它"完全先天地从单纯概念中推出一个最高原因的存有"②。后两种证明则都与经验相关,但又有所不同。宇宙论的证明是从"不定的经验"出发,只要我们能够通过经验肯定某物的存有,不论它是何种经验,即可推出一个最高原因的存有。自然神学的证明则是从"确定的经验及由这经验所认识到的我们感官世界的特殊性状开始,并由此按照因果律一直上升到世界之外的最高原因"③。"确定的经验"即对我们的感官世界的经验,"特殊性状"则指该世界被经验到的服从规律统治的和谐有序性。显然,笛卡尔对上帝存在的第一种证明不是本体论的,因为它并不是单纯从上帝概念出发,它还涉及我的存在;也不是自然神论的,因为通过"沉思一"中的怀疑,笛卡尔把感官之物连同感官自身都悬置掉了,只是在确证了上帝存在之后,才回过头来探讨感官之物的确定性及其性状。在笔者看来,它可以被看作一种非典型的宇宙论证明。

---

① 康德:《纯粹理性批判》,邓晓芒译、杨祖陶校,人民出版社,2004年,第6页。
② 康德:《纯粹理性批判》,邓晓芒译、杨祖陶校,人民出版社,2004年,第471页。
③ 康德:《纯粹理性批判》,邓晓芒译、杨祖陶校,人民出版社,2004年,第471页。

第四章
知识确定性与上帝

依照康德,典型的宇宙论证明包含两个步骤。第一步,证明绝对必然的存在者存在;第二步,证明唯有上帝才是绝对必然的存在者。其中,证明的第一步被康德构造为如下三段论[①]:

大前提:如果有某物实存,那么也必定有一个绝对必然的存在者实存。

小前提:现在至少我自己实存着。

结论:一个绝对必然的存在者实存。

大前提所表述的是宇宙论证明的一般原则,它基于充足理由律。依照这条规律,一物只有具备了充足的理由才能存有。据此,如果一切物都是偶然的,那么对任何物的解释都会是一个无穷后退的链条,永不可能达到完备。只有在设定一个绝对必然的存在者的情况下,某物才可能被全盘规定,从而其存在才有充足理由。小前提所描述的正是被康德视作宇宙论证明出发点的"不确定的经验",即不管其他事物怎么样,至少凭借经验可以完全肯定"我存在"。在康德看来,证明上帝存在是纯粹理性的自然倾向。因此,上述他对证明方式的三分,所针对的首先并不是历史上曾出现过的理性神学,而是理性的自然倾向,这倾向要么基于理性自身,要么基于理性与不定经验的结合,要么基于理性与确定经验的结合。同时,康德还认为,哲学史上曾出现过的上帝存在的理性证明,都逃不出他基于理性自身所划分的三个类型。因此,在康德思想里,隐含着理性与历史相统一的观点。

哲学史上能够作为宇宙论证明范例的,并不是上述笛卡尔的第一种证明,而是托马斯·阿奎那所从事的证明。众所周知,托马斯·阿奎那为上帝存在提供了五路证明,尽管它们都是从"作为结果的被造世界里的事实出发,因此,它们实际上都可以被归结为一

---

① 康德:《纯粹理性批判》,邓晓芒译、杨祖陶校,人民出版社,2004年,第480页。

种'后验证明'"①,但是唯有第三路证明才与康德所勾画的典型的宇宙论证明的第一步相一致,它们都是立足于偶然性或可能性与必然性的关系,论证一个绝对必然存在者存在。为了方便分析,笔者将阿奎那的第三路证明详细引述如下:

> 我们发现,在自然界,诸多事物既可能存在也可能不存在,因为它们被发现是有生有灭的,从而它们也就既可能存在也可能不存在。但是,这样的事物是不可能始终存在的。因为可能不存在的事物至少在某一时间内是不存在的。所以,倘若每一件事物都可能不存在的话,那么至少在一个时间内能够没有什么东西存在。而如果事情果真如此的话,那么甚至现在也会没有什么东西存在。因为不存在的事物只有藉某种业已存在的事物才能够开始存在。所以,如果在一个时间内没有什么东西存在的话,那任何事物曾经开始存在就会是件不可能的事情了。而且,因此,甚至现在也没什么事物能够存在。而这显然是荒谬的。所以,并不是所有存在都仅仅是可能的,而必定有某种事物,其存在是必然的。但每件必然的事物,其必然性要么是由另一个事物引起的,要么不是。然而,在其必然性为另一件事物所引起的必然事物之间,要持续不断地推演下去,直至无限,是不可能的。在谈到动力因时我们已经把这一点证明出来了。所以,我们必须承认某件事物的存在在其自身具有它自己的必然性,这种必然性不是从另一件事物接受过来的,而毋宁说是在其他事物身上引起它们的必然性的。所有

---

① 黄裕生主编:《西方哲学史(学术版)》第三卷,江苏人民出版社、人民出版社 2011 年版,第 458 页。

第四章
知识确定性与上帝

的人都把这种其存在在其自身有它自己必然性的事物称作上帝。①

阿奎那的上述论证过程可提炼为如下几个步骤:

(1) 偶然之物总会在某个时候不存在。

(2) 不存在的东西只有通过存在的东西才开始存在。

(3) 因此,假如一切都是偶然的,那么现在就无物存在。

(4) 因此,假定现在有某种偶然之物存在,那么有些存在者必然存在。

(5) 假如必然存在者的必然性总是来自他者,就不会有真正的必然性。

(6) 因此,假定有某种偶然之物存在,某物便绝对必然地存在。

(7) 我们在自然界中发现诸多偶然之物。

(8) 因此,一个绝对必然的存在者(即上帝)存在。

其中,(3)由(1)和(2)推出。偶然之物即可能之物,它们原本并不存在,后来由于某种原因得以借助于其他存在者而存在。因此,假如一切物都是偶然的,就意味着一切物原本都不存在,那就没有任何东西可以作为凭借,从而也就没有任何东西能够产生出来,由此当下即虚无。(4)直接由(3)推出,只要当下不是虚无,只要有某物偶然存在,就一定有某物必然存在。(6)由(4)和(5)推出,偶然之物并不能通过相对必然性得到完全的解释,唯有这个绝对必然的存在者才是偶然之物的最终根据。显然,命题(6)即康德所勾画的宇宙论证明的第一步的大前提。命题(7)则与其小前提相应。当然,两个论证的结论并不完全一样。阿奎那从(6)和(7)

---

① 托马斯·阿奎那:《神学大全》第一集第1卷,段德智译,商务印书馆,2013年,第35-36页。

直接推出上帝存在。康德则认为所能得出的只是一个绝对必然存在者存在。究竟何种存在者才有资格作为绝对必然的存在者则需要进一步论证。

笛卡尔关于上帝存在的第一种证明,隐含着宇宙论证明第一步的大前提。如上所述,在论及"我存在"的根源时,笛卡尔首先主张,如果我自身是我存在的根源,那么就会得出一个荒谬的结论,即我就是上帝,这意味着偶然之物无法以自身为根据。其次,他主张,我的父母也不是我存在的根源,这意味着一个偶然之物不可能是另一个偶然之物的最终根据。再次,他主张一切介于我和上帝之间的理智存在者也不是我存在的根源,这意味着那些依赖于他者的必然之物亦不可能是偶然之物的最终根据。最后,他主张,只有上帝才是我存在的根源,这意味着只有绝对必然的存在者才是偶然之物存在的充足理由。

康德宇宙论证明第一步的小前提,正源自笛卡尔关于上帝存在的第一种证明。阿奎那第三路证明的小前提是"我们在自然界中发现诸多偶然之物",而康德相关证明的小前提则是"现在至少我存在"。显然,两者是不同的。那么,从"自然界"到"我",以及从"诸多"到"至少"的转变是如何发生的?在笔者看来,这正是康德受到笛卡尔证明影响的表现。在康德看来,宇宙论证明基于"不确定的经验",而所谓的"不确定的"指经验的性质,而非经验之物的存在。相反,其存在必须是确定的。即是说,无须确定"某物"是何物,但必须确定某物存在。阿奎那认为,我们通过经验即可确定诸多自然物的存在。然而,经历了笛卡尔"沉思一"的洗礼之后,自然物的存在变得不再确定了。在笛卡尔看来,自然物完全有可能来自我自身,而只有证明了上帝存在,才能反过来确保自然物真实存在。这样一来,在笛卡尔之后,阿奎那的宇宙论证明就有了循环论

第四章
知识确定性与上帝

证之嫌,即需要上帝存在其存在才得以保证的自然物被用作证明上帝存在的小前提。依照笛卡尔,我存在才是最基本的事实,一切他物的存在都可怀疑,唯有怀疑一切他物的我之存在不可怀疑。因此,康德并非像有些学者所主张的那样完全依照阿奎那的第三路证明来构造宇宙论证明,小前提中"至少我存在"的观点明显源于笛卡尔。

依照康德的构造,宇宙论证明有两个步骤。然而,如上所述,阿奎那的第三路证明所对应的只是第一步,它缺乏论证上帝为何是绝对必然存在者的第二步,笛卡尔的第一种证明则隐含着这个第二步。笛卡尔的证明基于两个事实,即"我存在"和"我心中有一个至上完满的存在者的观念"。从"我存在"及一切偶然的、有限的东西都不可能是自身存在的根源,推出某物绝对必然地存在着。从"我心中有一个至上完满的存在者的观念",推出能够满足绝对必然存在之要求的只能是那拥有最高实在性的存在者,因为依照原因不能小于结果的原则,最高实在性的观念不可能来自"我"以及任何实在性有所缺乏的存在者,而只能来自对象中的、形式地存在着的最高实在性。再来看看康德对宇宙论证明第二步的勾画,他写道:

> 于是这个证明进一步推论道:这个必然存在者只能以惟一的一种方式、也就是在一切可能对立谓词方面只通过其中一个谓词而得到规定,所以它必须通过自己的概念而被通盘规定。现在只有惟一的一个有关一物的概念是有可能对该物作先天的通盘规定的,这就是 entis realissimi[汉译为:最实在的存在者]这个概念:所以最实在的存在者的概念就是某个必然的存在者能借以被思维

的惟一的概念,就是说,有一个最高存在者以必然的方式实存着。①

一物的存在如果依赖他物,那么该物的存在至多是相对必然的;一物只有仅凭自身而存在,才有资格被看作绝对必然的存在。"仅凭自身而存在",意味着该物的概念自身就包含着其存在的充足理由,从而也意味着该物是先天地被全盘规定的。在一切概念之中,唯有"最高实在的存在者"这个概念,才是自身存在的充足理由。因此"最高实在的存在者"绝对必然地存在。"最高实在的存在者"即上帝,所以,上帝存在。

依照笛卡尔的论述,能够仅从观念得出其存在的东西有两类,即"我"与"上帝"。经过一番怀疑之后,我清楚明白地领会到,尽管一切对象都可以被怀疑,但从事怀疑活动的"我"是不可怀疑的。对"我"的领会如此清楚明白,所以"我存在"就是确定的真理。尽管我可以从"我"的观念得出"我存在",但"我"并不是自身存在的充足理由,"我存在"依赖上帝的创造。然而,依照笛卡尔的论述,"我"具有一个"最高实在的存在者"观念这一事实,则表明了该观念的对象绝对必然存在。就此而言,可以说笛卡尔的第一种证明包含着康德宇宙论证明的第二个步骤,在我所具有的一切观念中,唯有至上完满的存在者的观念表明了它的对象是绝对必然存在着的。

综上所述,笛卡尔关于上帝存在的第一种证明经过分析表明,它与康德所谓的宇宙论证明有着内在一致性。"我存在"是笛卡尔第一种证明所仰赖的基本事实,也是作为宇宙论证明出发点的"不确定的经验"。笛卡尔关于一个存在者,无论是我,还是我父母或

---

① 康德:《纯粹理性批判》,邓晓芒译、杨祖陶校,人民出版社,2004年,第480-481页。

其他理智存在者,如果其存在以自身为根据,那么它就是上帝本身的论断,所暗含的正是宇宙论证明的大前提,即如果偶然之物存在就会有某个绝对必然的存在者。从该前提和"我存在"推出绝对必然存在者存在正是康德所构造的宇宙论证明的第一步。"我心中有一个至上完满的存在者的观念"是笛卡尔第一种证明所仰赖的第二事实,唯有这个观念所指称的对象才是以自身为根据的存在者,才绝对必然存在。如上所述,探究何物是绝对必然存在的正是宇宙论证明的第二步。据此,笛卡尔关于上帝存在的第一种证明虽然从表面上看与康德所勾画的宇宙论证明有非常大的不同,但实际上二者的内在结构是一致的,所以我们可以把笛卡尔的该证明看作宇宙论证明的非典型形式。

三、上帝存在的本体论证明

关于上帝存在,笛卡尔除了从事实出发的上述证明之外,还有纯然从概念出发的证明。这第二种证明可被称作典型的本体论证明。康德在"上帝的存有之本体论证明的不可能性"一节中,构造出本体论证明的典型形式,并加以系统的批判。在该节末尾,康德把本节所批判的、从概念出发对最高存在者存有所做的证明,称作"(笛卡尔派的)本体论证明"①。

笛卡尔有关上帝存在的本体论证明的正面论述,主要集中在"沉思五"。相关论述可分三个方面:证明所依赖的基本原则,证明的方式,证明的结构。

首先,证明以"沉思三"中所确立的真理标准为基本原则,即"凡是我们领会得十分清楚、十分分明的东西都是真实的"。因为,

---

① 康德:《纯粹理性批判》,邓晓芒译、杨祖陶校,人民出版社,2004年,第478页。

在笛卡尔哲学中,认识论和本体论是统一的,"凡是真的,都是某物"①,"真实和存在是一回事"②。通常人们把存在理解为与思维相对且独立于思维的东西,笛卡尔的存在概念所指更为宽泛,可分两种,即观念内的存在和观念外的存在。前者是思维自身的内容,后者才是独立于思维的对象。在多数情况下,我们凭借真理标准所能断定的只是观念内的存在,例如"三角形的内角之和等于两直角",该命题被我们领会得非常清楚明白,以至于完全可以确信它是真实的,而真实即存在,只不过在此所能确信的仅是观念内的存在。然而,在某些情况下,我们凭借对观念内容清楚明白的领会,却可以确信该物在观念外的存在,而这正是本体论证明中的情况。对此,笛卡尔写道:"如果仅从我可以从我的思维中产生某物的观念这一事实,便使得我清楚明白地知觉到属于该物的东西都属于它的观念,那么难道这不是证明上帝存在的另一种方式之可能的基础吗?"③所以,如果说笛卡尔的本体论证明基于一个证明之外的原则或立场,那么它就是"沉思三"中所确立的清楚明白的真理总则。

其次,证明的方式有两种,即比较和演绎。

比较,涉及该证明清楚明白的程度。尽管我们对具体感觉内容的领会是模糊不清的,但对一切可感之物一般性质的领会却是清楚明白的。在这些性质中,最根本的是"连续量(quantité

---

① René Descarte. *The Philosophical Writings of Descartes*, vol. Ⅱ. trans., John Cottingham, Robert Stoothoff, Dugald Murdoch. Cambridge: Cambridge University Press, 1984, p.45.

② 笛卡尔:《第一哲学沉思集》,庞景仁译,商务印书馆,1986年,第72页注释。

③ René Descarte. *The Philosophical Writings of Descartes*, vol. Ⅱ. trans., John Cottingham, Robert Stoothoff, Dugald Murdoch. Cambridge: Cambridge University Press, 1984, p.45.

continue)"或"广延"。广延可被划分为不同部分,每部分都有大小、形状、位置和运动,每部分的运动都是在时间中进行的。因此,数目、形状、运动、时间等特征,就是我们关于一般物领会得非常清楚明白的观念。而且每类观念自身的本性,也可通过一些命题被清楚明白地领会,甚至以此为基础建立起整个学科,笛卡尔所钟爱的几何学即是如此。几何学由关于各类形状本性的知识构成,即便它们所关涉的东西可能并不存在于观念之外,但这并不意味着它们就是"纯粹的无"。即便并不是所有人都会想到这些观念,因为有些人并未学过几何学,但一旦通过教育学会正确运用自己的理智,他们就一定会像其他人一样拥有这些观念。在想到三角形时,我们总能清楚明白地领会一些东西,例如"三角形有三条边""最大的角对最大的边"等,它们乃是该形状的确定性质或本质,是不变的、永恒的,为一切三角形所固有,而非心灵的虚构。通过比较的方式,笛卡尔表明,我们对上帝存在的领会所具有的清楚明白的程度决不亚于对几何学观念的领会,"我对于上帝一直存在属于上帝的本性的领会,比起我证明某性质属于某种图形或数字的本性时的领会,其清楚明白的程度并不差"[①]。

演绎,涉及该证明的具体方式。尽管就清楚明白程度而言,我们对上帝观念的领会与对几何学观念的领会是相同的,但是就观念的性质而言,两者又是不同的。我们虽然能够清楚明白地领会三角形这类形状的本质,却并不能就此判定三角形在观念之外存在着。上帝观念则不然,一旦我们清楚明白地领会了它观念内的实在性,就能得出其观念外的现实存在。这也正是所谓的本体论

[①] René Descarte. *The Philosophical Writings of Descartes*, vol. Ⅱ. trans., John Cottingham, Robert Stoothoff, Dugald Murdoch. Cambridge: Cambridge University Press, 1984, p. 45.

证明的题中之意。显然,这是从一个前提出发,通过一些推理,最终获得结论的过程。就其包含着思维的连续运动而言,它是理性的演绎;然而,运动的每一步又可凭借直观加以把握。这个直观和演绎的统一,就表现为证明的结构。

再次,证明的结构是一个三段论推理。上帝不同于三角形等一切其他观念之处在于,上帝的本质包含存在。显然,这个论断并不是本体论证明的前提,而应该是其结论。那么,笛卡尔是如何得出这个结论的呢?他似乎认为这个结论是非常明显的,对此,他写道:

> 很明显,存在不能与上帝的本质分开,就像内角之和等于两直角不能与三角形的本质分开一样,或者山的观念不能与谷的观念分开一样。因此,领会一个上帝(即一个至上完满的存在者)而他竟缺少存在(即缺少一种完满性),这和领会一座山而没有谷,是同样矛盾的。①

这段关于上帝存在的论述包含着一个三段论,可重构如下:

大前提:我清楚明白地领会到一个最完满的存在者的观念。

小前提:存在是一种完满性。

结论:一个最完满的存在者存在。

大前提中"最完满的存在者"可以替换为另一个表达,即"最实在的存在者"。依照笛卡尔的论述,实体比偶性拥有更多的实在性,而在一切实体中有一个最高的实体,它既是一切他物中的实在性的最终来源,本身又是一切实在性的总和,因此可被称作最实在的存在者。如果说有一个上帝,那么最实在的存在者就是上帝。

---

① René Descarte. *The Philosophical Writings of Descartes*, vol. Ⅱ. trans., John Cottingham, Robert Stoothoff, Dugald Murdoch. Cambridge: Cambridge University Press, 1984, p. 46.

第四章
知识确定性与上帝

"清楚明白地领会",依照真理的总则,就意味着"最完满的存在者"这个观念是真实的,而真实即存在,只不过最初它只是观念内的存在。小前提中的"存在"是现实存在。一物如果仅在观念内存在,就意味着它缺乏现实的存在,而缺乏即不完满。因此,相较于观念中存在,现实的存在就是一种完满性或实在性。所以,最完满的存在者的本质之中就包含着自身的现实存在性。因此,最完满的存在者实际存在。而最完满的存在者即上帝,因此,上帝实际存在。

众所周知,对上帝存在的本体论证明最初由中世纪的安瑟伦提出,笛卡尔深受其影响,甚至不少研究者认为笛卡尔只是重复安瑟伦的证明。笔者认为,比较一下两种本体论证明的异同很有必要。安瑟伦的本体论证明主要见于《宣言》(*Proslogion*, 1077-1078)的第2章。为了便于分析,笔者详细引述如下:

> 我们相信你就是那无法设想有比之更大的存在者(aliquid quo nihil maius cogitari posit)。或者仅仅因为愚顽之人在心里说:没有上帝(dixit insipiens in corde suo: non est Deus)[《诗篇》(13:1)],难道就根本没有这样性质的存在者了么?但是,就是这样的愚顽之人,当他听见我说的这样一个存在者,即那无法设想有比之更大的存在者的时候,即使他尚不能理解这个对象实际地存在着,他也能理解他所听到的对象,理解他所理解的对象存在于他的理性中。因为,一个对象存在于理性中是一回事;理解到这个对象实际存在着,这是另一回事。……
>
> 因此,甚至愚人也会确信那无法设想有比之更大的存在者至少存在于理性中,因为,当他听说这个存在者的时候,他能够理解;凡为他所理解的,定存在于他的理性中。然而可以肯定的是,那无法设想有比之更大的存在者不

能仅仅存在于理性中。因为,假如它仅仅存在于理性中,那么就还可以设想一种比他更伟大的东西,它既存在于理性中,还实际地存在着。所以,如果那无法设想有比之更大的存在者仅仅存在于理性中,那么,那无法设想有比之更大的存在者自身就成了那可以设想有比之更大的存在者了,但这显然是不可能的。因此,那无法设想有比之更大的存在者无疑既存在于理性中(in intellectu),也存在于现实中(in re)。①

首先,就证明依赖的基本原则而言,安瑟伦坚信,凡被理解的,必定存在;并区分存在的两类方式,即"存在于理性中"和"实际地存在着"。笛卡尔的真理总则在两个维度上超越了安瑟伦的基本原则。第一,笛卡尔为"理解"添加限定条件。依照笛卡尔,并非所有被理解的观念皆具有存在性,被清楚明白地理解的观念才具有客观实在性,从而才是真实不虚的。第二,笛卡尔对总则的有效性进行了辩护。笛卡尔并不像安瑟伦那样直接摆出证明的基本原则,而是先对其有效性做了辩护。笛卡尔的全面怀疑和对"我存在"的确立,在一定意义上就是为了引申出真理的总则。外部世界不足以充当真理的检验标准,因为它自身的确定性并未得到证明。感觉经验也不足以充当真理的检验标准,因为它们有可能只是心灵的纯然虚构。信仰自身也不足以充当真理的检验标准,笛卡尔实际上主张其真理得到辩护的观念才是真正信仰的对象。这样一来,观念唯有凭借自身的内在特征才能被判定为真实的。那么,这个内部特征是什么呢?笛卡尔是从一个特例入手来思考的。这个特例,即"我存在"。这意味着,依照笛卡尔的观点,在搞清楚真理

---

① 安瑟伦:《信仰寻求理解——安瑟伦著作选集》,溥林译,中国人民大学出版社,2005年,第205-206页。

第四章
知识确定性与上帝

的标准是什么之前，我们实际上已经拥有了真理，所需做的乃是从真理的特例抽绎出真理的普遍标准。那么，"我存在"为何是必然真的呢？如上所述，笛卡尔的回答是，我们对这个观念的领会是非常清楚明白的。并且，除了清楚明白之外，再没有别的标准。在基本原则上的不同，体现了笛卡尔相比于中世纪哲学家所取得的两大突破。第一，高扬主体能动性。一切对象都是可疑的、相对的，唯有作为主体的我是确定的、绝对的。哪怕是最高客体，其存在性也不是自明的，对其辩护必须以作为主体的我的确定性为基础。第二，认识论转向。具有何种特征的观念才是确定的，通过何种方式才能获得真实的观念，这些问题的解决成了论证上帝存在的前提。认识成了存在的标尺，本体论应建立在相应地认识论之上。

其次，就证明方式而言，安瑟伦缺乏笛卡尔常用的比较方式。安瑟伦本体论证明的一个重要意旨是揭示信仰与理性的内在统一性，表明信仰可以获得理性的支持，"上帝存在"这个基督教基本信条完全可由理性加以证明。笛卡尔与安瑟伦的意图具有一致性，但是在笛卡尔看来，基于理性的知识是多种多样的，还应进一步裁定对上帝存在的证明是何种类型的理性知识。笛卡尔尝试通过比较向世人表明，该证明与几何学中的证明具有同构性，都是从概念自身的内涵或本性出发进行演绎，因此具有仅次于直观的确定性。笛卡尔是毕达哥拉斯主义的近代继承者，他对数学知识推崇备至，认为相比于一切通过感觉经验获得的外部对象的知识，基于理性自身的数学知识具有最高程度的清楚明白性。因此，通过比较，笛卡尔赋予了上帝存在的本体论证明以一种数学式确定性的外表。

最后，就证明结构而言，安瑟伦的证明虽然也是从纯粹概念出发进行的推理，因此必定是演绎的，但至少从表面上看，它并不是一个典型的三段论，而是具有归谬论的形式。德·里日特（De Rijt）在《中世纪哲学》一书中对安瑟伦的证明进行了深入剖析，试图探明它的隐藏条件,并揭示出归谬推理的有效性乃是该证明的必要前提之一。① 周迈则明确主张"安瑟伦的推理肯定不是三段论的,而是通过归谬法论证进行的"②。依据上述引文,安瑟伦的本体论证明可重构如下:

(1)"无法设想有比之更大的存在者"要么仅存在于理性中,要么既存在于理性中又实际地存在着。

(2)我们可以设想"无法设想有比之更大的存在者"实际存在着。

(3)如果"无法设想有比之更大的存在者"仅存在于理性中,那么"无法设想有比之更大的存在者"就成了"可以设想有比之更大的存在者",而这是荒谬的。

(4)因此,"无法设想有比之更大的存在者"不能仅存在于理性中。

(5)因此,"无法设想有比之更大的存在者"既存在于理性中又实际存在着。

命题(1)包含两个不相容的选言支,它基于安瑟伦对两种被理解的存在形式的区分。凡不包含逻辑矛盾的东西,都是可以理解的,从而都可以被设想为实际存在着,此乃命题(2)隐含的前提。安瑟伦从命题(2)直接得出了命题(3),这基于他的一个未言明的信念,即某物实际存在要比它仅存在于理性之中更大。命题(4)由命题(3)得出,命题(5)则由命题(1)和(4)共同得出。因此,从表面形式来看,安瑟伦的论证的确是一个归谬推理。但是,这并不意

---

① De Rijt Lamber Marie. *La Philosophie au Moyen Age*. Leiden E. J. Brill,1984,pp. 114-117.

② 黄裕生主编:《西方哲学史(学术版)》第三卷,江苏人民出版社、人民出版社 2011 年版,第 284 页。

第四章
知识确定性与上帝

味着它就不能被重构为一个三段论。在笔者看来,其论证与如下三段论是等效的。

大前提:我们可以设想一个"无法设想有比之更大的存在者"。

小前提:某物实际存在比其仅存于理性中更大。

结论:"无法设想有比之更大的存在者"实际存在。

其中,大前提仅意味着我们能够理解何谓"无法设想有比之更大的存在者",而被理解的即能存在的,或者是理性中的存在,或者是实际存在。因此,大前提可被看作前述归谬论证中的命题(1)和(2)的综合。小前提则隐藏在前述归谬论证中,是从(2)推出(3)的必要条件。因此,安瑟伦的本体论证明的直接形式固然是个归谬论证,但它完全等效于一个三段论。通过这种转换,我们清楚地看到,笛卡尔的本体论证明与安瑟伦的证明在结构上是完全一致的。当然,笛卡尔依照自己的哲学体系做了一些细节上的调整。用"更多"取代了"更大",并且明确了比较的内容,即"实在性"或"完满性";实体比偶性有更多的完满性,最高实体则拥有最多的完满性。由此,"无法设想有比之更大的存在者"被转换为"至上完满的存在者","某物实际存在比仅存于理性中更大"被转换为"实际存在比观念中的存在具有更多的完满性"。

综上,笛卡尔的本体论证明和安瑟伦的本体论证明的内在结构具有一致性,都是三段论推理,且大前提和小前提基本相同。然而,这并不意味着笛卡尔只是简单抄袭安瑟伦。两种证明所由之出发的原则不同,笛卡尔的本体论证明建基于他所确立的新的认识论原则之上;就证明方式而言,笛卡尔引入了与几何学证明相比较的方式,以此表明由证明所得出的结论具有极高的确定性;就证明的表面形式而言,安瑟伦采取的是间接的、归谬的方式,笛卡尔的三段论则更加直接和明白,更能凸显问题的本质。因此,笛卡尔并不是安瑟伦的复述者,作为近代哲学的开创者,他是在自己所确立的新的哲学原则的基础上重构该证明。正是因此,康德才把此类证明称为"笛卡尔派的",而非"安瑟伦式的"。

四、反驳与回应

相较于宇宙论证明,笛卡尔的本体论证明产生的影响更大,遭到的反驳也更多。因此,本章接下来考察《沉思集》中围绕本体论证明展开的反驳与回应。相关考察分两个层次:第一,"沉思五"中笛卡尔本人提出的可能反驳与回应;第二,"反驳与答辩"中的相关内容。

(一)"沉思五"中的反驳与回应

在阐明了上帝与存在的不可分割性之后,笛卡尔提出了两个可能的反驳。其中,第一个反驳关乎推理进程的合法性,即能否从思维推出存在;第二个反驳关乎大前提的有效性,即是否必然要把上帝领会为一个至上完满的存在者。

第一个反驳被笛卡尔表述如下:

> 即使承认,除非把上帝设想为存在的,否则我就无法设想它,就像我无法设想不带有谷的山一样;然而,恰如从我设想一个有谷之山这一事实,决不可推出世界中有山存在,从我把上帝设想为存在这一事实,似乎也推不出上帝存在,因为我的思维不给事物强加任何必然性。正如即便无马长有翅膀我却可以设想一匹飞马,即便无上帝存在我却可以把存在添加给上帝。①

---

① René Descarte. *The Philosophical Writings of Descartes*, vol. Ⅱ. trans., John Cottingham, Robert Stoothoff, Dugald Murdoch. Cambridge: Cambridge University Press, 1984, p. 46.

第四章
知识确定性与上帝

笛卡尔的本体论证明和安瑟伦的本体论证明在内在结构上是一致的,都通过一个三段论程序从纯粹观念推出外在于观念的对象之存在。第一种反驳所针对的正是这种论证思路,它应该是人们针对本体论证明的一种流行见解。此类反驳基于存在与本质相分离的原则,主张思维所领会的只是一物的本质,而决不可能从对本质的领会中直接推出该物的存在。这个反驳从正反两个方面进行。首先,即使不得不把存在性领会为上帝的本质,也不能由此判定上帝存在。上帝既然是一物,便与三角形、山等物一样,其本质和存在是分离的。尽管我们能够清楚明白地领会三角形的各种各样的属性以及建基于其上的诸多几何学的规律,由此全面而精确地把握三角形的本质,但是并不能据之得出三角形存在。上帝亦是如此。尽管我们能够清楚明白地领会上帝的各种性质,从而认识到存在性是上帝本质必不可少的组成部分,但是由此同样不能得出上帝存在。其次,即使上帝不存在,也不意味着就不可以把存在性领会为上帝的本质。既然存在与本质是分离的,那么某些并非现实存在着的物同样可以具有自身的本质。例如飞马、金山等,尽管都不存在,其本质却可清楚地被设想。上帝亦是如此,即便它不存在,存在性亦可如全能、全知一样被设想为它的本质。

　　针对此种反驳,笛卡尔的回应有两个层面。首先,区分存在与本质关系的两种情况。存在与本质相分离,只是两者关系的一种情况,它适用于对一切有限之物的领会。无论是几何图形,还是日常事物,抑或是虚构之物,我们对其本质的领会均不包含存在。因此,除了上帝之外,任何事物的不存在都是可以设想的。唯有作为最实在的存在者的上帝,存在才无法与其本质相分离,因为存在是其本质必不可少的一部分。其次,主张思维单凭自身就能判定某物存在。在笛卡尔看来,一个被思维领会为必然具有存在性的东西不存在,是自相矛盾的。既然不具有存在性的上帝是不可设想的,既然上帝的本质包含着存在,那么"上帝存在"就是真的。据此,笛卡尔把第一种反驳称作"诡辩"①,因为它一方面主张上帝必然具有存在性,另一方面又主张上帝可以不存在。笛卡尔对反驳的回应,充分体现除了他作为一位理性主义者的特质。就某物的存在而言,感觉固然可以充当判定标准,但并非唯一标准;就我和上帝的存在而言,思维独立于感觉,其单凭自身就可以充当判定标准。并且感觉之所以能充当某物存在的判定标准,有赖于思维,只有通过思维确立了我存在和上帝存在的真理性,各种感性知识的确定性才能得到保证。

第二个反驳所针对的是本体论证明的大前提,被表述如下:

一旦我假定上帝拥有一切完满性(因为存在是完满性之一),那么对我而言,假定上帝存在的确就是必然的,然而第一个假定并不是必然的。类似地,反对意见也会说,假定一切四边形均可内接于圆对我而言并不是必然的;不过,一旦做出该假定,承认菱形可内接于圆对我而言就是必然的——这是一个明显的错误。②

三段论推理结论的确定性,由推理进程的合规则性和前提自身的确定性得到保证。第一个反驳关乎推理进程,认为本体论证明犯了偷换概念的错误,大前提中上帝本质所包含的存在性是思维中的存在,而小前提中作为完满性的存在则是现实中的存在。笛卡尔的回应指出,与上帝的本质必不可分的存在就是现实存在,

---

① René Descarte. *The Philosophical Writings of Descartes*, vol. II. trans., John Cottingham, Robert Stoothoff, Dugald Murdoch. Cambridge: Cambridge University Press, 1984, p. 46.

② René Descarte. *The Philosophical Writings of Descartes*, vol. II. trans., John Cottingham, Robert Stoothoff, Dugald Murdoch. Cambridge: Cambridge University Press, 1984, p. 46.

所以其本体论证明并无偷换概念之谬误。第二个反驳关乎推理的大前提,它所质疑的是笛卡尔对上帝观念的假定,这个假定并不具有必然性,甚至还可能是错误。相应地,如果它不具有必然性,那么上帝存在就没有被证明;如果它是错误的,正如"一切四边形均可内接于圆"一样,那么上帝存在就可能是错误的。能够为这种反驳提供支持的,是一些常见的"事实"。例如,野蛮人头脑中并无上帝观念,多神论者相信上帝不止一个,某些无神论者、唯物论者甚至主张上帝是个包含内在矛盾的观念。

对第二个反驳做出回应,需要笛卡尔表明我们关于上帝的观念不是凭空捏造的,而是不得不如此这般设想的。首先,笛卡尔做了一个转换,把具有歧义性、神秘性的"上帝"替换为更加明白的、基于理性的"第一的、至上的存在者"。所谓"第一""至上",指的是客观实在性或完满性的最高程度,它可以有两方面的含义:①相比于一切其他实体和偶性,上帝拥有更多种类的实在性,甚至要比除他之外的一切事物的实在性的总和还要多,并且就每类实在性而言,上帝都拥有最大的完善性;②既然上帝被视作万物的创造者,那么它必定是一切实在性的最终来源,就此而言,上帝自身必定拥有至上的完满性。

其次,笛卡尔表明上帝观念是个真观念。"一切四边形均可内接于圆"之所以被判定为一个捏造的、虚假的观念,是因为我们对"四边形"的领会并不必然带有"内接于圆"的观念,从而"一切四边形均可内接于圆"就是一个我们无法被领会得清楚、明白的观念。"上帝"则不然。一旦我们设想一个至上存在者,就必然领会到它具有最大程度的完满性。因此,单凭思维便可以清楚明白地领会一个具有至上完满性的存在者的观念,而这就表明该观念具有"真实、不变的本性",是一个与生俱来的真观念。

最后,阐明那些所谓的"事实"并不构成真正的反驳。原始人因理智不开化,所以头脑中没有上帝的观念;某些文明人因理智训练不够,头脑中才会有多个上帝的观念。只要我们的理性足够成熟,那么一旦设想上帝观念,我们就会把一切完满性归之于他,并且确信"我无法领会两个或多个与他一样的上帝"①。至于无神论、唯物论者把上帝看作一个自相矛盾的模糊概念,笛卡尔则反唇相讥,主张只要不受成见的影响就会发现,在一切被认识的物中,"没有一个比我承认上帝更迅速、更轻易的了"②;在对一切物的认识中,没有什么比上帝是一个"至上的、完满的存在者"的认识更加清楚明白了。

(二) 反驳与答辩

1. 卡特鲁斯的反驳与笛卡尔的回应

针对笛卡尔的本体论证明,卡特鲁斯提出了两个反驳。第一个反驳关涉证明的大前提。卡特鲁斯认为,既然我们连一个千边形都无法清楚明白地领会,就更不可能清楚明白地领会那作为无限存在者的上帝。我们的理性总是有限的,它无法认识无限之物。因此,虽然不可否认上帝观念在我们心中,但我们有可能并不认识上帝,正如我们背对着屋门而坐时,陌生人张三推门而进,我们听声音虽然知道有人来了,但并不知来人是张三,即便转过头也不认识张三一样。

---

① René Descarte. *The Philosophical Writings of Descartes*, vol. Ⅱ. trans., John Cottingham, Robert Stoothoff, Dugald Murdoch. Cambridge: Cambridge University Press, 1984, p. 47.

② René Descarte. *The Philosophical Writings of Descartes*, vol. Ⅱ. trans., John Cottingham, Robert Stoothoff, Dugald Murdoch. Cambridge: Cambridge University Press, 1984, p. 47.

第四章
知识确定性与上帝

为了回应卡特鲁斯的这个反驳，笛卡尔对"无限"概念做了一些新的论述，这些论述可分为四个方面。

第一，区分"无限（infini）"和"无穷（indéfini）"。当把一物称作无限的时，意味着"在它里面我什么地方都看不到有限制"；当我把一物称作无穷的时，意味着在特定意义上它是我"看不到止境的东西"。据此，在一切存在物中，唯有上帝才是真正无限的，因为其他一切物都非自因，其存在都依赖于上帝，从而都是受限制的。然而，有限存在物却可以拥有无穷的特征，例如一条射线，从其定义上看，它是有限的，正因其有特定的限制才与其他几何图形相区分；然而，它又可以朝一个方向无止境地延伸，因此是无穷的。一节横木，它在长短、形状、质量等各方面都是有限的，然而依照笛卡尔就其作为具有广延的物体而言，对它的分割却是无止境的。通过对无限和无穷的区分，笛卡尔表明，卡特鲁斯等人在谈及对上帝无限的领会时，拿千边形做类比是不合适的，后者所具有的只是无穷而非无限。然而，根据笛卡尔对这一区分的论述，无穷与无限并不是完全无关的，无穷可以说是一种特定的无限。如果连无穷都领会不了，就更不可能领会无限了。

第二，区分两种关于无限的表述，即"无限性"和"无限的东西"。这个区分关涉我们领会无限的不同方式。笛卡尔曾在第三个沉思中做出过类似的区分，只不过没有用特定的表述来分别称呼二者。通过"无限性"的表述，我们对正面的东西做了反面的领会，即将其理解为不受任何限制的东西。通过"无限的东西"的表述，我们则对正面的东西做正面的领会，即理解无限之物所包含的无限性质。

第三，正面领会无限的东西的方式，又可以区分为两种，即全部领会和部分领会。对无限的东西做全面领会是不可能的，就此而言，笛卡尔认为自己和卡特鲁斯以及其他神学家一样，主张"上帝是不能被人类精神懂得的"。在此，笛卡尔又引入了千边形的类比，并得出了和卡特鲁斯同样的结论，即如果连有限但复杂的千边形我们都只有模模糊糊的印象，就更不可能清楚明白地领会无限的东西了。全面的领会固然不可能，但部分领会却可以是清楚明白的。正如我们可以清楚明白地领会千边形的若干条边，我们也可以清楚明白地领会上帝的若干种属性。

第四，本体论证明所需的对上帝的局部领会有两方面。其一，可以清楚明白地领会到上帝包含实在性，而不是像冷热那样其实在性是可疑的；其二，可以清楚明白地领会到上帝作为至上存在者包含最多的实在性，因此不可能不包含"存在"这种连普通事物都具有的实在性。笛卡尔认为，尽管全面领会上帝是不可能的，但对这两方面的领会却是无比清楚明白的，据此就足以保证本体论证明大前提的有效性。

卡特鲁斯的第二个反驳关涉推理过程，他质疑笛卡尔从上帝作为至上完满存在者的观念得出上帝存在的推理的有效性。对此，他写道：

> 即使人们同意，一个至上完满的存在者依其名称便具有存在的意涵，但仍不能由此得出，这个存在就是现实世界中的任何实际的东西；所能得出的只是存在的概念与至上存在者的概念密不可分。由此，你不能推断上帝的存在是任何实际的东西，除非你假设至上存在者实际存在；因为那样它就会包含一切完满性，包括现实存在的完满性。①

---

① René Descarte. *The Philosophical Writings of Descartes*, vol. Ⅱ. trans., John Cottingham, Robert Stoothoff, Dugald Murdoch. Cambridge: Cambridge University Press, 1984, p. 72.

第四章
知识确定性与上帝

该反驳的前半部分与前述笛卡尔自己提供的第一种反驳类似,即主张本质和存在是分离的,不能从本质推出存在,大前提中的存在是通过思维被领会到的包含在上帝本质中的存在,结论中的存在却是现实世界中实际存在,由此本体论证明犯了偷换概念的推理错误。该反驳的后半部分则可以被看作针对笛卡尔对第一种反驳所做的回应。笛卡尔认为,大前提中通过思维领会到的上帝本质中所包含的存在就是实际存在。卡特鲁斯则认为笛卡尔的回应实际上是一种同义反复,是首先把上帝设想为实际存在,然后再推出上帝实际存在,这什么都没能证明。本体论证明的真正效力应该是从观念推出存在,而不是从存在推出存在。然而,从观念推出存在是偷换概念,从存在推出存在则是循环论证,因此本体论证明不可能成功。

针对卡特鲁斯的第二个反驳,首先,笛卡尔表明自己与卡特鲁斯等人在核心论据上有着根本不同。卡特鲁斯主张从观念无法得出存在,观念的实在性并不意味着对象的真实性,"一个语词表达了某物,但该物并不因此就被表明为真"[①],所以即便上帝观念被领会为包含着存在性,也不能认为上帝就在观念之外实际存在着。笛卡尔主张相反的路线,即凡是在某物的观念中清楚明白地领会到的东西,我们就可以确信它真正属于该物本身。因此,如果存在性在我们关于上帝的观念中被看作是它的本性,那么上帝就实际存在着。显然,笛卡尔的路线不过是他在第三个沉思中所确立的真理标准的必然结果,所以他认为自己的路线"是不能否定的,因为大家以前已经同意了,即凡是其清楚、分明地理解或领会的东西

---

① René Descarte. *The Philosophical Writings of Descartes*, vol. Ⅱ. trans., John Cottingham, Robert Stoothoff, Dugald Murdoch. Cambridge: Cambridge University Press, 1984, p. 83.

都是真的"。即是说,如果卡特鲁斯先前已经同意了笛卡尔关于真理标准的总则,那么他就会意识到他的路线是自相矛盾的。

其次,笛卡尔分两个步骤表明自己关于上帝的观念中包含着存在的论断是正确的。步骤一,阐明上帝的本质中包含存在;步骤二,阐明存在是上帝的常住不变的、真实的本质。可以看出,这两个步骤分别与他在第五个沉思中对两个反驳所做的答复相对应,不过在此更为细致,而且出现了一些新的提法,因此值得考察。

在步骤一中,笛卡尔区分了两种存在性,即可能的存在性和必然的存在性。在我们清楚明白地领会的"一切东西的概念或观念里"都包含着可能的存在性,而唯有在上帝的观念里包含着必然的存在性。显然,这对应着前述本质与存在关系的两种情况。除上帝以外的一切他物的本质之中都不包含存在,尽管我们对该物观念的其他特性有清楚明白的领会,却领会不到这些特性与该物的存在之间联结的必然性,所以它只具有可能的存在性。相反,由于上帝的本质之中便包含着存在,我们对上帝的其他属性的领会便"必然地、永远地"与其存在性相联结,所以上帝具有的是必然的存在性。

在步骤二中,笛卡尔给出了一种判定概念联结是否真实的标准,即能否被理智分割。如果两个观念之间的联结来自理智的虚构,那么它们就必定可被理智分割;相反,如果不能被理智分割,就意味着这种联结不是理智的虚构,而为观念的对象真实具有,是"属于这样的一个存在者的真实、不变的本性"。例如,"带翅膀的马""现实存在的狮子""正方形里画出的三角形"等,都是由可分割的观念联结而成,我们可以设想不具有翅膀的马,可以设想狮子并不存在,也可以设想正方形里没有三角形。这意味着,观念的此种联结有可能只是理智的单纯虚构。在笛卡尔看来,我们关于一切

第四章
知识确定性与上帝

占据广延的事物的观念与存在的联结都是可分的,因为一切物体都可以被设想为心灵的虚构。几何学中存在着大量的不可分割的观念,例如"三角形"和"三个角的之和等于两直角",一旦前一个观念被设想,后一个观念便不可避免地包含其中。据此可断定,三个角之和等于两直角是三角形的真实的、恒常不变的性质。由于现实存在比观念中的存在更加完满,因此既然上帝被设想为至上完满的存在者,那么"现实存在"的观念与"上帝"观念的联结就是不可分的。据此,我们便可断定,现实存在是上帝真实的、恒常不变的本质。

总之,笛卡尔摆脱卡德鲁斯反驳的办法,首先是回到真理标准的总则,即在某物观念中清楚明白地领会的内容就是该物真实具有的东西。如果认可这条总则,就允许从某物的观念推出该物存在,就可以摆脱偷换概念和循环论证的嫌疑。一方面,上帝观念中所领会到的"存在"据此就是现实的,而非纯然观念的,因此与结论中的"存在"是一致的,所以偷换概念的问题被解决;另一方面,前提中的现实存在是在上帝观念中被领会到的,结论中的存在是现实中的上帝具有的,因此也就排除了循环论证的问题。其次是通过区分可能存在和必然存在,以及引入能否被理智分割的标准,阐明现实存在乃是我们观念中所领会到的上帝的真实、不变的本性。

2. 梅森等人的反驳与笛卡尔的回应

梅森搜集的有关本体论证明的反驳,所针对的并不是第五个沉思中的那段经典论述,而是笛卡尔面对卡特鲁斯的答辩所提供的重要论据,即

> 我们清楚明白地领会为属于该物的真实的、常住不变的本性的东西,可以真正地被断定为属于该物。但是一旦我们对上帝之所是做一番足够细致的研究,我们就会

清楚明白地领会到存在属于他的本性。①

梅森等人认为,即便承认这个论据,也不能由此推出上帝实际存在,而只能得出存在属于上帝的本性。要想得出上帝实际存在,还必须加上一个前提,即上帝的本性是可能的或不矛盾的。据此,梅森等人构造了一个不同于笛卡尔的本体论证明:

大前提:上帝的本性或本质无法被设想为与存在相分离。

小前提:上帝的本性是可能的或不矛盾的。

结论:上帝实际存在。

对于大前提,梅森等人并未提出怀疑,他们认为成问题的是小前提,"那些攻击该论证的人或者宣称怀疑小前提的真实性,或者直接予以否定"②。可以看出,梅森等人的反驳也包含两个层次。第一层指向笛卡尔证明所依照的基本原则,认为不能从对事物本性的领会中直接得出事物自身的真实情况。因为在他们看来,有些被我们所领会的事物本性包含着矛盾,从而是不可能的。第二层指向上帝的本性,上帝的本性包含存在,这并不像笛卡尔所认为的那样确定无疑,有些人质疑其可能性,有些人则断言它是不可能的。两个层次密切相关,应该说第一层反驳是为了引出第二层反驳,如果能够表明上帝的本性包含着存在被证明为真实的,就可以由这种本性进一步得出上帝自身的存在。因此,梅森等人的反驳与卡特鲁斯的反驳不同,卡特鲁斯坚信笛卡尔的推理方式必定会陷入两难,或者是偷换概念,或者是循环论证。梅森等人并不否认

---

① René Descarte. *The Philosophical Writings of Descartes*, vol. Ⅱ. trans., John Cottingham, Robert Stoothoff, Dugald Murdoch. Cambridge: Cambridge University Press, 1984, p. 91.

② René Descarte. *The Philosophical Writings of Descartes*, vol. Ⅱ. trans., John Cottingham, Robert Stoothoff, Dugald Murdoch. Cambridge: Cambridge University Press, 1984, p. 91.

第四章
知识确定性与上帝

笛卡尔的推理方式,而只是认为他并没有对推理所需的前提之一做出足够清楚明白的阐明。

笛卡尔对梅森等人的回应亦由两个层次构成。在"著者对第二组反驳的答辩"与"第三组反驳"之间,笛卡尔插入了一个内容片段,其标题为"按几何学方式证明上帝的存在和人的精神与肉体之间的区别的理由"。几何学被笛卡尔视作最为严格和可靠的科学,它从一些凭借理智直观获得的定义和公理出发,通过演绎的方式构建起知识大厦。因此,所谓几何学式的证明,即基于定义或公理的演绎推理,具有清晰性、严格性、可靠性。实际上,笛卡尔在本部分对上帝存在所做的证明,在第三个和第五个沉思中都已经做过了,只不过没有呈现出几何学式的特征。按照几何学方式对上帝存在所做的证明有三个:

(1)"单考虑上帝的本性就能认识他的存在性";

(2)"用目的,即仅从上帝的观念是在我们心中,来证明上帝的存在性";

(3)"用具有上帝观念的我们自己的存在来证明上帝的存在性"。

表面上看,这似乎与"沉思"的相关内容不同。关于上帝存在,"沉思"提供了两个证明,分别被我们称为宇宙论的证明和本体论的证明,然而在此部分却有三个证明。不过,在"著者对第一组反驳的答辩"中,笛卡尔写道:"证明上帝存在的方式只有两种:第一种是从其效果来证明;第二种是从其本性或本质来证明。"[①]因此,

---

① René Descarte. *The Philosophical Writings of Descartes*, vol. II. trans., John Cottingham, Robert Stoothoff, Dugald Murdoch. Cambridge: Cambridge University Press, 1984, p. 85.

严格来说,证明上帝存在的方式只有两种。证明(2)和(3)都是从效果或结果出发进行的证明,不管是我心中的某个观念,还是我自身的存在,都是上帝在宇宙中所造成的东西,因此这种证明可称为宇宙论的。证明(1)则是从上帝的本性,即从上帝观念所包含的内容出发推导出上帝的存在,因此是本体论的。

笛卡尔将证明(1)构造如下①:

大前提:说某种东西包含在一物的本性或概念中,就等于说它是该物真实具有的(定义九②)。

小前提:上帝概念中包含必然的存在(公理十③)。

结论:因此,关于上帝,可真实地断定必然的存在属于他,或者他存在。④

在对这个证明的解说中,笛卡尔声称:"这就是我在上面答复

---

① René Descarte. *The Philosophical Writings of Descartes*, vol. Ⅱ. trans., John Cottingham, Robert Stoothoff, Dugald Murdoch. Cambridge: Cambridge University Press, 1984, p. 117.

② 定义九的内容为,"当我们说某种东西包含在一物的本性或概念中时,这等于说它是该物真实具有的,或可以断言它属于该物"。(René Descarte. *The Philosophical Writings of Descartes*, vol. Ⅱ. trans., John Cottingham, Robert Stoothoff, Dugald Murdoch. Cambridge: Cambridge University Press, 1984, p. 114.)

③ 公理十的内容为,"存在包含在每一物的观念或概念中,因为除了存在之外,我们无法设想任何东西。可能的或偶然的存在包含在有限物的概念中,而必然的和完满的存在包含在至上完满的存在者的概念中"。(René Descarte. *The Philosophical Writings of Descartes*, vol. Ⅱ. trans., John Cottingham, Robert Stoothoff, Dugald Murdoch. Cambridge: Cambridge University Press, 1984, p. 117.)

④ René Descarte. *The Philosophical Writings of Descartes*, vol. Ⅱ. trans., John Cottingham, Robert Stoothoff, Dugald Murdoch. Cambridge: Cambridge University Press, 1984, p. 117.

第四章
知识确定性与上帝

你们反驳的第六点时使用的三段论。"①"反驳"即梅森所收集的反驳,"第六点"即关于上帝存在的本体论证明的反驳。在笛卡尔看来,梅森等人对该证明的大前提和小前提的解读都是错误的。首先,梅森等人将大前提解读为,凡是我们清楚明白地领会为某物本性的东西,都能真实地被断定为属于该物的本性。笛卡尔指出,这种解读使这个大前提成了无用的同语反复。表面看,这是两种立场之间的对立。梅森等人坚持思维和存在、概念和对象之间的割裂,思维的确定性无法得出存在的真实性,概念的内容不能直接等同于对象的属性。笛卡尔则主张两者的同一,思维通过概念明确把握的东西,便在概念的对象中具有真实的存在。然而,这种立场上的截然对立,更多地存在于卡特鲁斯和笛卡尔之间,梅森等人实际上并不完全反对从概念向对象的推进,他们所反对的只是从虚假概念推出真实对象。在他们看来,有些概念或本性,不过是理智的虚构,有些概念自身甚至存在着内部矛盾,从而无法据之判定其对象的实际存在。所以,他们真正反对的乃是笛卡尔本体论证明的小前提。

其次,梅森等人对小前提包含矛盾的主张,在笛卡尔看来是不可思议的。他从正反两个方面进行论证。一方面,我们说一个东西是可能的,不过意味着"与人类思想不相矛盾",就此而言,上帝的本性是可能的,"因为,我假定上帝只包含那些依照我们清楚明白的知觉而必然属于它的东西;由此,它他就不可能与我们的概念

---

① René Descarte. *The Philosophical Writings of Descartes*, vol. II. trans., John Cottingham, Robert Stoothoff, Dugald Murdoch. Cambridge: Cambridge University Press, 1984, p. 117.

相冲突"①。另一方面,如果说上帝本性是不可能的,那么对我们而言,就没有什么东西是真正确定的。单从逻辑上讲,不仅承认上帝没有矛盾,否定上帝也不会有任何矛盾。因此,这个问题就不是一个单纯的逻辑学问题,而是一个认识论问题。对笛卡尔而言,我们对上帝本性的领会所具有的清楚明白的程度,决不亚于我们对几何图形本性的领会。所以,如果上帝的本性可以被否定,就意味着几何学知识亦可被否定。几何学知识在确定性上远超各类自然科学的知识,因此如果几何学都被否定了,就意味着"一切人类知识都将被破坏"②。此外,在笛卡尔看来,可能性和不可能性,只是就思想而言,外在于思想的事物自身并不存在任何矛盾。那么,思想中的不可能性来自哪里呢?他的回答是,来自思想自身的模糊性。因此,"在清楚明白的思想里不可能有任何不可能性"③。只要我们具有理性,就能够设想上帝的本性,即一个至上完满的存在者。既然实际存在比单纯存在于观念中更加完满,那么上帝就其本性而言便必定包含着实际存在。因此,"上帝概念中包含必然的存在",就像几何学知识一样可以被清楚明白地领会,从而没有任何矛盾。

然而,在此会产生一个疑问,如果上述证明(1)也可被称为上帝存在的本体论证明,那么它和第五个沉思中的本体论证明之间

---

① René Descarte. *The Philosophical Writings of Descartes*, vol. Ⅱ. trans., John Cottingham, Robert Stoothoff, Dugald Murdoch. Cambridge: Cambridge University Press, 1984, p. 107.

② René Descarte. *The Philosophical Writings of Descartes*, vol. Ⅱ. trans., John Cottingham, Robert Stoothoff, Dugald Murdoch. Cambridge: Cambridge University Press, 1984, p. 107.

③ René Descarte. *The Philosophical Writings of Descartes*, vol. Ⅱ. trans., John Cottingham, Robert Stoothoff, Dugald Murdoch. Cambridge: Cambridge University Press, 1984, p. 108.

第四章
知识确定性与上帝

是何种关系呢？笔者认为，上述证明（1）才是笛卡尔真正成熟的、完整的本体论证明，第五个沉思中的证明乃是证明（1）的一个组成部分，单独而言并不能达成本体论证明的目标。卡特鲁斯和梅森等人的反驳使笛卡尔意识到，从第五个沉思中证明的大前提（我清楚明白地领会到一个最完满的存在者的观念）和小前提（存在是一种完满性），所能直接推出的并不是"上帝存在"，而应该是"上帝的概念中包含必然的存在"，这正是上述证明（1）的小前提。要想完成本体论证明的目标，即上帝实际存在，就还需引入证明（1）的大前提。这个大前提来自真理的总则，即凡是被清楚明白地领会的都是真实的。这种真实有两个层面：一是观念内的实在性，用笛卡尔的术语来说即客观实在性；二是观念外的实在性，笛卡尔的术语为形式的或卓越的实在性。那些在观念中被清楚明白地领会的实在性，必定对应着对象中形式的或卓越的实在性。既然我们清楚明白地领会到上帝的观念中包含着现实存在，即现实存在乃是上帝观念的客观的实在性，那么作为对象的上帝便现实存在着，即现实存在又是上帝对象的形式的实在性。

据此，唯有证明（1）才能完全达成本体论证明的目标，它可以被称作本体论证明的完整形式；相应地，第五个沉思中的证明则可被称作本体论证明的缩略形式，因为它隐藏了得出上帝实际存在所必不可缺的大前提。通过以几何学的方式构造完整的本体论证明，笛卡尔不仅回应了梅森的反驳，而且也回应了卡特鲁斯。大前提中所包含的不仅有对观念的领会，还有与观念相应地对象的现实状况，从而对上帝现实存在的推导，便可摆脱偷换概念的指责。小前提中所谈及的是上帝在概念中的存在，而非作为对象的上帝的存在，由此便可摆脱循环论证的嫌疑。此外，证明（1）所呈现的完整形式，使笛卡尔的本体论证明与安瑟伦的本体论证明有了重要不同。对笛卡尔而言，安瑟伦的证明只是本体论证明的一部分，只是完成了对小前提的证明,只是表明上帝的观念中包含着存在。然而,如何由此推出上帝实际存在,则需要更多的东西。这个更多的东西,则由笛卡尔所确立的认识论提供。本体论的证明被建立在认识论所确立的真理总则的基础之上。

3. 伽桑狄的反驳与笛卡尔的回应

相较于前面两个反驳,伽桑狄的反驳更为系统和彻底。他的反驳可分为四个密切相关的层次。

第一,质疑笛卡尔关于比较的观念的正当性。伽桑狄主张,在对事物进行比较时,需要注意比较项的对应性,"拿本质来比本质""拿存在来比存在""拿特性来比特性",只有遵循这些原则,比较才正当有效。据此,他批评笛卡尔没能正确进行比较,错误地把存在与本质相比较,拿"上帝存在"与"三角形的内角和等于两直角"相类比。依照伽桑狄,"三角形内角和等于两直角"是三角形不可或缺的特性,从而是其本质的必要组成部分;"全能的"是上帝不可或缺的特性,从而是其本质的必要组成部分。两者相比较是正当的,是拿特性来比特性,或者拿本质来比本质。把"三角形的存在不能同三角形的本质分开"与"上帝的存在也不能同上帝的本质分开"相比较也是正当的,是拿存在来比存在。

第二,存在不是一种完满性。为什么不能拿存在与本质相比较呢?因为在伽桑狄看来,本质由各种完满性构成,但存在并不是一种完满性,而"仅仅是一种形式,或一种现实"。对此,伽桑狄写道:"确定无疑的是,那不存在的东西既没有完满性,也没有不完满性;那存在且具有若干完满性的东西,并不把存在作为一种特殊的完满性来拥有;毋宁说,它的存在是该物自身及其完满性所依赖的东西,假如它不存在,我们就既不能说该物拥有完满性,也不能说完满性为该物所拥有。因此,我们不说存在与完满性以相同的方式'存在于一物之中';如果一物缺乏存在,我们不说它是有缺陷

第四章
知识确定性与上帝

的,或缺失一种完满性,而是说它根本不是什么东西。"[①]如果说对比较方式的质疑是一种间接的反驳,"存在不是一种完满性"的论断则是直击要害的正面攻击,它与笛卡尔本体论证明的小前提直接对立。伽桑狄认为自己的论断是确定无疑的,从引文可以看出,他的论据主要基于对日常语言的分析。首先,在日常语言中,人们运用"存在"和"完满性"的方式是完全不同的。当人们说"a 具有 n 种完满性"时,往往有两方面的意味。一方面,a 存在是其具有完满性的必要条件,或者说唯有 a 存在,a 的完满性才具有现实性;另一方面当具有 n 种完满性的 a 被判定为存在时,a 的完满性并不会从 n 个增长为 $n+1$ 个。因此,存在就不是一种完满性。其次,在日常语言中,当人们说"a 不存在"时,并不意味着原本被设想为具有 n 种完满性的 a,因被判定为不存在,其完满性就会减少到了 $n-1$ 种,而是意味着 a 是非现实的,从而根本谈不上完满或不完满。因此,"不存在"就不是一种不完满性。所以,依照日常语言,人们运用"存在"与"非存在",所表达的是物的"现实性"与非现实性",它们关涉的是物的纯然形式;与之不同,人们用"完满性"与"不完满性"所表达的是构成物之本质的诸特性,关涉的是物的具体内容。伽桑狄指出,笛卡尔本人实际上已然不自觉地持有这种观点,所以在列举三角形的完满性时,笛卡尔并未把三角形的存在包含在内,更没有从中推出三角形的存在。然而,笛卡尔没有做到前后一贯,在列举上帝的完满性时,竟然错误地把存在也包含进去了。在完满性和存在的关系上,笛卡尔认为上帝和其他事物并没有分别,决不能从其具有一切完满性,就推出上帝存在,因为存在根本就不是

[①] René Descarte. *The Philosophical Writings of Descartes*, vol. II. trans., John Cottingham, Robert Stoothoff, Dugald Murdoch. Cambridge: Cambridge University Press, 1984, pp. 224-225.

任何意义上的完满性。

第三，如果承认存在是一种完满性，就要承认本质中包含存在的东西并不唯有上帝。首先，在现实中，一切物的本质和存在都是不可能分离的，不存在的东西是没有本质的；唯有在思维中，存在和本质才可以分离，并且没有理由认为上帝与他物有什么不同。既然可以设想带谷的山和有翅膀的马而并不同时设想它们的存在，那么设想一个全能的上帝而不去设想其存在就不是什么不可思议之事。这是在驳斥笛卡尔的存在与本质关系双元论，即唯有上帝的存在与其本质不可分离，其他一切物的存在与本质皆可分离。其次，如果存在被看作一种完满性，从而一物只有存在才能是真正完满的，那么我们既然可以从设想一个具有一切完满性的上帝观念推出上帝存在，也就没什么能够阻止我们从设想一个最完满的飞马观念推出飞马存在。这样一来，能从其本质直接推出其存在的东西就不唯有上帝，而是无限多的。

第四，笛卡尔对存在作为上帝的完满性的论证是一种循环论证。伽桑狄指出："虽然你说存在和所有其他完满性都包含在至上完满存在者的观念之中，在此你却直接断言应当被证明的东西，并把结论当成了前提。"[①]为什么人们对完满的飞马的领会可以被设想为不包含存在，而对上帝的领会必然要带有存在？伽桑狄认为，笛卡尔并未对此做出有效证明。在此，伽桑狄再次批评笛卡尔对比较方式的误用。笛卡尔通常把不能领会一个不存在的上帝，与不能领会一个其三个角之和不是两直角的三角形相类比，以展现我们领会的清楚明白性以及上帝包含存在的必然性。但是，在伽

---

① René Descarte. *The Philosophical Writings of Descartes*, vol. II. trans., John Cottingham, Robert Stoothoff, Dugald Murdoch. Cambridge: Cambridge University Press, 1984, p. 226.

第四章
知识确定性与上帝

桑狄看来，人们对三角形以及其他几何图形的性质和规律的领会，乃是基于切实可靠的论证；笛卡尔也应该用切实可靠的论证为上帝包含存在的必然性进行论证，而不是仅仅诉诸所谓的无来由的清楚明白性，"否则，我能轻易地把任何东西确立为任何别的东西的属性了"①。

伽桑狄的四层反驳可概括为：存在与本质不可比，因为本质由各种作为特性的完满性构成，而存在不是一种完满性；假如存在被视作一种完满性，那么能够从本质推出存在的东西，便不唯有上帝，任何一类事物中最完满的那一个都包含着存在；假如非要说上帝的存在必然地包含在其本质之中，就要提出一套切实可靠的论证，而不是把成问题的东西当成不可怀疑的结论。可以看出，伽桑狄也是从存在与本质的关系入手，批判笛卡尔的本体论证明，但更加深刻。卡特鲁斯虽然坚持本质和存在的区别，但并未否定笛卡尔关于上帝的存在包含在其本质之中的论断，只不过仅仅把它看作在观念层面的事情；梅森等人虽然指出上帝按其本性便包含存在并不是确定无疑的，甚至还指出唯物论者对此直接予以否认，但他们并没有给出可信的理由。伽桑狄的深刻性在于，他把矛头指向了神父们所忽略的小前提，不承认存在是一种完满性，从根本上否定了由上帝的完满性直接得出其存在的可能性。"存在不是一种完满性"的论断发人深省，影响深远，后来康德的"存在不是一个实在谓词"的主张即源于此。

面对伽桑狄的层层驳斥，笛卡尔逐一进行了答辩。首先，他抓住了伽桑狄质疑的核心，即"存在不是一种完满性"，并予以回应。

---

① René Descarte. *The Philosophical Writings of Descartes*, vol. Ⅱ. trans., John Cottingham, Robert Stoothoff, Dugald Murdoch. Cambridge: Cambridge University Press, 1984, p. 226.

他写道:"在此我既没有看出你想让存在成为何类东西,也没有看出它为什么不能像'全能'一样被说成一种特性——当然,假定我们用'特性(property)'一词表示任何属性(attribute),或者任何可谓述某物的东西。"① 伽桑狄从人们对日常语言的分析,得出存在与本质或特性的不同,显然笛卡尔对此并不认同。这源于两人对特性的不同理解。笛卡尔对特性的理解更为宽泛,一切能用来描述一物的东西,都可以称作特性。在日常语言中,人们既说"上帝是全能的",也说"上帝存在"或"上帝是存在的",这意味着"存在的"和"全能的"都可谓述上帝,所以都是上帝的特性。伽桑狄则认为,能够增加某物内容的东西才可被称作特性,存在虽然也被用于描述一物,但它所关乎的只是该物的形式,即赋予该物及其特性一种现实性,因此自身并不能被称作特性。笛卡尔对特性的这种宽泛理解,后来也受到了康德的批评。康德把一切谓词区分为两种,即逻辑谓词和实在谓词,并认为对两者的混淆,正是诱导笛卡尔等人对上帝进行本体论证明的根源。伽桑狄虽然没有像康德一样对两类谓词做出如此明确的区分,但是他从日常语言角度对存在和特性的理解,已经包含着此种区分的萌芽。当然,对笛卡尔来说,如果坚信存在与特性并无不同,那么"拿存在比较本质"就是完全正当的,所以他并未专门对伽桑狄关于他错误地进行比较的指责予以回应。

其次,是对第三个反驳的回应,笛卡尔认为即便把存在看作一种完满性,也不会导致伽桑狄所谓的存在的无限性问题。笛卡尔不赞成伽桑狄的在现实层面一切物的存在与本质都不可分离的观

---

① René Descarte. *The Philosophical Writings of Descartes*, vol. Ⅱ. trans., John Cottingham, Robert Stoothoff, Dugald Murdoch. Cambridge: Cambridge University Press, 1984, pp. 262-263.

第四章
知识确定性与上帝

点,因为在他看来我们的心灵可以虚构出无数的观念,这些观念各自都有不同的特性,如飞马、金山等,但它们并不具有任何观念之外的存在。因此,它们是一些具有本质却并不现实存在的东西。笛卡尔也不赞成伽桑狄的在思维层面一切物的存在与本质都可以分离的观点,因为在他看来有一个事物的本性中就包含存在,因此要理解其本质就必须考虑其存在,该物即上帝。由此,笛卡尔主张,尽管我们把存在理解为一种完满性,但这完满性是有区别的,大部分物所具有的只是可能存在,唯有上帝所具有的是必然存在。因此,唯有从上帝的观念或本性,才能得出其存在。然而,关于上帝必然存在的主张,第五个沉思中已经有所提及,所以伽桑狄肯定不会对笛卡尔的此种回应感到满意。尽管从普通的飞马概念中无法得出其存在,但没什么能够阻止我们设想一个"至上完满的飞马"概念,既然现实存在比观念中存在更为完满,由此就可以直接得出"至上完满的飞马实际存在"。笛卡尔似乎也意识到了这个问题,他指出,"上帝是他自己的存在,三角形却不是如此"①。这意味,上帝不仅是必然的存在,而且是凭借自己而存在;类似于三角形的其他一切有限存在者则不然,它们都具有依赖性,它们的存在永远都是基于他物的作用。所以,尽管我们可以设想"至上完满的飞马",或者"至上完满的三角形",但其存在也总是具有依赖性,所以并不能直接由观念得出。然而,这样一来,先不说此种辩护是否站得住脚,单就其诉诸的理由而言,已经超出了本体论证明的范畴,它不是直接从上帝观念推出上帝存在,而是还要依赖上帝与他物之间的关系,从而需要依赖宇宙论的证明。

---

① René Descarte. *The Philosophical Writings of Descartes*, vol. II. trans., John Cottingham, Robert Stoothoff, Dugald Murdoch. Cambridge: Cambridge University Press, 1984, p. 263.

最后，回应伽桑狄关于循环论证的指责，笛卡尔写道："与将三个角之和等于两直角的事实置入三角形的诸特性之中相比，将存在置入属于上帝本性的诸特性之中，并不更是'窃取论题'。"① 无论是卡特鲁斯，还是梅森等人，都指出了笛卡尔本体论证明具有循环论证的嫌疑，笛卡尔曾试图依照几何学的方式重新构造其证明以摆脱此种嫌疑。所以，在面对伽桑狄的类似指责时，笛卡尔便直接予以否定，并且主张他关于上帝存在所做的证明，与几何学中关于三角形的三个角等于两直角所做的证明一样，都是切实可靠的，只不过与后者相比，关于上帝存在的论证要"简单得多，明显得多"。

总的来说，虽然笛卡尔对伽桑狄的四层反驳逐一进行了答辩，但是，从表层来看，他答辩的字数远少于伽桑狄反驳的字数；从内容上看，他并未针对被质疑的见解提供一些新的、实质性的辩护，而只是挑明了自己与对手的不同。存在是不是一种完满性？存在与本质是不是在现实中无法分离，而在思维中又总可以分离？单纯凭借思维，而不依赖于任何感觉，是否可以判定某物的存在？对于这些问题，两者的回答皆不相同。他们代表两种根本对立的哲学路线。笛卡尔是近代理性主义的开创者，理性被认作一切确定性认识的最终来源，理性单凭自身不仅能认识物的特性，还能判定物的存在。伽桑狄则是近代感觉主义、经验主义的代表人物之一，主张一切知识最终来自感觉经验，理性至多可以凭借对感觉材料的抽象获得一些关于物的特性的知识，而对物的存在判定则唯有基于感觉经验才是可能的。笛卡尔意识到了两者区别的不可调和性，意识到了伽桑狄的反驳与神学家的批评的根本不同。所以，回

---

① René Descarte. *The Philosophical Writings of Descartes*, vol. II. trans., John Cottingham, Robert Stoothoff, Dugald Murdoch. Cambridge: Cambridge University Press, 1984, p. 263.

应伽桑狄的反驳时,笛卡尔总带有一定感性色彩,在事关上帝存在的本体论证明时,亦是如此。在该部分的末尾,笛卡尔不无讥讽地写道:"我将跳过你剩下的观点,因为在你说我什么也没解释时,你除了证明自己没能力证明任何事情之外,什么也没有解释和证明。"①

五、笛卡尔的循环

(一) 循环的提出及笛卡尔的回应

笛卡尔哲学中有两个著名的循环。当然,"循环"乃是批评者们对笛卡尔相关证明的指责,他本人并不承认它们是真正的循环。前文所讨论的本体论证明中的循环,是其中第一个循环。接下来要探讨的是一个更大的循环,它涉及"确定性和真理性的标准"与"上帝存在及其属性"之间的关系。这第二个循环,曾出现在笛卡尔的多部作品中,关系到对其整个哲学体系的理解,所以影响更大,直到今天依然是笛卡尔哲学研究中的热点和难点问题。这也致使学界在谈及笛卡尔的循环时,如果未加特定说明,通常指第二个循环。该循环首先由阿诺德(Antoine Arnauld)在《沉思集》的"反驳四"中提出:

> 我还有一个担忧,那就是当作者说只因上帝存在,我们才能确信我们清楚明白地知觉到的东西是真的时,他如何避免陷入循环推理。然而,只因我们清楚明白地知觉到上帝存在,我们才能确信上帝存在。因此,在我们能

---

① René Descarte. *The Philosophical Writings of Descartes*, vol. Ⅱ. trans., John Cottingham, Robert Stoothoff, Dugald Murdoch. Cambridge: Cambridge University Press, 1984, p.263.

确信上帝存在以前,我们应该能够确信凡是被清楚明白地知觉的,都是真的。①

关于如何看待笛卡尔的相关论述及其所遭受的上述循环论证的指责,学界并未达成一致意见。加勒特·汤姆森(Garrett Thomson)主张,循环论证的指责是对笛卡尔相关表述的误读,笛卡尔并未把上帝存在及其属性视作真理总则有效性的保证。② 哈特费尔德基本同意阿诺德的批评,并认为"无论笛卡尔如何证实清楚明白的知觉,都会产生类似问题。笛卡尔的循环涉及一个普遍问题:人们如何知道自己的认识方法合理③"。接下来,本书将先考察笛卡尔本人对阿诺德批评的回应,然后考察笛卡尔不同作品中关于真理总则和上帝存在关系的论述。

针对阿诺德循环论证的指责,笛卡尔在"答辩四"中做了如下回应:

> 当我主张,确信我们清楚明白地知觉到的东西为真的唯一理由是上帝存在这个事实,而只因我们清楚地知觉到上帝存在我们才能确信上帝存在时,我并没有犯循环论证的错误。对该问题,我已在针对'反驳二'的第三点和第四点的回应中给予了充分的阐释。在那里,我区分了'我们实际上清楚地知觉的东西'和'我们关于以前清楚地知觉到的东西的记忆'。首先,我们确信上帝存在,是因为注意到了对此加以证明的论证;随后,为了确信某

---

① René Descarte. *The Philosophical Writings of Descartes*, vol. Ⅱ. trans., John Cottingham, Robert Stoothoff, Dugald Murdoch. Cambridge: Cambridge University Press, 1984, p.150.

② 加勒特·汤姆森:《笛卡尔》,王军译,清华大学出版社,2019年,第88-91页。

③ G.哈特费尔德:《笛卡尔与〈第一哲学的沉思〉》,尚新建译,广西师范大学出版社,2007年,第178页。

第四章
知识确定性与上帝

物为真,我们只需记得我们曾清楚地知觉到该物即可。然而,此种确信将会是不充足的,假如我们不是知道上帝存在以及上帝他不是一个骗子的话。①

由上述引文可知,笛卡尔从两个方面回应了阿诺德的指责。其一,我们关于上帝存在及他不是一个骗子的确信,乃是基于理性的证明,即前文考察的宇宙论证明和本体论证明。这些证明以演绎推理的形式呈现出来,尽管它们区别于"我思,所以我存在"这样的直观知识,但依然可以具有极高的清楚明白性,从而使其结论具有确定的真理性。其二,的确有一些被我们领会得清楚明白的东西,其确定为真的充分性,需要上帝存在及他不是一个骗子的预设。这类东西所具有的特征是,它们的清楚明白性不是当下的,而是记忆中的再现。记忆会随着时间的流逝日趋模糊,尤其是如果某个结论过去不是通过直观得出,而是经由复杂的推理进程才得出。起初,推理过程的一些相互勾连的细节会被遗忘,致使推理自身丧失清楚明白性;最后,时间久了,记忆便只残存一个印象,即"这个结论曾是以清楚明白的方式被证明的"。在此情况,如果不是上帝存在并提供担保,仅凭记忆便无法使我们确信那曾被领会得清楚明白的东西。并且,对我们而言,当下的直观总会变成记忆,并且大部分知识不是凭借直观,而是基于直观之上的演绎才能获得,例如大部分数学知识即是如此。因此,上帝存在以及他不是一个骗子的确定性和真理性,对人类知识体系而言就是至关重要的。

引文中,笛卡尔指出自己在回应"反驳二"的第三点和第四点

---

① René Descarte. *The Philosophical Writings of Descartes*, vol. II. trans., John Cottingham, Robert Stoothoff, Dugald Murdoch. Cambridge: Cambridge University Press, 1984, p. 171.

时,已较为充分地阐明了循环论证的相关问题。然而,考察两处文本,我们发现笛卡尔的立场似乎存在着不一致之处。

首先,在回应"反驳二"的第三点中,笛卡尔指出,一个无神论者和有神论者一样,都可以获得数学方面的清楚的认识,如"二加三等于五""三角形的三角之和等于两直角"等,一个人至少不会因为不信奉上帝,就不能清楚地认识此类命题。然而,在笛卡尔看来,无神论者对这些命题的认识并不能算作真正的知识。因为,真正的知识是确定无疑的,即是说唯有那些具备形而上学确定性的认识,才有资格被称作知识。"既然我们假设这个人是无神论者,他就不能确定自己在那些对他来说非常明见的事情上有没有被骗(正如我充分解释的)。尽管他可能不会怀疑,但如果别人提出这个问题,或者他自己研究这个问题,这怀疑还是会出现。因此,在他承认上帝存在之前,他永远无法摆脱这种怀疑。"① 单看此处,笛卡尔似乎持有一种极端的神学知识论。一个伟大的数学家,即便它是几何学的创立者,如果不能首先确信上帝的存在和善意,他的几何学就不能算作知识。一个伟大的思想家,即便他关于某物的认识非常明见,如果他是一个无神论者,那么他的那些认识便都是不确定的,都是可以被怀疑的。以此方式解读笛卡尔对"反驳二"第三点的回应,显然与他对阿诺德的上述回应相冲突。在对阿诺德的回应中,笛卡尔主张的是只有由记忆来呈现的清楚明白性才需要上帝的存在与善意来背书;而在对"反驳二"第三点的回应中,他似乎主张如果没有对上帝及其善意的信念,则一切清楚的认识都不具有确定性。

---

① René Descarte. *The Philosophical Writings of Descartes*, vol. Ⅱ. trans., John Cottingham, Robert Stoothoff, Dugald Murdoch. Cambridge: Cambridge University Press, 1984, p. 101.

第四章
知识确定性与上帝

其次,对"反驳二"第四点的回应似乎与对第三点的回应截然不同。在表明凭借感官感觉我们无论如何都不可能获得清楚明白的知觉之后,笛卡尔旋即指出,如果有任何确定性,那它就只能出现在理智的清楚知觉之中,而决不可能出现在别处。显然,这里的"确定性"只应是与认识相关的确定性。如果涉及宗教信仰的确定性,那它便不仅仅与理智的知觉相关。在理智清楚知觉的东西里面,有些是直接的、当下的、简单的,这些东西一旦被知觉到,我们就会把它们判定为真的,而且对此种判定抱有极大的确信。此类判断有"当我思维时,我存在""已经做成的东西,不可能是未做成的"等,它们都是必然真的。对此,笛卡尔写道:

> 因此,除非我思考它们,否则我就不能怀疑它们;但是,如果不同时相信它们如同被假定的那样为真,我就不可能思考它们;由此,如果不是同是相信它们为真,我就不能怀疑它们;所以,我们不能怀疑它们。①

表面上看,笛卡尔的此番论证似乎又是一个循环,即某物不可怀疑,是因为它是真的,而该物之所以是真的乃是因为它不可怀疑。进一步分析则表明,循环实际上并不存在,它反而体现了笛卡尔对存在、思维和怀疑三者关系的理解的独特性。其一,怀疑以思维为前提。所谓怀疑,不过是中止判断。中止判断不是停止思维,而是停止对被思维的内容加以肯定或否定。因此,怀疑某物,必定以某物被思维为前提。其二,思维以存在为前提。这存在有两方面,即思维活动和思维内容。思维活动即思维自身,思维活动是自

---

① René Descarte. *The Philosophical Writings of Descartes*, vol. Ⅱ. trans. , John Cottingham, Robert Stoothoff, Dugald Murdoch. Cambridge: Cambridge University Press, 1984, p. 104.

身肯定的,思维直接存在,思维真实不虚。思维总有内容,没有内容的思维等于没有思维。思维最初的内容是思维活动自身以及这活动得以进行所遵循的规则。"当我思维时,我存在",即是说"当我思维时,我的思维活动是真实不虚的"。"已经做的东西,不可能是未做的",即是说"思维一旦具有某个内容,就真实地具有某个内容"。其三,真理是怀疑的前提。如前所述,笛卡尔把真理划分为两个类型,即形式之真和质料之真。质料之真,即思维的对象。这对象可以是思维自身,也可以是思维的内容。这两者对怀疑而言,缺一不可。因此,怀疑以质料之真为条件。形式之真,涉及观念与对象的一致性。在这个最基本的环节上,质料之真决定了形式之真。思维存在,且产生关于自身的观念,使得"当我思维,我存在"这个判断成为必然真的。在所引段落中,笛卡尔只是表明了怀疑以形式之真为前提。如果进一步探求形式之真的依据,则要回溯至质料之真。不过,有些地方的表述似乎表明,笛卡尔并不把这些在形式上必然真的判断的起源归于心灵自身,而是归于上帝。

这些不仅不能被怀疑,反而是一切怀疑得以可能的条件,其所具有的真理性,不是相对的,而是绝对的。即是说,它们不仅是对人类而言的真理,而且是普遍的真理。关于此类真理,笛卡尔指出:"也不可反对说,这些真理在上帝或天使看来可能是假的。因为,我们知觉的明见的清晰性,不允许我们听信任何编造此类故事的人。"①在第三章中,论及确定性与真理性的关系时,笔者指出有一派论者认为笛卡尔认为真理性高于确定性,即便人类凭借理智

---

① René Descarte. *The Philosophical Writings of Descartes*, vol. II. trans., John Cottingham, Robert Stoothoff, Dugald Murdoch. Cambridge: Cambridge University Press, 1984, p. 104.

获得的具有最高清晰性、最大确定性的认识，在上帝眼中依然可能是虚假的。该句引文便是对这种解读的有力驳斥。它显示出，至少在笛卡尔本人看来，绝对的确定性正是绝对的真理性的标志。

在对"反驳二"第四点的回应中，笛卡尔谈完上述由理智当下直观到的东西的真理性后，又转向了记忆的清楚明白性问题。很多时候，我们只是记得一些结论，而忘记了这些结论得出的理由。于是，笛卡尔追问，如果我们只是记得该结论是从一些非常明见的前提之中推出来的，但这些前提究竟是什么，却记不清楚了，那么在此情况下，是否还能对这些结论拥有坚定不移的信念呢？他做了双重回答，即只有那些笃信上帝的存在和善意的人，才会坚定地确信记忆中的结论；那些无神论者，或任何不信上帝善意的人，则缺乏相应地信念。显然，对"反驳二"第四点的答辩中所表达的观点，与笛卡尔对阿诺德的循环论证指责的回应，完全一致。

（二）《方法谈》中的循环问题

《方法谈》中与循环有关的内容，主要出现在该书的第四部分。在该部分中，笛卡尔论述了真理总则和上帝存在，那么两者是否构成循环论证呢？

在第四部分中，笛卡尔先是通过普遍怀疑，找到了绝对确定的第一原理；随后，他就试图从这条原理中提取出真理总则，即究竟是什么使该原理具有了不可置疑的确定性。对此，他写道：

> 我观察到，在"我思，所以我存在"这个命题中，除了我非常清楚地看到，为了思维，我必须存在之外，根本没有任何东西能让我确信我说的是真的。所以我决定，我可以把它作为一个总则，即凡是我领会得非常清楚和非

常明白的东西,都是真的。①

既然它被称作真理的总则,这就意味着一切真理都应以此为准。据此,一个判断,不管它是关于哪方面的,只要我们能够清楚明白地领会它所包含的内容,那么它就确定地为真。如果说我思原理是笛卡尔哲学的阿基米德支点,那么真理总则就是其哲学体系的桥梁或纽带,基于它,我们才能从我思走出,与万物相联结。然而,鉴于笛卡尔唯理论的立场,它首先联结的不是物质实体,而是作为万物创立者的上帝。从我思到上帝,笛卡尔凭借的是两个证明。这两个证明,所采取正是《规则》和《方法谈》的第二部分中所确立的方法,即从被直观到的绝对项出发,环环相扣,逐级递进,以严格的推理演绎出结论。宇宙论推理的绝对项是"我是一个不完满的存在者",这是从"我在怀疑"直接推出的。本体论推论的绝对项是"一个完满的存在者的观念",这又是从"我是一个不完满的存在者"直接得出的。既然宇宙论推理和本体论推理,都是严格的演绎推理,其绝对项又是清楚明白的,因此其结论"上帝存在"便是清楚明白的,所以"上帝存在"就是确定的或真的。

在确立了"上帝存在"的真理性之后,笛卡尔将之与物质的存在做了一个比较。普通人更信赖感官,认为由感官所确保的物质性事物的存在更加确定。笛卡尔则认为,实际上普通人是无法完全确定地区分睡眠和清醒的,那貌似清晰的感官知觉,有可能只是梦中的幻觉;那看似不依赖于我们意志的物质世界,其存在和本质并不是完全不可怀疑的。随后,笛卡尔便写了如下一段令人困惑的文字:

---

① René Descarte. *The Philosophical Writings of Descartes*, vol. I. trans., John Cottingham, Robert Stoothoff, Dugald Murdoch. Cambridge: Cambridge University Press, 1985, p. 126.

第四章
知识确定性与上帝

不管多优秀的头脑研究这个问题,我相信他都无法给出任何足以消除这一怀疑的理由,除非他预先假定上帝存在。因为首先,只是由于上帝是或存在、上帝是完满的存在以及我们的一切都来自他,我们前面所说的规则,即凡是我领会得非常清楚和非常明白的东西都是真的,才得以确保。据此,我们的观念或概念,作为来自上帝的实在之物,在其清晰和明白的各个方面,都不可能不为真。因此,如果我们常会有些包含虚假性的观念,那只是因为这些观念之中具有某种混乱的和模糊的东西,就此而言它们渗入了虚无,即是说,它们以此混乱状态在我们心中只是因为我们不是完全完满的。但是,如果我们不知道我们之内的一切实在的和真的东西都是来自一个完满的和无限的存在者,那么无论我们的观念多么地清楚明白,我们还是没有理由确信它们具有真这一完满性。①

引文中令人困惑的问题有两个方面。其一,真理总则与上帝存在的循环论证。如前所述,笛卡尔是从第一原理中引出真理总则,然后又依据真理总则把上帝存在判定为一个确定的真理。然而,此处却又指出,真理总则需要上帝存在及其完满性来确保。至少从表面看来,笛卡尔难逃循环论证的嫌疑。其二,真理总则的效度是有限的。真理总则告诉我们,一个观念只要被我们领会得清楚明白,即可被判定为真的。然而,此处引文却提供了相反的主张,一个观念无论被领会得多么清楚明白,单凭这一点,并不足以使它成为真的。这种主张类似于笛卡尔在回应"反驳二"第三点时

---

① René Descarte. *The Philosophical Writings of Descartes*, vol. Ⅰ. trans., John Cottingham, Robert Stoothoff, Dugald Murdoch. Cambridge: Cambridge University Press, 1985, p. 130.

的主张,即无神论者不可能拥有数学知识。

那么,该如何看待笛卡尔的此种不一致呢？最简单的做法是把它看作一种错误思想,不予深究,甚至不予理睬。笔者不赞同这种做法。首先,这是笛卡尔哲学的内核,是非常值得研究的问题；其次,这里的不一致是表面上的,背后真正的思想并无矛盾。此种不一致,可以从三个方面来化解。

第一,真理总则的确立并不需要设定上帝存在,只有将总则运用到那些曾被怀疑的东西之上时,才要以上帝存在及其善意作为担保。

《规则》之中的"条件规则"表明,对一个问题的理解,需要一系列的条件。这些条件之间是有次序的,方法学的"秘密的秘密"就是寻求一个条件序列的绝对项。"我思,所以我存在"在《方法谈》中被称作第一原理,这意味着它即是笛卡尔为形而上学知识所寻求到的绝对项。绝对项关乎最确定的东西是什么,从中直接引发的问题是我们凭什么判定它是确定的,真理总则即对此问题的回答。因此,真理总则可视作形而上学知识序列的第二项。因此,它的确立不仅不依赖于我们对上帝存在的认识,上帝存在的认识要想成为知识,反而依赖于真理总则。

问题的关键仅在于,在没有获得上帝存在的知识之前,我们是否能从真理总则直接过渡到物理学、力学、算术、几何学等。物理学、几何学等,曾经都是普遍怀疑的对象。在寻求到不可怀疑的第一原理和作为真理总则的第二原理之后,我们是否可以直接去探讨物理学、几何学,即是说,是否在这些领域只要有观念被领会得清楚明白,就可以下判断,从而得到确定无疑的真理。正是在这个问题上,笛卡尔给予了否定的回答。这意味着,不设立上帝存在及其善意,我们依据真理总则虽然能判定思维之我的存在、思维的样式等,却无法真正走出自我。之所以如此,在于如果没有对上帝存

第四章
知识确定性与上帝

在及其善意的确信,我们对物质和数学中的认识,就不可能达到真正的清楚明白,尤其是无法达到真正的明白。

笛卡尔对清楚和明白做了区分。清楚是就事物自身而言,明白是就与他物的区分而言。首先,关于物质,如果不设立上帝存在,尽管我们能够清楚地领会到物质的本质是广延,但却无法确定,这广延究竟是形式地存在于物质之中,还是卓越地存在于心灵实体之中。只有我们先行确信上帝存在以及他不是一个骗子,我们才能明白地领会到,有广延的物质是存在于我们之外的。其次,关于数学,如果不设立上帝,尽管我们能够清楚地领会到"二加三等于五""三角形的内角之和等于两直角",却无法确定这些命题是的确如此,还是骗子上帝或狡诈妖怪让我们相信如此,而真相完全是另一种情况。我们只有先行确信上帝存在以及他不是一个骗子,才能真正明白地领会这些命题。《沉思集》中,笛卡尔对"反驳二"第三点的回应也可以从这个维度来理解。无神论者对几何学知识的认识,只是足够清楚,而非足够明白。

总之,依照此种解读,真理总则的确立不依赖于上帝,反而只有基于真理总则才能从理论上证明上帝存在的确定性;需要上帝存在及其善意来确保的,并不是真理总则的一切运用,而只是其在曾被怀疑的对象和认识之上的运用。因此,所谓的循环论证并不存在。

第二,认识论层面的真依赖于本体论维度的真。

本书第二章曾指出,《规则》中的"条件规则"所强调的条件次序,并非存在次序,而是认识次序。《方法谈》中"我思,所以我存在"作为第一原理,所谓"第一"也并非本体论上的,而是认识论上的。我思原理,在认识次序上固然先于上帝存在,然而一旦上帝存在被判定为真理,一旦我们真正认识了上帝,则会发现从本体论上看,上帝是优先的。上帝是最完满的、最高的存在者,是创造一切存在的存在者,从而也是真理的创造者,是一切真理的最终来源。

首先,上帝是质料之真的根源。质料之真,即存在之真,它是本体论维度的真。笛卡尔指出,那在质料上为真的东西,即思想的对象,或者是我思的对象,或者是上帝之思的对象。从本体论上看,"我"只是有限的存在者,并不足以保证质料之真;只有无限的、最高的存在者,才是质料之真的最终源泉。存在者存在,存在不是不存在,实在决不等同于虚无,亦不能来自虚无等,都需要最高存在者来担保。

其次,上帝还是形式之真的根源。形式之真,即判断之真,它是认识论维度的真。判断之真,在于观念与对象相符合。判断之真以质料之真为前提。观念和对象,又都可以被看作广义的对象,即被思维的东西,因此皆有各自的质料之真。观念之真,即笛卡尔所谓的观念中的实在性或客观的实在性;对象之真,即笛卡尔所谓的形式的实在性和卓越的实在性。对象之真,直接来自上帝。观念之真,则来自上帝所赐予的能力,即人类理智,它具有直观和演绎两种将事物领会得清楚明白的方式。笛卡尔将之称作自然之光,并把它的来源归之于上帝。自然之光的照耀,使我们产生关于某物的清楚明白的知觉,并迫使我们确信该物恰如我们知觉到的那样存在着,即是说迫使我们相信该知觉为真。

总之,真理总则是笛卡尔考察人类知识得出的第二原理。然而,在对上帝存在拥有确定的认识以前,我们并不知道真理总则之所以可能的根据。即是说,在此之前,我们只是通过第一原理获得了真理总则,知道它是有效的,却不知道它为何是有效。据此可以说,真理总则是上帝存在的认识论条件,而上帝存在则是真理总则的本体论条件。依此解读,笛卡尔也可摆脱循环论证的嫌疑。

第三,笛卡尔的"显白-隐微"写作。

20世纪著名的政治哲学家列维·施特劳斯,揭示出了经典文

第四章
知识确定性与上帝

本的两种写作方式,即显白写作和隐微写作。"针对普通大众,作者采用'显白写作',即教导与社会主流意见相符合的'真理',此之为作者的'显白教诲'或文本的'显白意义';针对少数人,也就是作者假定有能力发现并有勇气接受其真正教诲的真正读者,作者采用'隐微写作',即教导作者本人真正信奉的真理,此之为作者的'隐微教诲'或文本的'隐微意义'。"①经典作家以隐微的方式进行写作,原因可能在于社会环境比较保守,如果表达出自己的真实观点,会遭到政治的或宗教的迫害;也可能在于,哲学家执着于对真理彻底性的追求,这些追求可能会对世俗生活的信念造成破坏,从而影响社会的稳定。不过,两种写作方式之间并没有绝对的冲突,对文本的真正的理解,就是从作者的显白写作,深入到其隐微教诲,从而把握作者真正的意旨。笛卡尔有进行"显白-隐微"写作的双重动机。

首先,16—17 世纪是科学逐步冲破宗教权威的时期。1600 年,布鲁诺因批判经院哲学,宣传哥白尼的日心说,而被教会施以火刑,此时笛卡尔 4 岁。1633 年,伽利略因证实哥白尼的日心说,被判宣传异端学说罪,从而被捕入狱。伽利略事件,对笛卡尔产生了巨大影响。1633 年 7 月 22 日,他告诉好友梅森,他的《论世界和人》(The World and Treatise on Man,以下简称《论世界》)一书即将完成。然而,在做最后的校订时,他得知了伽利略因出版地动说而被惩罚的消息。于是,在同年 9 月写给梅森的信中,他表示将中止《论世界》的出版,因为"我不希望我发表的论述中包含任何教会不同意的言辞,所以我宁愿压制它,也不愿意让它以一种扭曲的形

---

① 李永刚:《"隐微解释学":论施特劳斯的经典文本解释理论》,《广西社会科学》2018 年第 10 期,第 63-68 页。

式出现"①。正是伽利略的事件,使笛卡尔被迫中止了物理学方面的写作,把关注的焦点"从自然哲学转向形而上学"②。众所周知,其形而上学方面的代表作即《沉思集》。然而,在《笛卡尔与〈第一哲学的沉思〉》的作者哈特费尔德看来,转向形而上学并不意味着笛卡尔放弃了物理学,或者向教会妥协改变了观点,而是试图"为一种革命的、新的物理学或自然哲学提供形而上学基础"③。因此,他选择的是一条迂回的道路,避免与教会发生正面冲突。"他用一种全新的自然观取而代之,将世界看作一架巨大而非人的机器。他要向初次入道的读者隐藏其革命意图,因而,书中没有任何部分标示'物理学原理'或'自然世界理论'的字样。"④

的确,笛卡尔在形而上学领域所做的变革,不亚于哥白尼在天文学领域所做的变革。哥白尼告诉我们,地球不是宇宙的中心,太阳才是;笛卡尔告诉我们,上帝存在不是形而上学知识的第一原理,我存在才是。如果仍向经院哲学所做的那样,从上帝出发推出一切,人类知识的确定性就是成问题的,自然科学研究所要求的清楚明白性就建立不起来。唯有思维之我的存在,是最确定的;真理的标准不是来源于上帝,而是来源于我思。这是对经院哲学传统的极大挑战,是近代哲学领域第一场哥白尼式的革命。也许是为了隐藏其革命的锋芒,笛卡尔才在从我思引出真理的标准之后,又

---

① René Descarte. *The Philosophical Writings of Descartes*, vol. Ⅰ. trans., John Cottingham, Robert Stoothoff, Dugald Murdoch. Cambridge: Cambridge University Press, 1985, p. 79.

② 加勒特·汤姆森:《笛卡尔》,王军译,清华大学出版社,2019年,第48页。

③ G.哈特费尔德:《笛卡尔与〈第一哲学的沉思〉》,尚新建译,广西师范大学出版社,2007年,第3页。

④ G.哈特费尔德:《笛卡尔与〈第一哲学的沉思〉》,尚新建译,广西师范大学出版社,2007年,第3-4页。

含糊地说上帝存在为该标准的有效性提供了担保。之所以说是"含糊的",因为如前文表明的,如果把它解读为上帝存在只是为该标准应用于物理学、数学等提供了担保,在此意义上是能够与笛卡尔的革命性见解相容的;如果把它理解为上帝存在为真理标准自身的有效性以及一切运用提供担保,就显然是与其革命性见解相冲突。

其次,笛卡尔隐微写作的另一个动机可能是实践方面的考虑。无论在《方法谈》中,还是在后来的《沉思集》和《原理》中,笛卡尔都强调理论的、思辨的知识,将其与实践的、行动的知识相区分,主张我们只可以在理论领域进行全面的怀疑从而寻求绝对确定的知识,在日常生活之中,则不需要此种怀疑,我们从既有的风俗习惯出发,做出对我们而言好处最大的选择就够了。传统的基督教主张,对人而言,最好的选择不是从爱自身出发,而是从爱上帝出发。因此,对于这种传统而言,突出上帝的至高无上性是非常重要的。依照施特劳斯的说法,显白写作主要是为了面向大众,采取与主流意见符合的真理。因此,在提出我思原理作为真理标准的来源之后,为了满足大众的需求,就有必要把前文中被贬抑的上帝再次抬升起来。

(三) 六个沉思中的循环问题

《沉思集》的六个沉思,是对《方法谈》第四部分的扩展。就真理总则和上帝存在而言,六个沉思的写作次序与《方法谈》第四部分基本一致。"沉思一"通过普遍怀疑,揭示出人们关于物质世界存在和本质的认识,无论是日常信念,还是既有的物理学和几何学的认识,都不具有确定性。"沉思二"发现了形而上学的第一原理,即我思命题。与《方法谈》相比,"沉思二"增加了对"我思"内涵的详细考察,由此我绝对确定地认识到的不仅有我的存在,还有我的本质。"沉思三"先是提取出真理总则,然后再次表明我们关于物质存在和本质的认识并不是真正清楚明白的,最后通过对上帝存在的宇宙论证明,表明上帝存在及其善意是被知觉得非常清楚明白的,因此是确定的。"沉思四"则是从上帝存在及其善意出发,谈论真理和错误的原因。真理之所以可能,在于我们具有来自上帝的获取真理的能力,即作为自然之光的理智和广大无边的自由意志。错误之所以产生,仅在于对天赋能力不恰当的运用。"沉思五"先是从一个清楚明白地被领会到的上帝观念出发证明上帝存在及其善意,然后指出在上帝存在及其善意的担保下,真理总则便可运用到几何学之上,消除"沉思一"对几何学的怀疑。"沉思六"则表明基于上帝存在及其善意的担保,真理总则可以运用到我们关于物质性事物的知识上,并进一步阐明物质和心灵之间实在的区别。

  首先,六个沉思与《方法谈》的一致之处在于,在确立第一原理之后便引出真理总则,然后再证明上帝存在,只是在后来重新探讨数学、物理学的确定性时,才援引上帝存在及其善意作为真理总则的担保。因此,只要我们把真理总则的确立及其最初运用,与随后的运用做出区别,便可以消除循环论证的嫌疑。

  再次,"沉思四"关于真理与错误的论述,被有些研究者视作笛卡尔循环论证的证据之一。即是说,一方面唯有在确立真理总则之后,我们才能确信自己具有关于上帝存在的知识;另一方面,唯有上帝存在且赋予我们作为自然之光的理智,我们才拥有了清楚明白的知觉,并将之视作真理的标志。如前所述,笛卡尔可以通过区分问题的不同维度,来避免循环论证的指责。从认识论层面看,确立真理总则所需要的认识条件并不是上帝存在,而是我思原理;从本体论层面看,真理总则之所以可能,则基于上帝这个创造一切存在的最高存在者。

第四章
知识确定性与上帝

再次，"沉思五"潜在地引入了《规则》中对直观和演绎的区分。直观的对象是简单的，由此所获得的清楚明白性是直接的。演绎的对象则是复杂的，需要思维在一系列命题之间做持续运动，如此才能间接地保证结论的清楚明白性。依照笛卡尔的论述，几何学中同时存在着两种知识。例如，"两点之间直线最短""过直线外一点有且只有一条直线与已知直线平行"等几何学公理，都是直观知识，它们不依赖于任何别的对象，凭借自身而被理智直接把握。"三角形的内角和等于两直角""三角形的面积是底乘高除以二"等几何学知识，则是演绎得来的知识，它们只有从公理出发，经过思维的一系列持续不断的运动，才能被演绎出来。

然而，关于几何学知识的确定性在何种意义上需要上帝存在及其善意来担保的问题，笛卡尔在"沉思五"中的论述有些含混。一方面，他的主张似乎是唯有那些通过演绎得来的结论的确定性才需要担保，因为随着时间的流逝，对演绎进程的记忆会变得的模糊，从而会影响到结论自身的清楚明白性，此时只有对上帝存在的确信，才能坚定我们对结论清楚明白性的信念。既然如此，那些仅凭直观就能获得的几何学知识，似乎就不需要以上帝存在为担保，因为无论什么时候，只要我们动用理智，就可以清楚明白地知觉它们，以至于我们不得不确信它们为真。然而，另一方面，他似乎主张，即便是完全基于直观的几何学知识，也需要上帝存在和善意来担保，因为假如上帝是个骗子，那么我们即便对"两点之间直线最短"有着最为清晰的知觉，也依旧不能排除它在上帝眼中是虚假的可能性。

最后，"沉思六"给出了两种上帝存在及其善意为我们对物质性事物领会提供担保的方式。

其一，先验的方式。从上帝不是骗子，可以先验地得出对物质性事物的存在的确信。"沉思一"的全面怀疑，表明物质性事物的存在并不像人们所以为的那样确定。"沉思三"对三种实在性的区分，则向人们展示出物质性事物的存在究竟是怎样引人怀疑的。心灵关于物质性事物所具有的观念主要有两类，颜色、声音、味道等是一类，广延、形状、运动等是一类。两类观念都具有客观实在性。然而，至于这种客观实在性的根源是什么，则有三种可能，或者来自作为实体的物质，或者来自心灵实体，或者来自上帝。在未确信上帝存在及其善意之前，我们在三种可能之间做出的选择便不具有确定性。笛卡尔写道，如果上帝存在且他不是骗子，

> 那么，很清楚他不会直接从自身，也不会间接地、经由某种被造物（这些被造物不是形式地，而仅仅是卓越地包含着这些观念的客观实在性），把这些观念传达给我。因为根本没有给我认识这些观念的此类来源的能力；相反，他更加倾向于让我相信它们是由物质性的事物产生的。如果这些观念来自非物质性的事物，那么我就不晓得除了把上帝理解为一个骗子之外，还能有什么别的理解。因此，物质性的事物存在。①

之所以将此种方式称作先验的，乃是因为它着眼于我们的认识能力。依照被赋予的自然之光，我们只能如此这般地表象物质性事物，它不仅被表象为具有与心灵完全不同的本质，而且被表象为其产生和消解皆不依赖于心灵的认识能力。据此，一旦确信上帝不是骗子，我们就可以先验地确信物质性事物是在我之外实际存在着的。

其二，经验的方式。在"沉思六"的末尾，笛卡尔提供了一种区

---

① René Descarte. *The Philosophical Writings of Descartes*, vol. Ⅱ. trans., John Cottingham, Robert Stoothoff, Dugald Murdoch. Cambridge: Cambridge University Press, 1984, p. 55.

第四章
知识确定性与上帝

分睡梦和清醒的新方式。他指出："我现在注意到，睡梦和清醒两者之间存在着巨大的差异，因为睡梦中从来没有清醒中那样的经验，即通过记忆与生活中的所有其他行为联系起来。"[①]例如，在睡梦中，某个原本在眼前的人，可以先是突然消失不见，然后不知怎地突然出现，好像有可以变无，而无中亦能生有一样。如果我们在清醒时，也经验到了此种现象，某物毫无理由地产生和消失，那么清醒便与睡眠无疑，到处充斥着的只是各种各样毫无联系的"怪影"。然而，"当我明白地看到事物从何而来，何时何地出现在我面前，以及当我能将我们对于它们的知觉与我整个生活的其余部分毫无间断地联系起来时，我就会十分确定，在知觉到某物时，我不是在睡梦中，而是清醒着的"[②]。这意味着，尽管在睡梦中，我们可以对单独的某物产生清楚的知觉，但是事物之间关系的知觉却是混乱的，毫无规则可言。在清醒状况下，我们经验到的事物不是孤立的，而是总处在某种联系之中。其中，最常见的是空间和时间方面的联系，而且这些联系总是有规则的，某物不会在同一时间被经验到既在同一个位置又不在同一个位置。因此，笛卡尔看来，似乎不需要借助任何别的条件，单凭能否经验到事物之间的有规则的联系，便足以把清醒和睡梦区分看来。

当然，即便在清醒状况之下，我们也可能会搞错事物之间的联系。例如，对于水肿病患者，他的喉咙会经常发干，由此会像正常人一样产生渴的感觉，但如果此时它不停地喝水，则会加重其身体

---

① René Descarte. *The Philosophical Writings of Descartes*, vol. Ⅱ. trans., John Cottingham, Robert Stoothoff, Dugald Murdoch. Cambridge: Cambridge University Press, 1984, p. 61.

② René Descarte. *The Philosophical Writings of Descartes*, vol. Ⅱ. trans., John Cottingham, Robert Stoothoff, Dugald Murdoch. Cambridge: Cambridge University Press, 1984, p. 62.

的病痛。笛卡尔举这个例子,是想说明,由于人作为精神和肉体的混合物,使得人的自然本性有时候的确呈现出虚伪和骗人的一面。不过,他认为这并不会败坏我们对经验的确信。因为我们具有感官、记忆和理智等多种认识能力,这些认识能力之间可以相互作用,尤其是理智可以对感觉带来的信念加以校正。记忆可以把当前的经验和过去的经验进行比较,理智则能够通过比较排除错误的和虚假的东西。由此,他写道:

> 如果在调用了我的所有感官以及记忆和理智对知觉之物加以校验之后,没有从这些认识来源中发现任何冲突之处,那么我就不应该对它们的实在性再有丝毫怀疑。因为,从上帝不是一个骗子的事实推出,在这些情况之下,我完全没有错误。①

据此可知,笛卡尔固然重视理性,知识的确定性的最后根基只有理性才能提供。然而,这不意味着他不重视经验。相反,就他所欲建构的人类知识大厦而言,纯粹由理性提供的知识只是形而上学、数学和物理学的一些部分,其他学科的知识都依赖于经验。经验本质上不是混乱的,而是处在有规则的联系之中。尽管感觉经验偶尔会欺骗我们,但我们可以利用其他认识能力加以调节,从而获得关于经验对象的清楚明白的认识。

总之,从整体框架上看,六个沉思对真理总则和上帝存在关系的处理,与《方法谈》的做法基本一致。从细节上看,前者则有诸多突破。它专辟一个沉思论述真理与错误的根源,我们指出,笛卡尔在此可以通过诉诸认识论和本体论的双重视角来摆脱循环论证的

---

① René Descarte. *The Philosophical Writings of Descartes*, vol. Ⅱ. trans., John Cottingham, Robert Stoothoff, Dugald Murdoch. Cambridge: Cambridge University Press, 1984, p. 62.

第四章
知识确定性与上帝

嫌疑。上帝存在及其善意对几何学真理的担保方式被区分为两种,第一种与骗子上帝有关,第二种则与直观和演绎的区分相关。关于物质性事物的真理的担保,也可以分为两种方式,即先验的和经验的。尤其是后一种方式,是《沉思集》中才出现的见解,表明了笛卡尔对经验的重视。

附录

论康德对本体论证明的批判[①]

康德在《纯粹理性批判》(以下简称《纯批》)中对上帝存有的本体论证明的反驳具有重要的理论意义。首先,就康德哲学体系本身而言,该反驳在康德"对传统形而上学的批判中"发挥重要作用[②],是《纯批》先验分析论建立起来的认识论原则的"试金石"(Bxvii),是康德"从思辨神学向道德神学转换的节点"[③]。其次,就对后世哲学的影响而言,该反驳构成了对思辨神学的"毁灭性"打击[④],它包含的 Sein[⑤] 作为"设定"的理论成了德国古典哲学的"设

[①] 附录部分的内容,曾以《论康德对本体论证明的批判》为题发表于《德国哲学》2022年上卷,它涉及康德对笛卡尔关于上帝存在的本体论证明的批判。

[②] 胡好:《康德对本体论证明的系统反驳》,《哲学研究》2020年第11期,第105页。

[③] 杨云飞:《康德对上帝存有本体论证明的批判及其体系意义》,《云南大学学报(社会科学版)》2013年第4期,第38页。

[④] Nicholas Everitt, "Kant's Discussion of the Ontological Argument", *Kant-Studien*, Berlin: Walter de Gruyter, 1995, p. 385.

[⑤] 在康德看来,Sein 有两种截然不同的用法,或者被用作系词,或者被用作谓词,这使得很难用同一个汉语词汇恰当地去翻译出现在一切语境中的 Sein,因此本文保留 Sein 的德文形式。此外,本文将遵循邓晓芒的做法,把与 Sein 相关的"Dasein"和"Existenz"分别译作"存有"和"实存"。

附录
论康德对本体论证明的批判

定症（Setzkrankheit）"①的思想起源，它包含的 Sein 不是谓词的理论，成了弗雷格和罗素创立新谓词学说的思想资源②。

近年来，围绕如何理解康德对本体论证明的反驳，国内学界争论不断，甚至就该反驳所涉及的一些基本问题都尚未达成共识。本文关注三个基本问题：①康德反驳的是怎样的本体论证明？②康德对本体论证明的反驳由哪些环节构成？③面对那些有关反驳的重要环节的质疑，康德是否能够得到辩护？

一、辨析康德所反驳的本体论证明

前批判时期，康德在《证明上帝存在惟一可能的证据》（以下简称《证据》）中提出了自己关于上帝存有的本体论证明，然而后来在《纯批》中他对本体论证明进行了系统的反驳。那么，两种本体论证明有着怎样的关系？康德所反驳的究竟是何种意义上的本体论证明？

在《证据》中，康德写道："如果人们希望从可能事物的概念出发进行论证，那么对上帝存有惟一可能的证据就是，依据它一切事物的内在可能性自身被看作以某个存有或他者为前提。请允许我把……[此种]证明称之为本体论证明。"（2:159-160）③结合《证

---

① "Setzkrankheit"是 Erich Adicks 构造的用来描述德国观念论时期的时代特征的语词，因为这一时期的哲学家大量使用"设定"以及与之有关的概念，比如"自我设定""绝对设定""无限设定"等等。参见 Zachary Calhoun, "Kant on Positing: Being as Self-determination", *The Review of Metaphysics*, 2019, p. 77。

② 戴劲：《康德式谓词观的问题及其解决》，《自然辩证法通讯》2007 年第 4 期，第 16-17 页。

③ 对《证据》的引用，均在正文中标注出相应科学院版《康德全集》的卷数和页码，相关汉译主要参考李秋零主编的中国人民出版社 2010 年出版的《康德著作全集》，部分译文略作改动。

据》相关论述,可把康德支持的本体论证明(下文简称"证明Ⅰ")重构如下:

P1. 我们可以设想事物的内在可能性。

P2. 事物的内在可能性,以某个存有为最终根据。

C. 这个最终根据绝对必然地实存着。

"内在可能性"区别于"有条件的可能性",后者指某具体事物存有的可能性,它总是借助经验才能得以阐明。"内在可能性"关乎一般事物存有的可能性,它有两方面要求:在形式上,"具有符合矛盾律的逻辑关系"(2:78);在质料上,"是某种可以设想的东西"(2:78)。在康德看来,这两方面要求无需借助任何经验,单凭知性便可以得出。因此,"内在的可能性"又被称为"绝对的、无条件的可能性"(2:78),它和"最完满的存在者"概念一样,被看作"单纯可能者的知性概念"(2:155)。

"某个存有"不可取消,是事物的内在可能性得以设想的条件。因为假如取消一切存有,内在可能性的质料方面的要求就会得不到满足。既然事物的内在可能性对我们的知性而言是可以设想的,那么作为其最终根据的"某个存有"就以绝对必然的方式实存着,而这个存有就是上帝。

那么,对批判时期的康德而言,"证明Ⅰ"是否依然能被称作本体论证明? 解答这个问题需要考察《纯批》对本体论证明的界定。在《纯批》中,康德写道:"抽掉一切经验,并完全先天地从单纯概念中推出一个最高原因的存有。……[此种]证明是本体论的证明"(A590-591/B618-619)①。可从三方面解读这个界定,并据此判定

---

① 本文所用《纯粹理性批判》德文版为 Immanuel Kant, *Kritik der reinen Vernunft*, Hamburg:Felix Meiner Verlag,1998。相关汉译主要参考邓晓芒译、杨祖陶校的人民出版社2004年版,部分译文略作改动。依照通行惯例,在正文中标识出 A、B 两版的页码。

附录
论康德对本体论证明的批判

"证明Ⅰ"与《纯批》中的本体论证明的关系。

第一,本体论证明的出发点是"单纯概念",而非任何经验对象或现实事物。相比之下,自然神学证明以"确定的经验及由这经验所认识到的我们感官世界的特殊性"(A590/B618)为出发点,宇宙论证明则"经验性地以任何某个存有为基础"(A590/B618)。"证明Ⅰ"的出发点是"内在可能性",它作为单纯的知性概念,完全符合本体论证明对起点的要求。

第二,本体论证明的推理过程完全是先天的,即无需借助任何经验,仅凭对单纯概念的分析便可推出结论。相比之下,自然神学证明需要与经验直接相关的类比推理,宇宙论证明则需"不确定的经验"提供支持。"证明Ⅰ"得出结论的方式完全基于对"内在可能性"概念的分析,因此是先天的,符合本体论证明对推理过程性质的要求。

第三,本体论证明的目标是最高原因的存有。从单纯概念得出最高原因的存有,实际上即证明最高原因乃是必然存在者。比如,"这个最实在的存在者的单纯概念也就必然带有这个存在者的必然性,而这正是本体论证明所主张的"(A608/B636),以及本体论证明"即通过单纯概念先天地对一必然存在者的存有所做的证明"(A610/B638)。"证明Ⅰ"的证明目标是"最终根据"作为必然的存在者,因此完全与本体论证明的要求相符合。

据此,"证明Ⅰ"符合《纯批》关于本体论证明的界定。那么,康德所反驳的究竟是何种本体论证明呢?流行的见解是,康德在《纯批》"上帝的存有之本体论证明的可能性"一节中,所反驳的只是该节第7段所表述的笛卡尔派的本体论证明(以下简称"证明Ⅱ"),该证明可重构如下:

P1. 那被定义为包含一切实在性的最高实在的存在者概念,是可能的。

P2. 存有是一种实在性。

C. 最高实在的存在者凭其概念便包含存有。

需要预先提醒的是,笔者并不认为"证明Ⅱ"是一个标准的三段论证明①,因此避免像通常所做的那样用"大前提"和"小前提"分别称呼 P1 和 P2。另外,笔者主张,由于受到莱布尼茨的影响,康德在 P1 中引入"可能性"来描述上帝概念,即他不像笛卡尔那样主张我们现实地拥有一个上帝概念,而是说我们有权假定上帝是可能的②。

与流行的见解不同,本文主张康德在"上帝的存有之本体论证明的可能性"一节中所反驳的本体论证明首先可以分为两个层次:本体论证明的普遍本质;具体的本体论证明。其次,具体的本体论证明又分为两类:笛卡尔派的本体论证明("证明Ⅱ");(2)康德前批判时期的本体论证明("证明Ⅰ")。

依照康德,如果一个存在者的存有是从单纯的概念就可以得出的,那么"这个存在者本身也会是绝对必然的"(A594/B622)。因此,本体论证明的实质就是要完全先天地证明绝对必然的存在者的存有。所以,对本体论证明进行一般性批判,就是要反驳先天地证明绝对必然的存在者存有的可能性。

---

① 有些论者把该论证当作一个严格的三段论,比如海德格尔,他将之重构为:"大前提:上帝照其概念乃是至为完满的存在者。小前提:实有属于至为完满的存在者之概念。结论:所以上帝实有。"(海德格尔:《现象学之基本问题》,丁耘译,商务印书馆,2018 年,第 42 页。)

② 可参考 Ian Proofs,"Kant on the Ontological Argument",*Nous*,Vol. 49,No. 1,2015,P. 3-4;Nicholas F. Stang,"Kant's Argument that Existence is not a Determination",*Philosophy and Phenomenological Research*,Vol. XCI,No. 3,2015,p. 592-594。

有研究者①主张，康德对"证明Ⅱ"的反驳，仅仅针对其前提 P2，即"存有是一种实在性"。本文则主张，"上帝的存有之本体论证明的不可能性"一节对"证明Ⅱ"的反驳有三个方面，分别针对其前提 P1、P2 和结论 C。

《纯批》对于"证明Ⅰ"的反驳，在一些研究者②看来，只出现在"先验理想"一节中。笔者不赞成这种观点，主张康德在对"证明Ⅱ"的前提 P1 和结论 C 的反驳中，同样隐含着批判"证明Ⅰ"论据。

因此，本文接下来的讨论将分为四个部分：第一，康德如何通过对绝对必然存在者概念的分析，揭示出本体论证明的普遍本质所存在的问题，从而对本体论证明展开一般性批判。第二，如何理解康德 Sein 的否定意义及其在对"证明Ⅱ"的反驳中所起的作用。第三，如何理解康德 Sein 的肯定意义及其在对"证明Ⅱ"的反驳中所起的作用。第四，康德如何通过对"可能性"和"实存"概念的精确规定，反驳"证明Ⅰ"和"证明Ⅱ"各自的前提 P1 和结论 C。

二、针对本体论证明普遍本质的一般性反驳

对本体论证明的一般性反驳，体现为对绝对必然存在者概念的批判。然而，正如艾佛里特（Nicholas Everitt）所指出的那样，由于受弗雷格和罗素传统的影响，后来的研究者们大多认为康德把绝对必然存在者概念视作一个"有逻辑缺陷的"概念，理由"要么是

---

① 比如海德格尔，他主张："康德既不反驳上帝照其概念乃是至为完满的存在者，也不反驳上帝的实有。从三段论的形式上看，这意味着：康德对证明的大前提与结论放任不究。如果说他还是攻击了该证明，那攻击点只能落在小前提上，也即是：实有、实存属于至为完满的存在者之概念。"（海德格尔：《现象学之基本问题》，丁耘译，商务印书馆，2018 年，第 42 页。）

② Lan Logan, "Whatever Happened to Kant's Ontological Argument", *Philosophy and Phenomenological Research*, 74, No. 2, 2007, p. 357-358.

该概念自相矛盾,要么是因为实际上没有这样的概念"①。笔者主张,康德对绝对必然存在者概念的拒斥不是因为它在逻辑上不自洽,而是基于其认识论立场。该反驳包含三个层次:阐明绝对必然的存在者概念是个"没有对象的空虚概念";阐明取消绝对必然的存在者的存有不会产生任何矛盾;阐明承认绝对必然的存在者的存有会导致矛盾。

1. 绝对必然的存在者概念是个没有对象的空虚概念

在《纯批》中,康德认为我们只能对绝对必然的存在者概念进行名义上的解释,即"它是这样一个其非存在是不可能的某物"(A592/B620)。名义上的解释即从逻辑形式上对概念加以阐明,而这并不能使我们对概念的内容有任何进一步的了解。对概念内容上的阐明,在《证据》中被称为"实在的解释"(2:81),它所关注的问题是"一个物的不存在是绝对不可能的,这取决于什么"(2:81)。唯有实在的解释才是本体论证明真正所需。无论是《证据》中的康德,还是笛卡尔主义者,都坚信我们有能力从某个单纯概念出发对绝对必然的存在者做出实在的解释。但是,《纯批》时期的康德,对此则持否定态度。此时,他立足于先验分析论的结论,主张知性要把某物看作必然的,任何时候都需要某种条件,而"绝对的"或"无条件的"则抛弃了一切条件,因此绝对必然的存在者概念只能是一个毫无内容的空洞概念。依照康德在"对反思概念的歧义的注释"中所列"无的概念表",此类概念即是无法被充实的"没有对象的空虚概念"(A292/B348),凭借这样的概念我们"也许根本没有思考任何东西"(A593/B621)。因此,康德并未主张我们无法拥有绝对必然存在者的概念,也不认为该概念包含自相矛盾,相

---

① Nicholas Everitt, "Kant's Discussion of the Ontological Argument", *Kant-Studien*, Berlin: Walter de Gruyter, 1995, p. 385-386.

反他承认对该概念的名义解释。这意味着,在他看来该概念在逻辑上是自洽的,只不过从认识论上看,该概念内容空洞,并无任何对象与之相应,因此也就无法做有效运用。

2. 取消绝对必然的存在者的存有不会产生任何矛盾

康德指出,人们往往把绝对必然的存在者当作一个清楚明白的概念,甚至无需任何辩护就被肯定地接受下来。然而,这个信念实际上并不牢靠,它建立在幻觉之上。这幻觉根源于人们对逻辑意义上的判断必然性和认识论意义上的事物必然性的混淆。

判断的必然性,是主词和谓词关系的必然性;事物的必然性,是主词或谓词所指事物存有的必然性。具有绝对必然性的判断只能是同一性判断,因为只有对同一性判断而言保留主词的同时取消其谓词才必然导致矛盾。比如,"三角形有三个角"就是这样的判断。于是,这促使人们推论:假设某事物 S,"在我把此物设定为给予的(实存着的)这一条件之下,则它的存有也会必然地(根据同一律)设定下来,因而这个存在者本身也会是绝对必然的"(A594/B622)。就是说,我们可以任意地设想一个事物 S,并把存有设定在 S 中,那么"S 实存"就是一个同一性判断,因此具有绝对必然性,而这就会造成事物 S 以绝对必然的方式实存的幻觉。

康德破除事物的绝对必然性的幻觉的论证分为两个层面。

第一,当某事物 S 作为同一性判断的谓词时,它的存有不可能具有绝对的必然性,因为"判断的绝对必然性只是……判断中谓词的有条件的必然性"(A593/B621)。比如,就"三角形有三个角"而言,尽管这个判断是绝对必然的,但对谓词"三个角"而言却只有在主词"三角形"被设定的条件之下才实存,因此只是有条件地必然的。

第二,当某事物 S 作为判断的主词时,它的存有也不可能具有绝对的必然性。因为"如果我连同谓词一起把主词也取消掉,那就不会产生任何矛盾;因为不再有什么东西能够与之相矛盾了"(A594/B622)。比如,就"上帝是全能的"而言,首先取消主词"上帝"不会产生任何外部矛盾,因为假如它是一个绝对必然的存在者的话,那么它实存的必然性决不能依赖于任何外部条件,而只能凭借其自身;其次取消主词"上帝"也不会产生任何内部矛盾,因为它的内部即是它包含的一切谓词,而取消主词意味着连同其一切谓词一并取消,因此取消主词就意味着对一切内部的取消。

既然在一个判断中,某事物 S 要么作为主词,要么作为谓词,然而无论何种情况,S 都可以无矛盾地被取消,那么从判断的绝对必然性便无法推出某物绝对必然地存有。由此,取消绝对必然存在者的存有便不会产生逻辑矛盾。然而,这并不意味着绝对必然的存在者概念实际上被取消了,而只意味着单纯从形式逻辑的维度并不能为它的不可取消性辩护。

3. 承认绝对必然的存在者存有会导致矛盾

在"上帝的存有之本体论证明的可能性"的第 8 段中,康德指出,一旦承认某物的概念自身之中便包含着该物的存有,即承认某物绝对必然地存有,就会"陷入某种矛盾"(A597/B625)。该段紧随康德对笛卡尔派本体论证明的表述,容易使人们相信该段是在反驳"证明 II"的结论,即"最高实在的存在者凭其概念便包含存有"。笔者认为,该段所针对的依然是本体论证明的普遍本质,根据有三方面。

第一,康德在本段所谈到的按照其概念便包含实存的可能事物,并不特指上帝,而是泛指任何事物,"不论它可能是什么,我都姑且承认它是可能的"(A597/B625)。因此,他实际上是在一般地探讨如果我们承认某物绝对必然地实存会怎么样,而非特意地论述如果上帝实存会怎么样。第二,对本体论证明的一般性反驳,只有包括这第三个层面,才算完整。前两个层面分别探讨了绝对必

附录
论康德对本体论证明的批判

然的存在者概念的实质,以及从否定方面看取消它的存有会带来的后果,那么接下来理应探讨从肯定的方面看承认它的存有会带来怎样的后果。第三,在接下来的段落中,有专门针对"证明Ⅱ"的结论的反驳,即通过对实存概念的精确规定,对上帝实存的结论进行反驳。因此,综合来看,第8段的论述被看作对本体论证明一般性反驳会更妥。

那么,承认某物绝对必然地实存着为什么导致矛盾,对此康德分两方面论述。

(1)假如"S实存"是分析命题,由于分析命题都是同一性命题,因此它符合关于某物存有的绝对必然性的要求。然而,既然是分析命题,这就意味着通过把S判定为存有并未对S增加任何东西。

(2)假如"S实存"是综合命题,这意味着通过把S判定为存有,我们便超出了纯然观念的范围,设定了与观念S相应地、外在于观念的事物S。康德指出,命题"S实存"作为综合命题,是"每个有理性者都必须明智地承认的"(A598/B626)。本体论证明者当然也属于"有理性者"之列,他们也会承认上帝不仅是我们心中的一个观念,而且实存于我们之外。然而,既然"S实存"是综合命题,那么取消谓词而保留主词就不会有什么矛盾,所以就无法满足存有的绝对必然性的要求。

因此,假如某个S按照其概念便包含其对象的存有,就会得出"S实存"既是分析命题又是综合命题,由此便不可避免地陷入矛盾。然而,矛盾之所以产生,并不是基于绝对必然存在者概念的逻辑缺陷,而是基于康德预设的认识论立场,即有意义的存有只能是概念之外的事物的存有,据此存有只能综合地添加给概念,所以不可能具有分析命题的绝对必然性。

康德的论述,可能引发一种质疑,即康德把综合判断区分为经验的和先天的,先天综合判断和分析判断一样具有必然性;因此,假如"S实存"是先天综合命题,它便既有绝对必然性,又能够扩展知识了,这样就不存在康德所谓的矛盾了。然而,这种质疑并不成立。因为依照康德,判断的绝对必然性只能为分析的同一性判断所具有,因为只有在此类判断中,"取消谓词而保留主词时"才会导致逻辑矛盾。与之不同,取消任一先天综合判断的谓词而保留其主词,并不会产生逻辑矛盾。比如,"一切直观都是外延的量"(B202)作为直观的公理,是一个先天综合判断,否定谓词而保留其主词得出的命题是"一切直观都不是外延的量"。这个否定性的命题之所以必然是错误的,并不是因为它像"三角形没有三个角"一样包含着逻辑矛盾,而是因为它与我们先天的认识条件相冲突。对人这种有限理性存在者而言,时间和空间是他直观的先天形式,因此任何一个确定的直观,都基于对时空中杂多的同质东西的综合统一性的意识,此种意识"就是一个量(quanti)的概念"(B202)。所以,先天综合判断的必然性乃是基于认识主体的先天条件,而不是基于形式逻辑的矛盾律。所以,即便"S实存"被看作先天综合判断,取消实存也并不会产生逻辑矛盾。因此,绝对必然性"这个优点只是分析命题所特有的"(A598/B626)。

由此,康德便分三个层次完成了对本体论证明的一般性反驳。绝对必然的存在者概念是一个认识论意义上的空虚概念,人们对它的信念基于逻辑必然性与事物必然性的混淆,实际上取消其存有决不会造成任何矛盾,相反承认其存有才会陷入矛盾。因此,试图通过某个单纯概念先天地推出其对象的存有的做法,从一般性层面来看,不可能成功。

三、Sein 不是实在谓词的论证、质疑和回应

在康德看来,面对他关于绝对必然的存在者所做的一般性反

附录
论康德对本体论证明的批判

驳，人们可能会通过一个"事实证据"（A596/B624）来回应他，即确实有某个 S 以绝对必然的方式实存着。在《纯批》中，这个"事实证据"就是建立在"证明Ⅱ"的基础之上。康德从多个维度对"证明Ⅱ"展开反驳。其中，针对前提 P2"存有是一种实在性"的反驳最根本。该反驳包含两个维度，即从否定方面阐明 Sein 不是什么以及从肯定方面阐明 Sein 是什么。

就否定方面而言，"'Sein'显然不是什么实在谓词"（A598/B626）。实在谓词是"可以加在一物的概念之上的某种东西的一个概念"（A599/B627）。通过这种添加，该事物就获得一种规定，并使其概念内容得到扩展，而这意味着该概念在自身之中包含了更多实在性。因此，Sein 不是实在谓词意味着 Sein 不表示任何实在性。那么，康德对 Sein 不是实在谓词做出了怎样的证明？它能否取得成功？

需要预先指出的是，康德常常基于判断来谈论 Sein，判断的基本形式有两种，即"S ist P"和"S ist"，Sein 的用法据此亦有两种：就"S ist P"而言，ist 不是谓词；就"S ist"而言，ist 是谓词，并且康德在《证据》中就曾指出，如此运用的"ist""无异于存有"。康德对"Sein"不是实在谓词的证明主要针对"S ist"中的"ist"，该证明被表述如下：

> 如果我思维一物，不管我通过什么谓词和通过多少谓词（哪怕在完全规定中）来思维它，那么就凭我再加上'该物 ist'，也并未对该物有丝毫增加。因为否则的话，所实存的就不恰好是该物，而是比我在概念中所想到的更多的东西了，而我也不能说实存着的正好是我的对象了。甚至即使我在一物中除了一种实在性外想到了一切实在性，那么我也不能凭我说这样一个有缺陷的物'实存着'而把那个缺损的实在性补加上去，相反，该物恰好带着当

我想到它时的这种缺陷而实存着,否则就会有不同于我所想到的另一个某物实存着了。(A600/B628)

学界普遍认可,本段论述包含了康德对 Sein 不是实在谓词的最重要的论证,伍德(Wood)甚至断言这是康德对此问题所提供的"唯一真正的论证"①。表面上看,本段表述提供了两个论证,前两句话是一个论证,最后一句话是另一个论证。然而,两个论证的思路和架构完全相同,实际上是同一个归谬论证,可被重构如下:

(1)假设"实存"是个实在谓词。

(2)概念 S 和与之相应地实存着的对象 S 所包含的东西一样多。

(3)我通过 n 个实在谓词思考概念 S。

(4)当 S 被判定为实存时,对象 S 就包含了 $n+1$ 个实在谓词。

(5)概念 S 和与之相应地实存着的对象 S 所包含的东西不一样多(来自 3+4)。

(6)"实存"不是实在谓词(来自 1+2+5)。

在本段表述中,前提(2)是被默认或隐含着的。在该表述之前的段落中,康德明确地指出"概念和对象两者所包含的必然完全相等"(A599/B627)。所谓"相等",是指我们通过相同的和数目一样多的实在谓词来思考概念和它的对象。我们用 S 来表示"任一物",用 n 来表示它所包含的实在谓词的数量。"概念和对象两者所包含的必然完全相等"就意味着,对于任一物 S 而言,概念 S 和与之相应地实存着的对象 S,所包含的谓词数量都是 n 个。所谓实存,就是把概念设定在与其对象的关系之中。因此,假如实存也是实在谓词,对象 S 就会比概念 S 包含更多的实在谓词,而这与(2)

---

① Allen Wood, *Kant's Rational Theology*, Ithaca and London: Cornell University Press, 1978, p. 107.

附录
论康德对本体论证明的批判

显然是冲突的。因此,"'实存'是个实在谓词"就是个假命题。

针对这个归谬论证,学界有两种重要质疑。

第一种质疑指向前提(2),有些学者认为它是错误的,直接予以放弃;有些学者认为它是模糊或成问题的,试图加以调整或完善。

普卢普斯(Ian Proofs)在对"一百塔勒"例子的解读中指出,康德实际上是"以一种很具体的方式思考一百塔勒这个概念",它不是"一堆具体的硬币概念",而是"一种特殊的债务概念"①。因为只有一百塔勒现实的债务才与一百塔勒可能的债务所包含的实在性一样多,一百塔勒现实的硬币要比一百塔勒可能的硬币有更多的"额外的实在性"②,比如现实硬币的温度、成色等。

福吉(William Forgie)把与其对象所包含的东西完全相等,从而能表达对象整体的概念称为"完满概念(complete concept)"。他声称,如果康德断言我们"事实上拥有完满概念"③,那么康德似乎就是错的,康德所能主张的最多是"我们可以拥有关于任何存在者的完满概念"④。

笔者认为普卢普斯和福吉对前提(2)的修正具有启发性,但还不够完善。首先,即便像普卢普斯那样把一百塔勒看作抽象的债务,而非硬币,现实的一百塔勒债务和可能的一百塔勒债务相比,还是会多出一些"额外的实在性",比如记录现实一百塔勒债务的银行户头或个人账簿,标记债务的数字及其颜色等,这些都是可能

---

① Ian Proofs,"Kant on the Ontological Argument", *Nous*, vol. 49, No. 1, 2015, P. 17.

② Ian Proofs,"Kant on the Ontological Argument", *Nous*, vol. 49, No. 1, 2015, P. 17.

③ William Forgie, "Kant and the Question 'Is Existence a Predicate?'", *Canadian Journal of Philosophy*, Vol. 5, No. 4, 1975, p. 571.

④ William Forgie, "Kant and the Question 'Is Existence a Predicate?'", *Canadian Journal of Philosophy*, Vol. 5, No. 4, 1975, p. 571.

的一百塔勒债务所不具备的。其次,一个概念如果是普遍概念,那么它不仅不会在事实上,而且也不会如福吉所主张的那样在原则上与现实对象所包含的东西一样多。因为现实对象都是个体事物,任何一个个体事物都比指称它的普遍概念要包含更多的实在性。因此,本文主张,那有可能表达对象整体的完满概念,原则上只能是个体事物的概念。据此,一百塔勒究竟是硬币还是债务并不重要,关键的问题在于它是不是一个个体事物的概念。也就是说,现实地放在某个金库里的一百塔勒硬币,它与任何意义上的普遍概念所包含的实在谓词都不可能一样多,而只会与表述该物的个体性概念所包含的实在谓词一样多。

并且,"个体事物的概念与其对象所包含的东西可以完全相等"这条原则,有相应地文本支持。在《证据》中,其概念与对象所包含的东西完全相等的个体事物,被康德分为三类:"一个个体事物""诸多个体事物""一切个体事物之和"。

首先,就"一个个体事物"而言,他以尤里·恺撒为例,主张那个可以给予这位英雄以实存的最高的存在者,"能够无一例外地认识所有这些谓词,但却把这位英雄看作仅仅可能的、离开了它的决定就不实存的事物"(2:72)。这意味着,任何一个个体事物的实存都由上帝所决定,并且即便它并未实存,上帝也能够拥有该个体事物的完满概念。

其次,就"诸多个体事物"而言,他主张"千百万并不现实存在的事物按照们如果实存就会包含的谓词是仅仅可能的,……因为最高存在者是把它们仅仅当作可能的事物来认识的,但却不缺少任何谓词"(2:72)。这意味着,无数个体事物即便它们不实存,上帝也能够拥有其完满概念,并且它们如果实存,也并不会拥有更多的实在谓词。

最后,"一切个体事物之和"即世界整体。对此,他主张"如果上帝乐意……创造另一个世界,那么这世界决不会有任何额外的东西,而是带着一切规定实存,这些规定是上帝从这世界中认出的,尽管它只是一个纯然可能的世界"(2:72)。这意味着,世界作为一个整体所拥有的一切实在性,都包含在上帝关于这个世界的概念之中,无论这个世界是实存的,还是可能的。

据此,《证据》之所以能够主张个体事物的概念和对象所包含的东西相等,是因为预设了"上帝视角"。在上帝眼中,任何个体事物,无论是作为单纯可能的概念,还是作为现实存在的对象,它的谓词都不会增加或减少。

在《纯批》中,康德用通盘规定原理取代了《证据》的上帝视角。任何个体事物按照其可能性而言都从属于通盘规定性原理,而任何现实存在的个体事物都是被通盘规定了的。对任何一个事物的通盘规定要得以可能,都必须要有"某种先验的预设,即对构成一切可能性的质料的预设"(A573/601)。这个一切可能性的总和的理念一旦被纯化为一个先天地得到通盘规定的概念,就成了纯粹理性的一个理想,即上帝。当然,依照《纯批》确立的原则,无论是上帝还是通盘规定的概念,都是知性所不能把握的,它们出自纯粹理性,是理性颁布给知性以使其运用达到完备所必需的规则。

据此,"个体事物的概念与其对象所包含的东西可以完全相等"更加贴合康德的文本,并且经过此番修正,该归谬论证的结论依然能够被用于对上帝存有证明的反驳,因为上帝概念本身即是一个通盘被规定的个体性概念。

第二种质疑针对论证自身的有效性。它由杰罗姆·舍弗(Jerome Shaffer)首次提出,并得到艾伦·伍德(Allen W. Wood)等人的支持。伍德主张:"如果康德的论证成功地表明存在不是一个实在谓词,它也会成功地显示没有什么东西可以成为实在谓词。"①他的依据是,当用别的谓词取代"实存"时,这个论证同样有效。比如,可以假定"万能的"是个实在谓词,再假定某物 S,其概念原本拥有 n 个实在谓词。那么,现在把"万能的"添加对象 S,由此对象 S 所拥有的谓词个数就变成了 $n+1$ 个。如此,概念 S 和对象 S 所包含的东西就不再相等,而这与前提"概念和对象两者所包含的必然完全相等"相矛盾,因此"万能的"就不是实在谓词。由此,一切类似于"万能的"东西,便都不是实在谓词。

舍弗和伍德的这个质疑影响较大,胡好等一些国内学者对该质疑表示赞成②。笔者将分两个层次回应这个质疑。

第一,假定事物 S 拥有 n 个实在谓词,那么概念 S 和对象 S 所拥有的都是 n 个实在谓词。假定"万能的"是个实在谓词,并把它添加给对象 S,那么对象 S 的实在谓词个数就变成 $n+1$ 个。相应地,此时与对象 S 相应地概念 S,其谓词个数也变成了 $n+1$ 个。因此,这并不会使概念和对象所包含的东西不相等。问题的关键在于,把"万能的"添加给对象 S 时,与之相应地概念 S 也会发生变化,它必定也要把谓词"万能的"包含在自身之中,否则它就不再是对象 S 相应地概念了。伍德等人正是没有意识这一点,才错误地以为添加"万能的"和添加"实存"是一样的。

第二,伍德等人之所以提出这个疑问,更深层的原因在于他们未能把握住实存谓词和其他谓词在认识论上的区别。这个区别就是,唯有通过添加实存谓词,一个事物的概念才被设定在与其对象

---

① Allen Wood: *Kant's Rational Theology*, Ithaca and London: Cornell University Press, 1978, p. 109.

② 胡好:《康德对本体论证明的系统反驳》,《哲学研究》2020 年第 11 期,第 112 页。

的关系之中。这意味着,只有概念的对象才实存,概念自身只是可能性。假如"实存"是个实在谓词,就会导致实存的对象总比它的概念多出一个实在谓词,由此概念和对象所包含的就会必然不完全相等。对于"万能的"之类的其他谓词来说,就不会出现这种情况。因为它们既可以包含在概念中,又可以包含在对象之中。伍德等人正是没有把握住"实存"和"万能的"的区别,以为既然"实存"只添加给对象而不添加给概念,其他谓词也应当如此,所以才没有意识到当把"万能的"添加给对象 S 时候,概念 S 也发生了相应地变化。

总之,如果能对"概念和对象两者所包含的必然完全相等"的原则加以精确限定,且承认与其他谓词相比实存谓词所特有的认识论功能,那么康德对 Sein 不是一个实在谓词的论证,就能得到有效的辩护。当然,对实存谓词认识论功能的全面阐发,有赖于对 Sein 论题的肯定意义进行系统考察。

四、Sein 的肯定意义的"四分说"

对于如何理解康德 Sein 论题的肯定意义,学界争论不断,主要观点大抵有三类:

(1) 统一说。主张无论在"S ist P"中,还是在"S ist"中,ist 都只能从逻辑意义上被理解为判断的系词。[①]

(2) 二分说。主张在"S ist P"中,ist 只作逻辑运用,充当系词;

---

① 王路主张"逻辑的基本句式是'S 是 P',其中的'是'无疑是系词";"'上帝是'中的'是'依然是系词"。(王路:《康德的"'是'不是谓词"之说》,《外国哲学》第 22 辑,商务印书馆 2012 年版,第 25-26 页)

在"S ist"中，ist 发挥认识论功能，进行存有设定，充当谓词。①

（3）三项式。这是对二分说的细分，其依据细分的对象不同，可分为两类：第一，细分"S ist P"句式中的 ist，主张它既是逻辑系词，也具有认识论功能；仅把"S ist"中的 ist 理解为存有设定。② 第二，细分"S ist"句式中的 ist，主张对本体论证明者而言，"Gott ist"中的 ist 是分析命题的逻辑谓词，但对康德而言，它则是综合的实存性命题的谓词③；仅从逻辑层面理解"S ist P"句式中的 ist。

在充分借鉴学界既有成果和对康德文本深入挖掘的基础上，笔者提出"四分说"。该提法的核心依据是康德对 Sein 的肯定意义的经典表述，即"它仅仅是对一物或某些规定自身的设定"（A598/B626）。

首先，从一般层面看，Sein 等同于"设定"。在《证据》中，康德称"设定概念很简单，与 Sein 的概念完全是一回事"（2：73）。正如海德格尔指出的那样，在此出现的修饰语"仅仅"和"简单"，并不意味着 Sein 概念不重要④，而是突出了 Sein 的独特性和不可还原性。

---

① 李科政认为康德的 Sein 有两种用法：一是"'在逻辑应用'中'仅仅是一个判断的系词'"；二是肯定主词从而把对象设定在与我的概念的关系中。（李科政：《拨开'存在'谓词的迷雾——康德存在论题的第三种诠释》，《哲学动态》2020 年第 9 期，第 79 页）

② 海德格尔、陈艳波等是此类主张的代表。（陈艳波：《康德对"上帝存在的本体论证明"的批判中的"存在"论题》，《现代哲学》2009 年第 4 期，第 83-86 页。海德格尔：《路标》，孙周兴译，商务印书馆 2009 年版，第 534 页）孙冠臣明确将海德格尔对康德 Sein 肯定意义的看法概括为三层：首先"存在只是主词与谓词之间的系词设定"，其次"存在（在定在和实存意义上）是对脱离其概念的事物的纯粹设定"，最后"系词'是'（ist），在经验判断中指向对作为现实之物的客体的设定"。（孙冠臣：《海德格尔的康德解释研究》，中国社会科学出版社，2008 年，第 345 页）

③ 此类主张的代表人物为舒远招。（舒远招：《论康德 Sein 论题中的逻辑谓词与实在谓词——从二项解读模式到三项解读模式》，《哲学动态》2020 年第 9 期，第 64 页）

④ 海德格尔：《路标》，孙周兴译，商务印书馆，2009 年，第 531 页。

Sein 就是设定,设定就是 Sein,它们不能被等同于任何其他谓词,也不可再进一步被还原为更简单的谓词。

其次,从具体层面看,被设定的东西有两种,或是"某些规定自身",或是"一物"。在前文中,康德曾把实在谓词称为"一物的规定",因此对"某些规定自身"的设定,就应被理解为对实在谓词的设定。相应地,对"一物"的设定,则应被理解为对主词连同其一切谓词的设定。比如,在前文中,康德指出"设定一个三角形却又取消它的三个角,这是矛盾的",这意味着,在设定三角形这个"一物"的同时,必定也一起设定了它的谓词。

再次,从逻辑方面看,Sein"只是一个判断的系词"(A599/B627)。判断的基本形式有两种:就"S ist P"形式的判断而言,系词 ist 的功能是把"把谓词设定在与主词的关系中"(A599/B627)(a1);就"S ist"形式的判断而言,系词 ist 同时也被当作谓词,但它不同于一切实在谓词,最多只能算作逻辑谓词(a2)。

最后,从先验层面看,设定或 Sein 有两种认识论功能,设定主谓关系的 ist 使被给予的表象具有客观统一性,并由此使表象作为对象概念得以可能(b1);作为谓词的 ist 则把对象设定在与我的概念的关系中(b2)。

所谓"四分说",就是我们可以分别从上述 a1、a2、b1、b2 四个维度,去理解 Sein 的肯定意义。"四分说"与康德批判哲学看待普遍逻辑和先验逻辑关系的一贯思路相一致。在"概念分析论"部分,康德主张普遍逻辑的判断表是发现先验逻辑的范畴表的"线索"。判断的逻辑机能和知性的综合统一性机能是一一对应的,因为两者有着相同的来源,"赋予一个判断中的各种不同表象以统一性的那同一个机能,也赋予一个直观中各种不同的表象的单纯综合以统一性"(A97/B104)。由此,判断的不同类型,也对应着知性不同种类的认识功能。普遍逻辑只关心思维的形式,不关心对象;

先验逻辑关心对象,但不是关注对象的经验内容,而是关心其先天方面。普通逻辑的两种判断的基本类型,从先验逻辑来看则对应着与认识对象先天相关的两种不同方式。

就"S ist P"形式的判断而言,"判断中的系词'是'的功能,是把给予表象客观统一性与主观统一性区别开。因为它标志着这些表象与本源的统觉及其必然统一性的关系"(B142)。并且,那些在直观中被给予的杂多表象,一旦经由范畴的综合作用获得了统觉的必然统一性,它们就构成了具有客观性的对象概念。对此,康德写道:"这些表象就其在这种关系中(在空间和时间中)按照经验统一性法则而被联结和能够得到规定而言,就叫做对象。"(A290/B346)

从认识论视角看,模态判断不再是对认识对象及其属性加以规定,而是对认识主体和认识对象之间的关系加以规定。对此,康德写道:"模态范畴具有自身的特殊性:它们丝毫也不增加它们作为谓词附加于其上的那个作为客体规定的概念,而只是表达出对认识能力的关系。"(A219/B266)就"S ist"或"S existiert"而言,通过"实存"这个模态谓词所表达的认识论意义是"我将概念的对象思考为绝对被给予的"(A599/B627),据此即某个表达可能性的概念被设定为现实的对象。

基于"四分说",可从四个方面阐明 Sein 的肯定意义之于反驳存有是一种实在性的作用。第一,从逻辑上看,"S ist P"之中,ist 是联结主词和谓词以形成判断的系词,它不是谓词,更不可能是实在谓词。第二,从认识论上看,设定主谓关系的系词 ist,使被给予的表象杂多结合为概念,是概念所具有的客观统一性的根源。相应地,那些被结合在某个概念之中的表象杂多,则是该概念的实在性的来源。因此,从认识论上来看,它对概念的实在性并无任何贡献。第三,从逻辑上看,"S ist"之中,ist 的功能是对主词连同其一切谓词加以设定。这个设定主词的 ist，可以在逻辑上被称作谓词。然而，它是否也包含在主词之中，是否是实在谓词，则无法单纯从形式逻辑层面加以裁决。对本体论证明的拥护者而言，他们相信"Gott ist"具有绝对必然性，这意味着他们实际上把它当成了一个分析命题，据此，ist 就和其他谓词一样，是上帝概念自身包含着的实在性。第四，从认识论上看，作为谓词的 ist 的功能是把对象设定在与我的概念的关系之中。这意味着，ist 所设定的不是概念自身，因此 ist 或"设定"也就不是包含在概念之内的谓词。在此，设定乃是对我的概念所指向的对象的设定，借此便超出了单纯的概念可能性，而达到现实性，即被视作现实存在着的某物。也正是赋予了 ist 此种认识论功能，康德才断言任何实存性命题都是综合的。并且，也正是在此基础之上，康德才证明不仅只能作为系词的 Sein 不是实在谓词，而且作为谓词的 Sein 或者实存、存有也不是实在谓词。

据此，康德基于 Sein 的肯定意义对"证明 II"前提 P2 的批判，既有从形式逻辑出发的批判，也有从认识论出发的批判。当然，认识论层面的批判更为根本，甚至可以说康德对"S ist"判断中 ist 的认识论意义的揭示，才是批判"证明 II"前提 P2 的真正立足点。因此，并不像有些论者主张的那样，凭借"Sein 不是实在谓词"的断言康德就完成了对"证明 II"前提 P2 的批判。实际上，只有立足于 Sein 的肯定意义，其否定意义才能得到辩护。

五、可能性和实存概念的精确规定及其之于反驳的作用

康德对"证明 II"的反驳不止针对其前提 P2，而且还通过对事物可能性和实存的精确规定，分别反驳了其前提 P1"那被定义为包含一切实在性的最高实在的存在者概念，是可能的"和结论 C"最高实在的存在者凭其概念便包含存有"。

1. 康德在与概念的可能性相区分的基础上对事物的可能性加以精确规定

概念的可能性是逻辑上的可能性,其依据是矛盾律;事物的可能性是实在的可能性,所依据是的事物的属性。概念 S 如果不包含矛盾,它在逻辑上就是可能的,但是并不能由此得出事物 S 的可能性。那么,事物 S 的可能性该如何阐明?康德的回答是,"这种阐明任何时候都是(如前所述)基于可能经验的原则之上"(A596/B624)。括号中的"如前所述",所指的应该是"先验分析论"部分的"一般经验性思维的公设"。在该部分中,康德主张"事物的可能性公设要求事物的概念与一般经验的形式条件相协调"(A220/267)。能够与"一般经验的形式条件"相协调的概念只有两类:"经验性的概念"和"纯粹概念"(A220/267)。前者是从具体的经验中借来,是知性范畴综合经验直观的产物,比如"苹果"概念;后者则建立在一般经验的形式条件之上,是知性范畴综合纯粹直观的产物,比如"建立在空间及其规定的诸条件上"的几何学中的概念。

基于对事物可能性概念的精确规定,康德对"证明Ⅱ"前提 P1 的反驳可分为三层。

第一,关乎被假定事物的可能性类型。P1 所假定的不只是最高实在的存在者概念的逻辑可能性,还有该事物的实在可能性。一方面,由于对该概念的单纯肯定不会产生任何矛盾,所以逻辑可能性的标志"在最高存在者的概念身上是无可争议的"(A602/B630);另一方面,仅凭该概念的逻辑可能性并不能够得出该事物的实在可能性。

第二,关乎被假定之物的所属范围。康德声称最高实在的存在者概念是一个非常有用的理念,而"一个理念的对象却不可能属于经验"(A602/B630),因此"与一般经验的形式条件相协调"这个判定事物的实在可能性的要求,对最高实在的存在者概念而言便失去了效力。

第三,关乎被假定之物的来源。最高实在的存在者概念像其他先验理念一样,是纯粹理性的产物,源自理性"把一切实在属性联结在一物中"的综合活动(A602/B630)。既然我们能够阐明其实在可能性的事物概念只来自知性范畴对感性直观的综合活动,那么源于纯粹理性自身的最高实在的存在者概念,其实在的可能性就是不可阐明的。

尽管康德没有指明,但他关于事物可能性的精确规定实际上也蕴含着反驳"证明Ⅰ"前提P1"我们可以设想事物的内在可能性"的依据。首先,对作为有限的理性存在者的人而言,既然事物的可能性在于与一般经验的形式条件相一致,那么绝对的、无条件的"内在可能性"对我们来说就是无法被阐明的。其次,那些被判定为具有实在可能性的事物,其概念均基于知性活动与感性活动的综合统一,而"内在可能性"则被看作是与感性活动无关的、知性的纯粹概念,因此它只能是一个无法被感性质料充实的空洞概念。

2. 康德在与实在谓词相区分的基础上对作为逻辑谓词的实存加以精确规定

对此康德写道:"如果我不是发现了混淆逻辑谓词和实在谓词(即一物的规定性)的这种幻觉几乎是拒绝一切教导的话,那我就会希望直截了当地通过对实存概念的一个精确的规定来打破这一挖空心思的论证了。"(A598/B626)学界对如何理解"实存概念的一个精确规定"存在争论,相关解读有两种。

第一,"必须不是已经包含在主词概念中"[①]被看作对实存概念的精确规定。据此,"实存"便与"全能的"等实在谓词区分开来,这

---

① 舒远招:《实在谓词一定是综合命题的谓词吗?——就Sein论题中实在谓词的理解与胡好商榷》,《现代哲学》2020年第4期,第85页。

表明实存不是一种实在性，从而形成对"证明Ⅱ"前提 P2 的反驳。第二，实存谓词是现实谓词，"现实谓词是主观综合命题的谓词"①被看作对实存概念的精确规定。据此，实存谓词就与实在谓词区别开来了，因为后者是客观综合命题的谓词，这表明实存不是一种实在性，从而形成对"证明Ⅱ"前提 P2 的反驳。

可以看出，两种解读模式虽然存在差异但基本思路一致，都从与实在谓词的对比来理解实存概念的精确规定，并把康德做出该规定的意图理解为对"证明Ⅱ"前提 P2 的反驳。笔者不赞成该思路，而是主张与实在谓词的对比只是康德对实存做出精确规定的基础，他做出该规定的意图是反驳"证明Ⅱ"的结论。

既然康德指出，他之所以不直截了当地从对实存概念的精确规定入手来反驳"证明Ⅱ"，是因为人们对逻辑谓词和实在谓词的根深蒂固的混淆，那么这就意味着对逻辑谓词和实在谓词的区分并不直接就是对实存概念的精确规定。如上文所述，康德从否定和肯定的双重意义上对实存概念加以阐释，证明它为何不是实在谓词以及在何种意义上是逻辑谓词。此种阐释最多只能被称作关于实存的"规定"，而非"精确的规定"，因为它只解答了在与实在谓词对比的条件下实存概念意味着什么，而并未解答究竟在何种条件下我们才能把实存概念赋予某个事物。只有解答了第二个问题，所谓的"规定"才有资格被看作是"精确的"。也就是说，通过与实在谓词相对比，我们只是搞清楚了"S 实存"的意义，即把对象 S 设定在与概念 S 的关系之中，对象 S 由此被思考为现实的或绝对被给予的。唯有进一步通过对实存的"精确的规定"，才能搞清楚应该在何种条件下把实存赋予概念 S，或者说命题"S 实存"在何种条件下才能得到有效辩护。依照康德，对象 S 有两种可能，或者是

---

① 胡好：《康德哲学中实在谓词难题解决》，《现代哲学》2019 年第 4 期，第 73 页。

感官对象，或者是纯粹思维的对象。

（1）假如 S 为感官对象，该如何把实存赋予 S？康德的回答是"按照经验性规律与我的任何一个知觉发生关联"（A601/B629）。关联的方式有两种，或者被直接知觉到，或者按照经验的规律进行推论而与某个知觉联结起来。因此，假如 S 为感官对象，命题"S 实存"就能够得到辩护，因为就此而言我们具备超出纯然概念的手段，即非概念性的知觉。

（2）假如 S 为纯粹思维的对象，该如何把实存赋予 S？康德的回答是"根本不存在任何手段来认识它们的存有"（A601/B629），因为在康德看来，人类思维是推论性的而非直观性的，唯有凭借基于感性直观之上的知觉，才能超出纯然概念而设定其对象的存有，凭借纯粹的思维我们永远只能停留在概念之内。所以，假如 S 为纯粹思维的对象，那么命题"S 实存"就无法得到辩护。

通过（1）和（2）可以得知，对一切实存命题而言，唯有其主词所指称的是某个感官对象时，我们才能够凭借对该对象直接或间接的知觉，将该对象设定在与其概念的关系之中，从而使该实存命题得到有效的辩护，成为具有客观有效性的知识。这种通过与知觉的关联对实存的规定，才称得上是实存的精确规定。

正是凭借此种关于实存的精确规定，才有可能直截了当地反驳"证明Ⅱ"。因为最高实在的存在者是不可能被我们知觉到的纯粹思维的对象，所以不管"证明Ⅱ"的前提 P1 和 P2 分别是什么，也不管其推理过程多么精妙，我们都可以直截了当地断定它的结论"最高存在者凭其概念便包含存有"是一个无法被辩护的命题。

凭借对实存概念的精确规定，康德也直截了当地颠覆了"证明Ⅰ"。《证据》同样是从否定和肯定两个方面阐明实存概念：从否定方面看，实存不是一个事物的谓词；从肯定方面看，实存是对事物自身的设定。除此之外，《证据》再无对实存的规定，因为此时康德主张实存是最简单的概念,不可再用其他概念对之加以解释。正因为没有将判定某物实存的标准精确地规定为知觉,才致使《证据》在反驳完"证明Ⅱ"之后转而主张"证明Ⅰ"。"证明Ⅰ"和"证明Ⅱ"的结论类似,都是某个纯粹思维对象的存有,因此对实存概念的精确规定,也构成了对"证明Ⅰ"结论的反驳。

总之,《纯批》反驳的本体论证明有普遍和具体之分,后者又分为笛卡尔派的和康德前批判时期的。《纯批》对本体论证明的反驳不是基于单纯的逻辑分析,而是基于康德的认识论立场。反驳分为三层。第一,基于绝对必然存在者概念的三维分析,对本体论证明的普遍本质进行一般性反驳。该反驳揭示出绝对必然存在者是一个认识论上空虚的概念,取消其存有不会产生矛盾,承认其存有反而会带来矛盾。第二,基于 Sein 双重意义的阐发,对笛卡尔派证明的前提"存有是一种实在性"进行反驳。从否定之维看,Sein 不是实在谓词,康德对该论断的阐明可重构为一个归谬论证,福吉和伍德等人对该论证的质疑,可分别从通盘规定原理和实存的认识论意义予以回应。从肯定之维看,Sein 有四种含义,首先用在逻辑上它是系词,或者设定主谓关系,或者设定主词自身,在后一种情况下它也可被称作逻辑谓词;其次从认识论上看,它或者使表象杂多结合成具有客观性的概念,或者为客观性的概念设定相应地对象。只有立足于 Sein 的肯定意义,才能阐明其否定意义,反驳"存有是一种实在性"的根本依据是康德赋予 ist 的认识论意义。第三,基于对可能性和实存概念的精确规定,分别对笛卡尔派证明的第一个前提和结论进行反驳,这两种反驳对康德前批判时期的本体论证明同样有效。

参 考 文 献

一、外文类

[1] Adam C, Tannery P. Oeuvre de Descartes[M]. Revised Edition. Paris:Vrin/CNRS,1964—1976.

[2] Cottingham J, Stoothoff R, Murdoch D. The Philosophical Writings of Descartes: vol. Ⅱ [M]. Cambridge:Cambridge University Press,1984—1985.

[3] Cottingham J, Stoothoff R, Murdoch D, Kenny A. The Philosophical Writings of Descartes: vol. Ⅲ [M]. Cambridge:Cambridge University Press,1991.

[4] Smith N K. Descartes Philosophical Writings[M]. New York:Random House,1958.

[5] Anscombe E, Geach P T. Descartes Philosophical Writings[M]. Revised Edition. Hoboken:Prentice-Hall,1971.

[6] Ariew R, des Chene D, Jesseph D M, et. al. Historical Dictionary of Descartes and Cartesian Philosophy[M]. 2nd edtion. Lanham:Rowman & Littlefield,2015.

[7] Almog J. Cogito?:Descartes and Thinking the World[M]. Oxford:Oxford University Press,2008.

[8] Ben-Yami H. Descartes' Philosophical Revolution: A Reassessment[M]. London: Palgrave Macmillan, 2015.

[9] Boyle D A. Descartes on Innate Ideas [M]. New York: Continuum, 2009.

[10] Clarke D M. Descartes: A Biography [M]. Cambridge: Cambridge University Press, 2006.

[11] Cottingham J G. A Descartes Dictionary[M]. Oxford: Blackwell Publishers, 1993.

[12] Cottingham J G. Cambridge Companion to Descartes [M]. Cambridge: Cambridge University Press, 1992.

[13] Cunning D. Argument and Persuasion in Descartes' Meditations [M]. Oxford: Oxford University Press, 2010.

[14] Gaukroger S. Cartesian Logic: An Essay on Descartes's Conception of Inference[M]. Oxford: Clarendon Press, 1989.

[15] Gaukeroger S. Descartes' System of Natural Philosophy[M]. Cambridge: Cambridge University Press, 2002.

[16] Robertson N, Mcouat G, Vinci T. Descartes and the Modern [M]. Cambridge: Cambridge Scholars Publishing, 2008.

[17] Rozemond M. Descartes's Dualism[M]. Cambridge: Harvard University Press, 1998.

[18] Wee C. Material Falsity and Error in Descartes' Meditations [M]. London and New York: Routledge, 2006.

[19] Williams B. Descartes: The Project of Pure Enquiry [M]. London and New York: Routledge, 2005.

[20] Wilson M D. Ideas and Mechanism: Essays on Early Modern Philosophy[M]. Princeton University Press, 1999.

二、中文类

[1] 亚里士多德.亚里士多德全集:第一卷[M].北京:中国人民大学出版社,1990.

[2] 亚里士多德.亚里士多德全集:第三卷[M].北京:中国人民大学出版社,1992.

[3] 亚里士多德.形而上学[M].吴寿彭,译.北京:商务印书馆,1959.

[4] 安瑟伦.信仰寻求理解——安瑟伦著作集[M].溥林,译.北京:中国人民大学出版社,2005.

[5] 托马斯·阿奎那.神学大全:第1卷[M].北京:商务印书馆,2013.

[6] 笛卡尔.探求真理的指导原则[M].管震湖,译.北京:商务印书馆,1991.

[7] 笛卡尔.谈谈方法[M].王太庆,译.北京:商务印书馆,2000.

[8] 笛卡尔.谈谈方法·指导心灵的规则[M].刘延川,译.成都:四川人民出版社,2020.

[9] 笛卡尔.第一哲学沉思集[M].庞景仁,译.北京:商务印书馆,2010.

[10] 笛卡尔.哲学原理[M].关文运,译.北京:商务印书馆,1959.

[11] 笛卡尔.笛卡尔主要哲学著作选[M].李琍,译.徐卫翔,校.上海:华东师范大学出版社,2021.

[12] 于斯曼.法国哲学史[M].冯俊,郑鸣,译.北京:商务印书馆,2015.

[13] 康德.纯粹理性批判[M].邓晓芒,译.杨祖陶,校.北京:人民出版社,2004.

[14] 黑格尔.哲学史讲演录:第四卷[M].贺麟,译.北京:商务印

书馆,1978.

[15] 于尔根·哈贝马斯.再谈道德与伦理生活的关系[J].童世骏,译.姜峰,校.哲学分析,2020(1):91-102,197-198.

[16] A.D.史密斯.胡塞尔与《笛卡尔式的沉思》[M].桂林:广西师范大学出版社,2022.

[17] 安东尼·肯尼.牛津西方哲学史[M].韩冬晖,译.北京:中国人民大学出版社,2014.

[18] 弗雷德里克·科普勒斯顿.理性主义——从笛卡尔到莱布尼茨[M].陈焱,译.北京:九州出版社,2022.

[19] G.哈特费尔德.笛卡尔与《第一哲学的沉思》[M].尚新建,译.桂林:广西师范大学出版社,2007.

[20] 加勒特·汤姆森.笛卡尔[M].王军,译.北京:清华大学出版社,2019.

[21] 诺姆·乔姆斯基.笛卡尔语言学:理性主义思想史上的一章[M].田启林,马军军,译.北京:商务印书馆,2022.

[22] 北京大学哲学系外国哲学史教研室.古希腊罗马哲学[M].北京:商务印书馆,1961.

[23] 陈修斋.欧洲哲学史上的经验主义和理性主义[M].北京:人民出版社,1986.

[24] 方向红,黄作.笛卡尔与现象学——马里翁访华演讲集[M].北京:生活·读书·新知三联书店,2020.

[25] 冯俊.开启理性之门——笛卡尔哲学研究[M].北京:中国人民大学出版社,2021.

[26] 冯俊.法国近代哲学史[M].北京:商务印书馆,2018.

[27] 冯俊.笛卡尔第一哲学研究[M].北京:中国人民大学出版社,1989.

[28] 贾江鸿.作为灵魂和身体的统一体的"人":笛卡尔哲学研究

[M].北京:中国社会科学出版社,2013.

[29] 李永刚."隐微解释学":论施特劳斯的经典文本解释理论[J].广西社会科学,2018(10):63-68.

[30] 刘自觉.近代哲学之父——笛卡尔[M].合肥:安徽人民出版社,2001.

[31] 尚新建.笛卡尔传[M].石家庄:河北人民出版社,1997.

[32] 汪堂家.自我的觉悟——论笛卡尔与胡塞尔的自我学说[M].上海:复旦大学出版社,1995.

[33] 叶秀山,王树人.西方哲学史(学术版):第二卷(下)[M].北京:人民出版社,2011.

[34] 叶秀山,王树人.西方哲学史(学术版):第三卷[M].北京:人民出版社,2011.